高 等 院 校 通 识 教 育 新 形 态 系

微课版

大学生的商业决策

李奕轩 张彬◎主编

人民邮电出版社
北 京

图书在版编目（CIP）数据

大学生的商业决策 / 李奕轩，张彬主编. -- 北京：
人民邮电出版社，2023.10
高等院校通识教育新形态系列教材
ISBN 978-7-115-62379-9

Ⅰ．①大… Ⅱ．①李… ②张… Ⅲ．①商业经营－经
营决策－高等学校－教材 Ⅳ．①F715.1

中国国家版本馆CIP数据核字(2023)第138363号

内 容 提 要

　　本书旨在帮助大学生提高商业认知水平和决策能力。本书以大学生求学阶段和就业初期的应用场景为基础进行编写，分为大学生的商业决策认知、大学生在校商业决策、大学生的商业决策竞赛、大学生的创业决策4篇内容。通过学习本书，大学生可以了解商业决策的核心要素和关键技能，掌握有效的决策方法和工具。本书还通过典型应用场景带领大学生进行任务分析和实践练习，帮助大学生将理论知识与实际应用相结合，延展思想广度、提升思维高度、培养商业嗅觉，进而提高大学生的综合素质，培养其解决复杂问题的核心竞争力。无论是对于想要进入商业领域的大学生，还是对于想了解商业决策知识的大学生，本书都是一本非常有价值的参考书。

◆ 主　　编　李奕轩　张　彬
　　责任编辑　刘向荣
　　责任印制　李　东　胡　南

◆ 人民邮电出版社出版发行　　北京市丰台区成寿寺路 11 号
　　邮编　100164　电子邮件　315@ptpress.com.cn
　　网址　https://www.ptpress.com.cn
　　北京联兴盛业印刷股份有限公司印刷

◆ 开本：787×1092　1/16
　　印张：12.5　　　　　　　　2023 年 10 月第 1 版
　　字数：334 千字　　　　　　2023 年 10 月北京第 1 次印刷

定价：49.80 元

读者服务热线：(010)81055256　　印装质量热线：(010)81055316
反盗版热线：(010)81055315
广告经营许可证：京东市监广登字 20170147 号

人才问题关系到国家和民族的长远发展大计。党的二十大报告中强调，人才是第一资源，要"坚持为党育人、为国育才"。新时代实施科教兴国战略、全面提高人才自主培养质量都是为了加快建设人才强国。

"十四五"是我国高等教育为中华民族伟大复兴提供智力支持和人才保障的重要时期。全面深化教育教学改革，进一步推动高等教育内涵式发展、特色发展和创新发展是未来教育的必经之路。在全面建设社会主义现代化国家的新征程中，培育、塑造能适应新时代、新经济环境，致力于实现"第二个百年奋斗目标"伟大实践的高质量人才，有利于国家进一步提升综合实力，赢得国际竞争力。

现代市场经济体系复杂且多变，产业体系的现代化建设及制造强国战略的实施从根本上对高校人才培养提出了全新挑战。高质量发展和新经济形态对人才培养中的课程建设提出了更高的质量要求。观察市场和社会需求可以发现，商业决策力是现代社会中最为重要的能力之一。在日益激烈的市场竞争中，能够做出明智、高效的商业决策，是每一位职业人士所必备的能力。

本书以场景和任务为导向，从与大学生相关的职业愿景、认识商业、在校商业决策、生活中的商业决策、认识竞赛、商业决策竞赛、商业项目管理与评估、如何创办企业8个方面展开论述，并将理论践行于具体项目任务活动中，以期在真实场景中培养大学生的商业嗅觉，提升其商业决策能力。

本书的特色如下。①编写模式创新。每章内容以任务形式导入，并介绍相应的知识和工具，旨在培养大学生的自主学习能力。②真实场景引领思考。本书围绕大学生在求学阶段及就业初期可能遇到的典型商业决策需求展开编写，并强调成果输出，旨在提升其解决实际问题的能力。③提供配套的项目任务电子手册。本书将理论用于指导实践任务，配套的项目任务电子手册可配合课堂教学，提升大学生的学习参与度与思考能力。

本书秉承"以学生为中心"的教育理念展开编排，强调培养学生主动探索和学习的精神。使用本书时，需注意："学习目标矩阵"是一章的概述和引导部分；"本章目标成果"是学完本章后学生应完成的目标成果；"典型应用场景"根据大学生面对的真实场景和可能面临的决策事项展开设计与编写；"场景项目任务"以任务驱动学习，并根据本书逻辑辅以配套的项目任务电子手册；"知识库""工具包"提供了完成相应项目任务所需的基础知识和主要工具，供学生翻阅学习；"推荐阅读与自学"拓展了每章内容。学生要想更全面地掌握相应知识和工具，提升解决复杂问题的能力，可在课后自学相应资料并加强实践。

前 言

　　本书由李奕轩负责整体设计和全书统稿工作，由李奕轩和张彬共同完成编写和校稿工作，姬光明、冉燕参与了后期的校稿工作。

　　在编写本书的过程中，我们得到了陈春发教授、毛敏教授、余梅教授的大力支持和建言，并且还参考了众多学者的研究成果，在此一并致谢。

　　由于编者水平有限，加之商业活动内容涉及面广、变化快，书中难免有不妥之处，敬请广大读者批评指正。

编者

目 录 ———————————————— CONTENTS

目 录

第一篇

大学生的商业决策认知

❖ **本篇概述**

大学生将专业知识技能和个人理想兴趣结合，认知行业发展规律、紧跟国家发展脉络、顺应时代发展潮流，进而探索商业决策奥秘，具有重要的经济价值和社会价值。本篇是全书的基础篇，主要从"大学生及其职业愿景""认知商业"两个方面切入，以 9 个真实场景展开探索。

大学生可以在对本篇内容的学习过程中探索个人发展与客观环境的关系，也可以建立所学专业与社会真实需求的联系，并进一步加深商业基础认知。本篇内容旨在引导大学生立足真实的社会大环境和行业发展现实，系统认知自我、制定职业路径、规划大学生活、建构基础商业知识体系，以储备更适应新环境的商业能力和素养。

第一章
大学生及其职业愿景

本章导学视频

每个人的能力、性格、需求、价值观、兴趣、特点和自我概念各不相同。

——舒伯

一、学习目标矩阵 ↓

本章从 4 个典型应用场景展开探索，带领学生认识国家战略与大学生之间的关系，并依据霍兰德职业人格测试与胜任力模型规划大学生活。本章主要通过资料检索、分享沙龙与职业人格测试等活动，帮助大学生认知自身角色，并对其职业生涯进行规划。本章的学习目标矩阵如表 1.1 所示。

表 1.1　学习目标矩阵

典型应用场景	项目任务	知识学习	技能胜任	工具应用
场景一　大学生与国家发展使命 场景二　认识行业 场景三　大学生的职业愿景 场景四　大学生活规划	项目任务一：国家战略与大学生使命	人力资本	职业定位	
	项目任务二：大学生与职业	SWOT 分析法		
	项目任务三：认识行业	行业划分	资料检索能力，概念辨析技能	
	项目任务四：分享沙龙	访谈法	访谈能力，自主学习能力，演讲能力	
	项目任务五：职业人格测试	霍兰德职业人格测试		
	项目任务六：制定职业路径	PEST 分析法		
	项目任务七：规划大学生活	胜任力模型	分析与设计能力	甘特图

 本章目标成果

（1）职业人格测试结果

（2）基于国家战略和行业认知的职业路径简要设计

（3）大学生活规划图

二、典型应用场景 ↓

场景一　大学生与国家发展使命

大学生活精彩、自由又充实，但我们在面对刚开始的新学期或崭新的大学生涯时，仍会感觉千头万绪。今天在校园里学习的理论知识与我们未来的职业、未来的生活会产生怎样的联系？大学教育能够为我们提供什么价值？

经济学先驱亚当·斯密（Adam Smith）在其经典著作《国富论》（1776）中敏锐地认识到，人的知识、经验和才能对社会生产有重要的作用，是一种生产性资本。后来，爱德华·丹尼森（Edward F·Denison）（1962）通过精细分解计算论证出美国1929—1957年经济增长的23%归功于教育，这表明人的知识、能力等人力资本对经济增长而言十分重要。毫无疑问，知识是时代发展的促进器，也是个人生活追求的无形保障。我们获取知识与能力的一般方式为在校教育和在职培训两种，针对二者的所有投资都能提高技能、增长知识，最终增加未来的货币收入和心理收入。

如图1.1所示，克里斯托弗·S.（Christopher S.）等人在2017年对高中毕业生与大学毕业生两个群体的平均年薪进行比较发现，大学毕业生的平均年薪比高中毕业生的平均年薪高约82%，大学教育上的投资为个体带来了数倍的回报，受过高等教育的人更可能获得更高的收入。

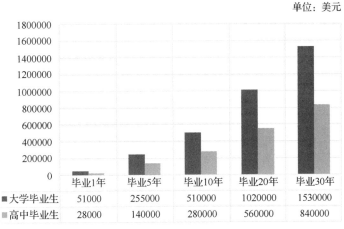

单位：美元

	毕业1年	毕业5年	毕业10年	毕业20年	毕业30年
■ 大学毕业生	51000	255000	510000	1020000	1530000
▫ 高中毕业生	28000	140000	280000	560000	840000

图1.1　高中毕业生与大学毕业生平均年薪比较

从1995年我国首次提出科教兴国战略，到2010年后我国的高等教育规模不断扩展，高等教育与经济增长的互动关系一直是国家经济发展的重要研究领域。然而，随着全球化竞争加剧、全社会数字化经济转型、企业全产业链价值精益化管理趋势明显，传统的"适应工业化社会分工"的高等教育教学思维路径，已与企业组织中真实的产业应用场景产生较大的偏差。

为了更加切实地加速我国产业链转型与人才培养能力的提升，党的二十大报告从人才战略高度指出：必须坚持科技是第一生产力、人才是第一资源、创新是第一动力，深入实施科教兴国战略、人才强国战略、创新驱动发展战略，开辟发展新领域新赛道，不断塑造发展新动能新优势；到2025年，全社会研发经费投入大幅增长，科技创新主力军队伍建设取得重要进展，顶尖科学家集聚水平明显提高，人才自主培养能力不断增强，在关键核心技术领域拥有一大批战略科技人才、一流科技领军人才和创新团队；到2030年，适应高质量发展的人才制度体系基本形成，创新人才自主培养能力显著提升，对世界优秀人才的吸引力明显增强，在主要科技领域有一批领跑者，在新兴前沿交叉领域有一批开拓者；到2035年，形成我国在诸多领域人才竞争比较优势，国家战略科技力量和高水平人才队伍位居世界前列。相应地，国务院于 2015 年印发部署的《中国制造 2025》（国家行动纲领）明确要求培养具有创新能力、绿色能力、应用转化能力的复合型人才。中共中央办公厅、国务院办公厅 2022 年发布了《关于加强新时代高技能人才队伍建设的意见》，该意见指出，要加强高级工以上的高技能人才队伍建设，以增强国家核心竞争力和科技创新能力，全面深入推进人才强国战略实施。

放眼全球，一些发达国家的教育机构早在 20 世纪 90 年代就开始致力于培养"创新、跨学科"的复合型人才，如美国欧林工学院（Franklin W.Olin College of Engineering）。欧林工学院的定位与传统工学院不同，它致力于培养 21 世纪工程界的卓越革新者，培养未来工程界的领军人物（College O.，2009；李曼丽，2010）。

该学院秉持着独特的"欧林三角"课程哲学（其中，三角包括卓越的工程学知识体系、企业管理学知识体系和人文社会学科知识体系 3 个核心知识体系），可帮助学生把工程理论和实践联系起来，了解工程的社会价值。除此以外，欧林工学院会让学生通过自己分析、设计、制造工程系统来建立和发展实际的知识体系或技能。其很多课程都是动手型的工程设计类项目，技术课程和实践项目课程占每学期课程的 20%～60%。真实项目课程所占比重随着年级的升高不断增加。尤其到了大四学年，学生会在真实的工程环境下解决现实问题，完成过去 3 年所学知识的转化任务（李曼丽，2010）。

近几年，我国为应对新一轮科技革命与产业变革而采取的战略行动，使新技术、新产业、新业态和新模式突出。国家一系列重大战略深入实施，呼唤"新工科、新农科、新医科、新文科"。因此，培养面向未来的大学生是一项与时俱进的任务，大学生不应只具备所学的专业技能，更要有能力在纷繁复杂的商业环境中运用所学知识高效配置资源，并做出系统的、跨学科的、跨团队的科学商业决策。

场景二 认识行业

2019 年毕业于某重点大学土木工程专业的李杨（化名），毕业后成功入职一家大型建筑公司，入职 3 个月后却选择了离职，最后去了一家广告公司做产品运营。李杨坦言，当时因为分数问题被调剂到了土木工程专业，此前他对这个专业了解不深，兴趣也不大。本来打算转专业的他因为大一对学习有些懈怠，所以并未达到转专业的标准，只能继续留在土木工程专业学习。经过 4 年的学习，李杨对这个专业有了自己的体会，但对相关职业并没有了解。毕业入职建筑公司后，李杨发现工作环境和他想象的完全不一样，他一入职就被公司分配到了项目部，项目部的办公地点是工地上的一排排合金板房，钢筋、沙子、水泥被陆续拉进工地，整个工地尘土飞扬。李杨待了 3 个月还是无法适应这里的环境，因为专业对口的工作不符合自己的职业期待，李杨选择从事与专业无关的工作。

在选择从事的工作前，求职者需要对该工作有大体的认识，也就是了解该工作属于哪个行业。这个问题看似简单，却是很多求职者并不明白的——一份工作往往可能隶属于多个行业，如产品运营，既可以是互联网行业的，也可以是媒体行业的。作为一名大学生，经过大学几年的学习与实践，能否获得一份心仪的工作，与我们是否清楚自己未来可能进入的行业或企业有关。然而，在进入社会前，很多同学甚至不能将行业与职业区分开来。

首先，我们需要认识行业。在国家统计局 2019 年 6 月发布的《国民经济行业分类》（2019 修改版）中，行业被划分为 A～T 的 20 个门类，具体分类如表 1.2 所示。

表 1.2 国民经济行业分类（2019 修改版）

类别代码		类别名称	类别代码		类别名称
门类	大类		门类	大类	
A		农、林、牧、渔业		51	批发业
	01	农业		52	零售业
	02	林业	G		交通运输、仓储和邮政业

类别代码		类别名称	类别代码		类别名称
门类	大类		门类	大类	
	03	畜牧业		53	铁路运输业
	04	渔业		54	道路运输业
	05	农、林、牧、渔专业及辅助性活动		55	水上运输业
B		采矿业		56	航空运输业
	06	煤炭开采和洗选业		57	管道运输业
	07	石油和天然气开采业		58	多式联运和运输代理业
	08	黑色金属矿采选业		63	电信、广播电视和卫星传输服务
	09	有色金属矿采选业		64	互联网和相关服务
	10	非金属矿采选业		65	软件和信息技术服务业
	11	开采专业及辅助性活动	J		金融业
	12	其他采矿业		66	货币金融服务
C		制造业		67	资本市场服务
	13	农副食品加工业		68	保险业
	14	食品制造业		69	其他金融业
	15	酒、饮料和精制茶制造业	K		房地产业
	16	烟草制品业		70	房地产业
	17	纺织业	L		租赁和商务服务业
	18	纺织服装、服饰业		71	租赁业
	19	皮革、毛皮、羽毛及其制品和制鞋业		72	商务服务业
	20	木材加工和木、竹、藤、棕、草制品业	M		科学研究和技术服务业
	21	家具制造业		73	研究和试验发展
	22	造纸和纸制品业		74	专业技术服务业
	23	印刷和记录媒介复制业		75	科技推广和应用服务业
	24	文教、工美、体育和娱乐用品制造业	N		水利、环境和公共设施管理业
	25	石油、煤炭及其他燃料加工业		76	水利管理业
	26	化学原料和化学制品制造业		77	生态保护和环境治理业
	27	医药制造业		78	公共设施管理业
	28	化学纤维制造业		79	土地管理业
	29	橡胶和塑料制品业	O		居民服务、修理和其他服务业
	30	非金属矿物制品业		80	居民服务业
	31	黑色金属冶炼和压延加工业		81	机动车、电子产品和日用产品修理业
	32	有色金属冶炼和压延加工业		82	其他服务业
	33	金属制品业	P		教育
	34	通用设备制造业		83	教育
	35	专用设备制造业	Q		卫生和社会工作
	36	汽车制造业		84	卫生
	37	铁路、船舶、航空航天和其他运输设备制造业		85	社会工作
	38	电气机械和器材制造业	R		文化、体育和娱乐业
	39	计算机、通信和其他电子设备制造业		86	新闻和出版业
	40	仪器仪表制造业		87	广播、电视、电影和录音制作业

续表

类别代码		类别名称	类别代码		类别名称
门类	大类		门类	大类	
	41	其他制造业		88	文化艺术业
	42	废弃资源综合利用业		89	体育
	43	金属制品、机械和设备修理业		90	娱乐业
D		电力、热力、燃气及水生产和供应业	S		公共管理、社会保障和社会组织
	44	电力、热力生产和供应业		91	中国共产党机关
	45	燃气生产和供应业		92	国家机构
	46	水的生产和供应业		93	人民政协、民主党派
E		建筑业		94	社会保障
	47	房屋建筑业		95	群众团体、社会团体和其他成员组织
	48	土木工程建筑业		96	基层群众自治组织
	49	建筑安装业	T		国际组织
	50	建筑装饰、装修和其他建筑业		97	国际组织
F		批发和零售业			

在选择一个行业的时候，我们应该对这个行业的发展状况进行基本的评估。通常来说，发展前景较好、整体福利待遇较高的行业比较受青睐，如果毕业后进入发展前景一般的行业甚至夕阳行业，极有可能对我们的职业生涯产生不利影响。通过对相关资料的整理，这里梳理了部分专业及其主要就业方向供参考，具体如表1.3所示。

表 1.3　部分专业及其主要就业方向

专业	专业就业方向
机械工程	❖ 技术方向：设计工程师、设备工程师、工艺工程师、研发工程师等。 ❖ 管理方向：发展前景会好很多，但因管理类工作需要与其他人打交道，不是每一个人都适合。管理工作主要包含了项目管理、车间管理、生产管理等
车辆工程	❖ 就业方向较多，从汽车生产流程中的调研、设计、试验到销售环节，都可以选择。比较理想的是到各种汽车主机厂、工程研究院，汽车、机车车辆、地铁及轻轨车辆的设计制造企业，参与城市交通系统的规划、设计、建设、运营和管理等工作
材料科学与工程	❖ 本科生可从事材料检测以及材料销售、材料领域的咨询等工作。其特点是和材料的知识比较相关，但基本和科研不沾边；硕士可从事与材料相关的基础研究工作，如部分科研院所的基础研究岗位以及一些材料相关企业的研究类岗位，如半导体材料等
能源与动力工程	❖ 电厂及设备制造商。例如，去"核"字辈的电厂工作，主要包含各电力集团的火电厂，如中核、广核、国核旗下的核电厂。本科生一般负责最基层的工作。 ❖ 制造厂。大型国企主要有上海汽轮机厂、上海锅炉厂、哈尔滨汽轮机厂、哈尔滨锅炉厂、东方汽轮机厂、东方锅炉厂、沈阳鼓风机厂等。 ❖ 家电及汽车行业或外企。主要包含格力、美的、中国一汽等公司。如果英语能力佳，可尝试去外企，如通用电气、西门子、艾默生等公司
电气工程及其自动化	❖ 该专业学生工作首选为国家电网（需参加公司举行的国家电网考试）。其他工作单位是一些与电气相关的制造业，如智能手机公司（华为、中兴等）或者电器公司（格力、美的等）
通信工程	❖ 国内电信运营商，包含移动、联通、电信，岗位多为技术岗位，如运营维护等；设备商，如华为、中兴、烽火等，岗位多为研发、测试、运维和销售岗；研究院、设计院 ❖ 互联网企业、银行。互联网企业，工作强度较大，需有较强的编程能力。如果去四大国有银行（中国工商银行、中国农业银行、中国银行、中国建设银行）的软件中心就业，待遇参考国企待遇；如果去民营银行（招商银行、民生银行等）IT部门工作，薪资也较为可观。

场景三 **大学生的职业愿景**

就读于计算机科学专业，爱好音乐的王毓非常热爱大学生活。在认真钻研专业知识的同时，王毓还和同宿舍的几个同学一起接一些网页制作的工作，这样他不但能将所学知识活学活用，每个月还能有一笔可观的兼职收入。王毓崇拜苹果品牌创始人乔布斯，认为乔布斯是一位使个人计算机、动画电影、音乐、手机、平板电脑以及数字出版六大产业发生颠覆性变革、极具创造力的企业领袖。在参加完"职场校友回校园"讲座后，王毓对 2016 级一位学姐的分享印象最为深刻，这位学姐大学时期就是会玩也会学的"准学霸"，毕业后先后在高德地图、网易云音乐工作，如今在喜马拉雅担任创作者生态负责人。

学姐的职业生涯正是自己梦寐以求的，王毓意识到，大学是自己积累知识与培养能力的非常重要的人生阶段，他开始第一次认真地思考自己是谁，以及应该如何规划自己的未来。王毓积极地收集各种能够为自己构建学业/职业生涯规划提供指导的平台，如校友/学长学姐分享会、企业招聘网站等，逐步进行自己的学业/职业生涯规划。

王毓了解到，在当前的就业市场中，计算机科学位列就业榜前三，薪水也较高。计算机科学是一个很有难度、充满挑战的行业，也是一个年轻的、充满机遇但又对智力要求较高的学科领域。面对"就业难""考研热"，王毓发现身边有不少同学在大二下学期就已开始准备考研。据此，她认真梳理了与计算机科学专业对口的主要职业类型与对应的最低学历要求（见表 1.4），思考是否需要进一步做升学打算。

表 1.4　与计算机科学专业对口的主要职业类型与对应的最低学历要求

职业	主要工作内容	最低学历要求
计算机和信息研究科学家	设计和开发新的计算技术方法，探究现有技术的创新用途，以解决商业、医药等领域的复杂问题	博士研究生
计算机网络架构师	设计和创建数据通信网络，包括局域网、广域网和内部网	本科
计算机编程员	编写和测试计算机应用程序和软件程序的代码，将软件开发员工和工程师创建的程序转变成计算机可以遵循的指令	本科
计算机支持专家	向计算机软件或设备使用者和组织提供帮助和建议，可以在组织内部工作或以第三方服务专家的形式协助解决计算机问题	本科
计算机系统分析师	研究组织当前的计算机系统和程序，设计信息系统解决方案，帮助组织更高效运作	本科
数据库管理员	利用专门的软件存储和组织数据，确保数据的可访问性和访问安全性，如财务信息和客户运输记录等	本科
信息安全分析师	计划和实施安全措施来保护组织的计算机网络和系统，确保其在外部的网络攻击下能正常运行	本科
网络和计算机系统管理员	负责计算机网络的正常运行	本科
软件开发员	根据客户的不同需求，开发创新性计算机程序	本科
网络开发员	设计并创建网站，负责网站的外观和技术支持	本科

在对专业、行业与职业有清晰认知后，王毓为自己规划了前端工程师、Android 开发工程师两个目标岗位。王毓琢磨着，要想胜任这两个岗位，自己应该重点提高哪些能力，形成哪些关键成果来支撑自己呢？王毓想到用数据爬虫的方法，对六万多家国内企业共计 51627 个岗位（26042 种岗位技能）进行数据爬虫，建立基于企业真实岗位需求的岗位胜任力模型（优秀人才能力模型），图 1.2 和图 1.3 所示分别为王毓为自己的理想岗位前端工程师和 Android 开发工程师构建的胜任力模型。

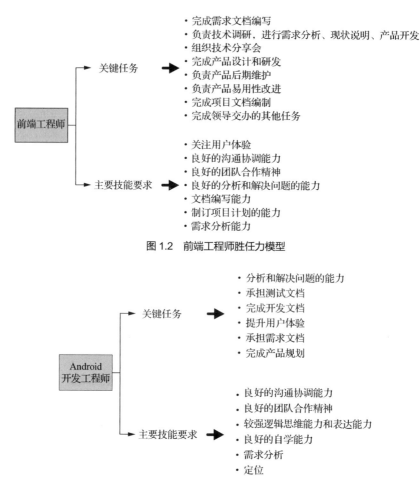

图 1.2　前端工程师胜任力模型

图 1.3　Android 开发工程师胜任力模型

思考：针对我们自己的专业，行业需求岗位的胜任力模型具体有哪些指标呢？你清楚吗？

场景四　大学生活规划

小故事

白龙马与驴子

在学习生涯中，我们会面临各种各样的选择。当我们站在十字路口时，需要做出明智的决策，选择正确的方向。学习激光加工技术的程瑞在暑假期间得知，正在攻读博士学位的表哥，因为毕业论文未通过校外盲审环节，未能完成博士学业。在亲友聚会上，表哥的父母深深自责，表示不应该在明知自己儿子不喜欢做科研的前提下，逼着他读博深造。很多时候父母的出发点都是好的，但如果忽视个体的追求、爱好与长处，大概率不会获得理想结果。因此，程瑞希望在进行学业规划前，先对自己进行全面系统的评估，以获得对自己的能力、兴趣与长处等方面的清晰认知。

说到职业兴趣，程瑞一直想毕业后进入金融行业，但并不清楚自己有哪些优劣势。程瑞想到暑假在实习公司业务部门会议上用过的一个分析工具——SWOT 分析法，于是，他决定运用该方法对自己的优势（Strengths）和劣势（Weaknesses）进行分析，并仔细评估自己感兴趣的行业中存在的机会（Opportunities）和威胁（Threats），然后将这几种因素结合起来进行全面、系统、准确的研究，最后构建自己的大学生活规划。程瑞的个人学业决策 SWOT 分析结果如表 1.5 所示。

表1.5 程瑞的个人学业决策SWOT分析结果

项目	机会（Opportunities）	威胁（Threats）
	（1）理工科专业就业优势 （2）国家"拉动内需"的政策导向 （3）了解工程技术	（1）金融专业毕业生 （2）比起学历，许多企业更看重工作经验
优势（Strengths）	优势机会策略（SO）	优势威胁策略（ST）
（1）激光加工技术专业（理工科背景），成绩优秀 （2）丰富的学生干部管理经历，表达能力强 （3）大型金融公司半年实习经历	（1）定位政策性银行中的工程类/技术类岗位 （2）……	（1）突出学习能力强的优势 （2）增加与岗位匹配的更多实习经验
劣势（Weaknesses）	劣势机会策略（WO）	劣势威胁策略（WT）
（1）缺乏金融知识 （2）没有丰富的工作阅历 （3）专业不对口 （4）性格急躁，容易冲动	（1）利用较强的学习能力，自学金融知识 （2）……	（1）改变自己容易冲动的性格 （2）结合两个不同的专业培养宽广的视野和创新能力 （3）积极寻找重视员工潜能的企业

分析后确定的目标岗位：金融行业项目投资部职员

三、场景项目任务

请根据前文中的4个场景，基于你的专业、兴趣等因素，完成下面的项目任务。

项目任务一：国家战略与大学生使命

项目任务二：大学生与职业

项目任务三：认识行业

项目任务四：分享沙龙

项目任务五：职业人格测试

项目任务六：制定职业路径

项目任务七：规划大学生活

项目任务扫码获取

四、知识库

（一）职业胜任力及模型

1. 胜任力的概念

胜任力概念是美国心理学教授戴维·麦克利兰（David McClelland）（1973）在一篇名为 *Testing for Competence Rather Than Intelligence* 的文章中首次提出的。文章针对过去通过智力测评员工业绩的方法提出反对意见，他认为，知识、技能、价值观、个性或动机等才是影响员工或组织业绩的直接因素。由此，胜任力的概念产生了。胜任力一词源自拉丁语，意为"适当的"，现国内译为"胜任力""胜任特征"。帕特里夏·麦克拉根（Patricia Maclagan）认为，胜任力是指为了能充分完成工作所具备的技能与知识。也有学者认为胜任力是在某一情形中完成工作任务所必需的一系列行为，这一系列行为都能与高绩效挂钩，并且能在工作中的高绩效人群里得以体现。

美国学者斯宾塞（Spencer）（1993）对胜任力的定义是目前被运用最多的且较完整的定义——胜任力可以是人的动机、个性、自我定位、价值观、专业知识或者各种技术才能，因为这样就能把业绩不同的人以潜在的、深层次的个人特征区分开，将业绩突出的人与表现平平的人区分开。

2. 胜任力模型的研究

胜任力模型是针对某一岗位或某类岗位，将表现优异者与绩效平平者区分开所应依据的胜任力组成的。胜任力模型的搭建不仅有利于员工更好地理解自己的工作内容，有利于企业对该岗位员工的管理与培训。胜任力模型具有行业特色，反映某个行业中某岗位从业人员的共性和个性，不同企业同一岗位的胜任力模型很可能不一样，需要根据企业的环境、战略、文化，特别是岗位工作要求来构建。常见的胜任力模型有"冰山模型""洋葱模型""通用胜任力模型"。表 1.6 所示为斯宾塞提出的通用胜任力。

表 1.6　斯宾塞提出的通用胜任力

胜任力	具体胜任内容
成就力	成就欲、主动性、关注秩序和质量的能力
助人/服务力	客户服务意识、人际洞察力
影响力	个人影响力、权限意识、公关能力
管理力	指挥力、团队领导力、团队协作力、培养下属的意识
认知力	技术专长、判断推理能力、综合分析能力、信息寻求能力
个人力	自信、灵活性、自我控制力

（二）访谈法

1. 访谈法概述

访谈法是运用最广泛、最成熟、最有效的工作分析方法之一。访谈是两个或更多的人交流某项或某系列工作的信息的会谈。在访谈的过程中，建议参考的访谈流程如下。

（1）确定访谈调查目的；

（2）确定访谈对象；

（3）确定期望通过调研获取何种形式、何种程度的信息资料；

（4）设计访谈提纲及问卷；

（5）组建访谈调查队伍；

（6）预估访谈费用及调查进度；

（7）访谈实施与记录；

（8）整理提炼访谈资料。

2. 访谈与沟通技巧

在确定访谈调查目的与访谈对象后，一定要预先估计期望通过调研获取到何种形式、何种程度的信息资料，确定收集到的信息资料能够与后续的统计分析口径和方法相匹配，否则很难通过收集到的数据进行进一步的深入分析。调查人员必须判断将要收集什么类型的资料，或需要得到什么样的结果才能达到调查目的，而且要能根据该资料提出建议，因为一旦资料收集完毕，想要补救就来不及了。

因此，访谈问卷的设计决定了我们能够收集到的信息的内容范围、层次与深度。我们在设计访谈问卷时需提前进行资料收集，将与访问主题相关的概念结构和维度、指标逻辑梳理清晰，再对应设计具体的访谈问题。访谈内容应包括问候语、访谈对象基本信息、与访谈主题概念结构成体系的访谈问题、结束语等。访谈过程中常用的沟通技巧如表 1.7 所示。

表 1.7　访谈过程中常用的沟通技巧

访谈步骤	沟通技巧
（1）访谈前准备	明确规定访谈调查目的； 事先准备有关资料（确定访谈内容逻辑与问题）； 让对方做好准备

访谈步骤	沟通技巧
（2）访谈开头	解释访谈目的； 告诉对方你要记一些笔记； 让对方建立对访谈内容的总体认知； 采用较友好的方式； 营造一个较为宽松的环境； 去除偏见； 始终保持目光接触
（3）获得应答	访谈是一种对事实的挖掘，切记其目的是获取事实而非谈论观点或偏见； 要引导整个访谈过程； 把对方带回主题； 让对方有时间思考
（4）澄清	使用提问和倾听技巧； 及时澄清任何对方不清楚的内容
（5）结束访谈	核查一下是否已获得所有信息； 询问对方是否还有话说； 总结关键信息并告知下一步行动； 感谢对方所投入的时间和努力
（6）反馈	及时记录访谈内容； 如果有不清楚的内容再去询问； 向其他相关人员获得反馈； 讨论和修改

（三）霍兰德职业人格测试

霍兰德职业人格测试由美国职业指导专家约翰·霍兰德（John Holland）编制。在几十年间经过100多次大规模的实验研究后，他形成了人格类型与职业类型的学说和测试。该测试能帮助被试者发现和确定自己的职业兴趣和能力专长，从而为科学的求职择业提供参考。

霍兰德于1959年提出了具有广泛社会影响的职业兴高趣理论，他认为人的人格类型、兴趣与职业密切相关，兴趣是人们活动的巨大内生动力，兴趣可以提高人们的工作积极性，促使人们积极愉快地从事该职业，且职业兴趣与人格之间存在很强的相关性。霍兰德将人格分为实际型（R）、研究型（I）、艺术型（A）、社会型（S）、企业型（E）和常规型（C）6种类型。霍兰德6种职业人格特征与匹配职业建议如表1.8所示。

表1.8　霍兰德6种职业人格特征与匹配职业建议

类型	职业人格特征	匹配职业建议
实际型（R）	① 愿意使用工具从事操作性工作。 ② 动手能力强。手脚灵活，动作协调。 ③ 不善言辞，不善交际	主要从事各类工程技术工作、农业工作。通常需要一定的体力，需要运用工具或操作机器。 主要职业：机械操作、维修、安装工人，矿工、木工、电工、鞋匠，司机、测绘员、描图员，农民、牧民、渔民等
研究型（I）	① 抽象思维能力强，求知欲强，肯动脑，善思考，不愿动手。 ② 喜欢独立的和富有创造性的工作。 ③ 知识渊博，有学识、有才能，不善于领导他人	主要从事科学研究和科学实验工作。 主要职业：自然科学和社会科学方面的研究人员、专家，化学、冶金、电子、无线电、电视、飞机等方面的工程师、技术人员，飞机驾驶员、计算机操作员，等等

类型	职业人格特征	匹配职业建议
艺术型（A）	① 喜欢以各种艺术形式的创作来表现自己的才能，实现自身的价值。 ② 具有特殊艺术才能和个性。 ③ 乐于创造新颖的、与众不同的艺术成果，渴望表现自己的个性	主要从事各类艺术创作工作。 主要职业：音乐、舞蹈、戏剧等方面的演员、艺术家、编导，文学、艺术方面的评论员，广播节目的主持人、编辑，作者，画家、书法家、摄影家，艺术、家具、珠宝、房屋装饰等行业的设计师
社会型（S）	① 喜欢从事为他人服务和教育他人的工作。 ② 喜欢参与解决人们共同关心的社会问题，渴望发挥自己的社会作用。 ③ 比较看重社会义务和社会道德	主要从事各种直接为他人服务的工作，如医疗服务、教育服务、生活服务等。 主要职业：教师、保育员、行政人员，医护人员，衣食住行等服务行业的管理人员和服务人员，福利人员，等等
企业型（E）	① 精力充沛、自信、善交际，具有领导才能。 ② 喜欢竞争，敢冒风险。 ③ 喜爱权力、地位和物质财富	主要从事那些组织与影响他人共同完成目标的工作。 主要职业：企业家、机关工作人员、行业部门和单位的领导者或管理者等
常规型（C）	① 喜欢按计划办事，习惯接受他人指挥和领导，自己不谋求领导职务。 ② 不喜欢冒险和竞争。 ③ 工作踏实，忠诚可靠，遵守纪律	主要从事各类与文件档案、图书资料、统计报表相关的工作。 主要职业：会计、出纳、统计人员，打字员，秘书和文员，图书管理员，外贸人员，保管员、邮递员、审计人员、人事职员，等等

（四）职业决策与职业生涯规划

成功绝对不是偶然的，而是选择正确的方向加上积极努力的结果。职业生涯规划可以帮助我们选择正确方向，促使我们积极努力。职业生涯规划是指个人在分析自我特质和职业环境的基础上，确定职业发展目标，制订相应的行动方案，并按照一定时间安排实施行动方案的过程。大学生虽然还没有进入职场，但是在大学阶段进行一番职业生涯规划的探索活动对自我成长是非常有好处的。它可以帮助学生在大学阶段科学、理性地确定大学生涯发展目标，增强学习的自觉性和针对性，从而为我们将来就业及进入职场后的职业发展奠定坚实基础。

职业决策是职业生涯规划过程中最重要的环节之一，是对职业发展方向和职业发展方案做出审慎决定的系统过程。这一过程以对外在职业环境的了解和自我认识为基础，需要从众多的工作领域和工作机会中做出合理的选择，如对行业类型、工作性质、工作地点和发展潜力等进行综合分析和筛选。当人们在确定自己未来工作行业与职业类型时，可以借助工作行业信息参考表（见表 1.9）来找到适合自己的具体职业类型。

表 1.9　工作行业信息参考表

项目	金融	IT	教育	通信	餐饮	零售	矿业	汽车	咨询	……
技术										
市场										
管理										
行政										

职业决策的方法主要包括 5W 法、SWOT 分析法、CASVE 循环法、决策平衡单法。

1. 5W 法（What 归纳法）

5W 法是职业决策过程中经常采用的方法，该方法的操作步骤具体如下。

第一步，"Who am I?" 认识个人特征。根据自身状况，分析自己的性格特征、特长、能力等。

第二步，"What do I want?" 了解个人喜好。充分利用兴趣对职业发展的导向作用。

第三步，"What can I do?" 挖掘个人潜能。对自身潜在能力进行分析和预测。

第四步，"What can support me?" 分析环境条件。考虑影响职业环境的各种因素，从政治环境、经济环境、法治环境、科技环境和文化环境等多方面进行综合考量。

第五步，"What can I be in the end?" 确定职业目标。根据前 4 个问题进行的筛选已经将可能的职业范围缩小了，这时需要一个明确的目标来指引职业生涯规划的实施，从而确立个人职业生涯发展的最佳方向。

2. SWOT 分析法

在企业中，SWOT 分析法也经常被称为环境分析工具，如企业战略、业务战略与产品战略环境分析等。SWOT 分析法基于内外部竞争环境和竞争条件下的态势分析，将与研究对象密切相关的各种内部的优势、劣势和外部的机会、威胁等，通过调查列举出来，并依照矩阵形式排列，然后用系统分析的思想，按照企业竞争战略的完整概念，把各种因素结合起来加以分析，从而得出一系列相应的结论——企业"能够做的"（即企业的强项和弱项）和"可能做的"（即环境的机会和威胁）之间的有机组合。

企业在运用 SWOT 分析法进行分析时可以从以下方面着手。

- 优势（Strengths）是企业的内部因素，具体包括有利的竞争态势、充足的资金、良好的形象、较强的技术实力、规模经济、较好的产品质量、较高的市场份额、成本优势、广告攻势等。
- 劣势（Weaknesses）也是企业的内部因素，具体包括设备老化、管理混乱、缺少关键技术、研究开发落后、资金短缺、经营不善、产品积压、竞争力弱等。
- 机会（Opportunities）是企业的外部因素，具体包括新产品、新市场、新需求、外国市场壁垒解除、竞争对手失误等。
- 威胁（Threats）也是企业的外部因素，具体包括新的竞争对手、替代产品增多、市场紧缩、行业政策变化、经济衰退、客户偏好改变、突发事件等。

企业应运用各种调查研究方法，分析各种环境因素，即外部环境因素和内部环境因素。外部环境因素包括机会因素和威胁因素，它们分别是外部环境对企业发展有直接影响的有利因素和不利因素，属于客观因素。内部环境因素包括优势因素和劣势因素，它们分别是企业在发展中自身存在的积极因素和消极因素，属于主观因素。在调查分析这些因素时，不仅要考虑历史与现状，还要考虑未来发展问题。

（1）机会与威胁分析（OT 分析）——外部环境分析

OT 分析属于外部环境分析。随着社会、经济、科技的发展，人们的生活日新月异。互联网的普及、5G 技术的发展，使个人和组织生活发生了巨大的变化。消费需求多样化，辅助手段多元化，外部环境影响着组织和个人，正因为如此，外部环境分析成为重中之重。外部环境中的机会，会对企业产生吸引力，代表新的领域的出现；威胁是指环境中不利于发展的趋势，会对原来的战略产生不利的影响。外部环境是宏观环境，代表了社会的发展趋势。任何企业和个人都必须识别这种趋势，顺势而为而不能逆流而上。

（2）优势与劣势分析（SW 分析）——内部环境分析

SW 分析属于内部环境分析。当识别出外部环境中的机会后，能不能将这种机会转化为竞争力，就需要看企业是否清楚自己的优势与劣势了。将组织要素进行解构，横向比较每个要素和同类企业或者个人比是否更强。一般按照职能来检查营销、财务、生产和组织等各项能力，与其他企业比较，看看自身能力哪些是优势，哪些是劣势。竞争优势可以是消费者眼中一个企业或者产品比其他企业或产品更优越的地方，如产品的性能、质量，企业的风格、形象，服务的及时性等。竞争优势是综合的优势，但企业要分析具体哪个方面更有优势，从而最大化自身的优势。SW 分析可从品质、成本、产品、人才、服务 5 个维度进行。

（3）SWOT分析的操作步骤

步骤一：确定当前的决策目标。

步骤二：基于企业内外部环境分析，整理出企业的优势和劣势，以及面临的机会和威胁。

① 外部环境分析，通过政策查询、市场调查、竞争对手调查及其他渠道获取信息，对企业外部环境进行分析，如借用PEST分析法（见图1.4）。

P—政策/法律	E—经济	S—社会环境	T—技术
• 政府稳定性 • 劳动法 • 贸易法 • 税收政策 • 经济刺激方案 • 行业性法规等	• 经济周期 • GNP趋势 • 利率/汇率 • 货币供给 • 通货膨胀 • 失业率 • 可支配收入 • 经济环境 • 成本	• 市场需求增长强劲 • 竞争对手陷入困境 • 生活方式的变化 • 教育水平 • 消费方式/水平 • 区域特性	• 重大技术突破 • 技术壁垒 • 新技术的发明和进展 • 技术传播的速度 • 代替技术出现

图1.4　外部环境分析——PEST分析法

② 内部环境分析，通过组织会议、报告及内部沟通等渠道获得信息，可从品质、成本、产品（产量/效率/交付能力、产品研发/技术）、人才、服务5个方面着手。

③ 按紧急程度或影响程度等排序方式，列出SWOT矩阵因素分析表（见表1.10）。将直接的、重要的、大量的、迫切的、深远的影响因素优先排列出来，将间接的、次要的、少许的、短暂的影响因素排在后面。其中，优先顺序可按照决策者自己的分类标准进行制定，如按照非常重要、很重要、重要、不重要、很不重要的5级重要程度进行排序。

表1.10　SWOT矩阵因素分析表

机会 O：	威胁 T：
优势 S：	劣势 W：

步骤三：构造SWOT矩阵。

SWOT分析法认为，有效战略源于企业内部资源（优势、劣势）和企业外部环境（机会、威胁）的匹配。该阶段，我们将所有因素列在一起进行综合分析，构建SWOT矩阵，即SO战略、ST战略、WO战略、WT战略，如表1.11所示。

表1.11　SWOT矩阵

项目		内部环境（SW）	
		内部优势（S）	内部劣势（W）
外部环境（OT）	外部机会（O）	**SO战略：优势+机会** 依托内部优势 利用外部机会	**WO战略：弱点+机会** 充分利用外部机会 克服内部劣势
	外部威胁（T）	**ST战略：优势+威胁** 利用内部优势 解决或避免外部威胁	**WT战略：弱点+威胁** 劣势最小化 躲避外部威胁

步骤四：制定战略。

① 确定战略方针与目标，绘制战略框架图与战略结构图。运用综合分析方法，将考虑的各种环境因素相互匹配起来加以组合，得出一系列企业在未来发展中可选择的对策（见图1.5）。

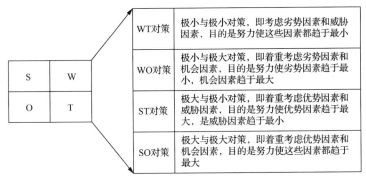

图 1.5 企业在未来发展中可选择的对策

② 绘制战术路线图、战略系统图。

③ 确定具体的战略实施步骤。

SWOT 分析法最早是由美国旧金山大学的管理学教授海因茨·韦里克（Heinz Weihrich）在 20 世纪 80 年代初提出的，是企业的战略分析方法，也是了解个人技能、能力、职业、喜好和职业机会的有效工具。我们可以运用 SWOT 分析，根据自己的个人优点和弱点仔细评估自己所感兴趣的不同职业道路的机会和威胁，将这几种因素结合起来进行全面、系统、准确的研究，有助于做出优质的职业决策。职业决策 SWOT 分析表如表 1.12 所示。

表 1.12 职业决策 SWOT 分析表

项目		外部环境分析（OT）	
		机会（Opportunities） （1）_____ （2）_____ （3）_____ （4）_____	威胁（Threats） （1）_____ （2）_____ （3）_____ （4）_____
内部环境分析 （SW）	优势（Strengths） （1） （2） （3） （4）	优势机会策略（SO） （1）_____ （2）_____ （3）_____ （4）_____	优势威胁策略（ST） （1）_____ （2）_____ （3）_____ （4）_____
	劣势（Weaknesses） （1） （2） （3） （4）	劣势机会策略（WO） （1）_____ （2）_____ （3）_____ （4）_____	劣势威胁策略（WT） （1）_____ （2）_____ （3）_____ （4）_____

分析后确定的目标职业：

运用 SWOT 分析法进行职业决策时，可以按照以下 3 个步骤进行。

步骤一：评估自己的优势和劣势

每个人都有独特的技能、天赋和能力。在分工非常细的市场上，大多数人擅长于某一领域，而不是样样精通。比如，有些人不喜欢整天坐在办公桌旁而喜欢进行社交活动，有些人则一想到不得不与陌生人打交道，惴惴不安。通过 SWOT 分析，可以列出自己喜欢和擅长的事情（如果觉得界定自己的优势比较困难，可以请专业的职业咨询师帮你分析并发现你的优势）。

同样，通过 SWOT 分析，可以找出自己不喜欢做的事情及自己的劣势。找出自己的劣势与发现自己的优势同等重要，因为我们可以基于自己的优势和劣势做两种选择：一是努力去弥补不足，提高自己的技能；二是放弃那些对自己不擅长的技能要求很高的职业。

步骤二：找出职业机会和威胁

不同的行业（包括这些行业里的不同企业）面临着不同的外部机会和威胁，找出这些外部因素可以有效帮助我们成功地找到一条既能发挥自身优势，又符合社会需求的职业发展道路。

步骤三：综合分析

进行综合分析，通过内部优势和外部职业机会确定自己的强项，对其进行进一步的强化，形成自己的核心职业竞争力；通过内部劣势和外部威胁分析，进行相应的平衡以弱化自己短板。

3. CASVE 循环法

CASVE 循环法认为，一个良好的决策需要经历沟通（C）、分析（A）、综合（S）、评估（V）、执行（E）5 个步骤（见图 1.6）。

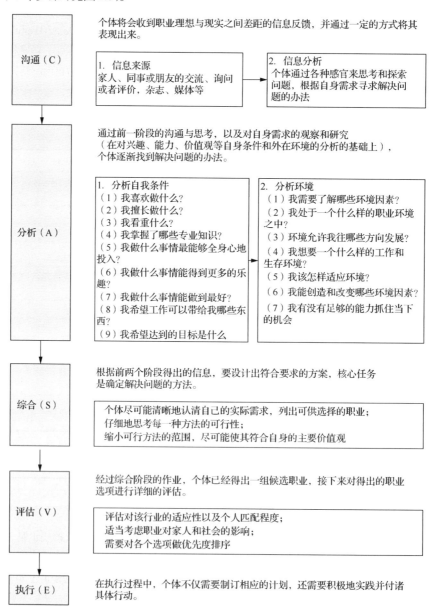

图 1.6 CASVE 循环法

值得注意的是，在实施 CASVE 循环法时，执行是 CASVE 循环法的最终目的，其他任务和内容都是为最后的执行环节服务的。即使前面分析得再全面，评估得再中肯，大学生要实现职业生涯的良好发展，关键还是要在执行阶段将所有想法付诸实践。在执行过程中，大学生不仅需要制订相应的计划，还需要积极地实践并付诸具体行动，这是一个把思考转换为行动的过程。在执行阶段制订相应的行动计划往往令人兴奋，这标志着可以开始采取实际行动去解决问题了。若大学生没能满足实际的需要或达到目标，可以再次回到沟通阶段，开始新一轮的 CASVE 循环，直到阶段职业生涯中的问题全部被解决为止。

4. 决策平衡单法

职业决策实际上是为了平衡多方利弊，最终做出最符合自身利益需求的决策。而决策平衡单正是针对这一特点，根据个人的利益和需求，直接对预备选项进行筛选。决策平衡单的主体框架包括 4 个方面：内在物质层面的得失、外在物质层面的得失、内在赞许与否以及外在赞许与否。运用决策平衡单法进行职业决策时，可以运用表 1.13 并按照以下 5 个步骤进行。

表 1.13　决策平衡单

职业选项		权重系数	职业 1 得分	职业 2 得分	职业 3 得分	职业 4 得分
内在物质层面的得失	1. 经济收入					
	2. 升迁机会					
	3. 办公条件					
	4. 福利待遇					
	5. 休闲时间					
	6. 其他					
外在物质层面的得失	1. 家庭的经济利益					
	2. 对家庭生活的影响					
	3. 社会资源的获取					
	4. 家庭社会地位					
	5. 其他					
内在赞许与否	1. 兴趣的一致性					
	2. 个性的适应性					
	3. 价值观的契合度					
	4. 个人精神世界的发展					
	5. 其他					
外在赞许与否	1. 家庭关系的维系					
	2. 友谊的增进和维系					
	3. 社会关系的培养					
	4. 其他					

（1）列出预备的职业选项。列出有评估价值的潜在职业选项。

（2）各项考虑因素的加权计分。根据自身的实际情况进行考量，对各个项目的重要性进行权衡，即根据该项目的重要程度，可分别设定 1～5 的权重系数。

（3）判断各个职业选项的利弊。根据各个预备职业在物质和精神上的得失表现，逐一检视职业选项，用0~10分给各个职业在对应项目下的优势打分。

（4）计算出各个职业选项的得分。结合各个项目的权重系数，计算出各个职业选项的加权总分。

（5）排出各职业选项的优先顺序。依据各职业选项总分的高低，排出优先顺序。职业选项的优先顺序即可作为大学生进行职业决策的依据。

五、工具包 ↓

甘特图

甘特图（Gantt Chart）又称条状图、横道图，是参加过第一次世界大战的军械工程师亨利·L.甘特（Henry L. Gantt）提出的图表系统。甘特图的提出被认为是管理工作上的一次革命，即使经过一个世纪的时间，甘特图仍然被众多项目经理视为最基本、最适用的一种工具。

甘特图源自工作分解结构，常以一张线条图表示，横轴表示时间，纵轴表示任务（项目），线条表示在整个时间阶段计划和实际的活动完成情况。管理者可极为便利地弄清一项任务（项目）还剩下哪些工作要做，并可评估工作是提前、滞后还是正常进行。可见，甘特图是一种理想的过程控制工具。

甘特图把总的计划目标看成人们能够了解和执行的、具有相互关系的一系列计划或事件。其优点在于清晰明了，并且当多计划或多项目进行时，可帮助合理规划各项目的起始点。下面从甘特图的类型及基本绘制方法展开介绍。

1. 常见的甘特图类型

常见的甘特图包括条形甘特图和三角形甘特图。

（1）条形甘特图

条形甘特图用从左向右延伸的水平长条表示处理任务所需的时间。如果需要子任务，可以添加更多详细信息。颜色或编码可以帮助确定工作人员正在处理哪些任务。图1.7为一张简单的平面图，它描述了任务的计划完成顺序，由实际情况（灰色长条）可知，显然不是所有任务都是按照计划进行的。

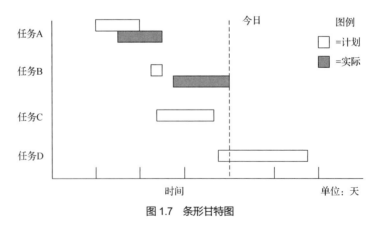

图1.7　条形甘特图

（2）三角形甘特图

三角形甘特图（见图1.8）是另一种甘特图。条形甘特图使用白色长条来描述计划开始时间和结束时间，使用灰色长条描述实际开始时间和结束时间，而三角形甘特图使用白色正三角形表示计划开始时间，白色倒三角形表示计划结束时间，灰色正三角形表示实际开始时间，灰色倒三角形表示实际完成时间。

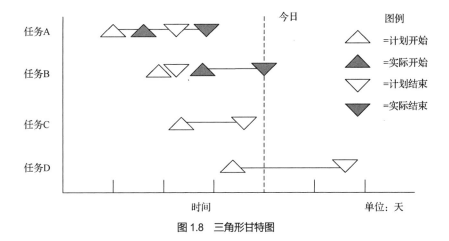

图 1.8　三角形甘特图

甘特图的形式是多样的，甘特图的制定、使用和修改较为方便快捷，是项目管理的绝佳工具。

2. 甘特图的绘制

在日常工作中，有很多专业计算机软件都能进行甘特图的绘制，如 Excel、Microsoft、Project、GanttProject 等。以 Excel 2013 为例简单介绍如何绘制一张甘特图。

（1）设置数据源

一个合格的工作进度计划必须包括任务的计划开始时间及计划持续天数，我们简单地设置了数据源，如表 1.14 所示。

表 1.14　设置数据源

子任务	计划开始日期	计划持续天数
任务 1	2022-12-1	4
任务 2	2022-12-3	3
任务 3	2022-12-6	2
任务 4	2022-12-7	4
任务 5	2022-12-10	4
任务 6	2022-12-14	5
任务 7	2022-12-19	4
任务 8	2022-12-22	6

（2）插入图表

Excel 2013 中没有甘特图这种图表，我们可以利用其他图表，加以简单的修改，使其成为我们想要的甘特图。

具体操作如下：首先选中数据源，然后单击"插入"选项卡，接着单击"图表"中的"插入柱形图式条形图"，在出现的"二维条形图"下单击"堆积条形图"，完成操作。结果如图 1.9 所示。

（3）设置排列顺序

在数据源中任务是按先后顺序从上往下排列的，然而条形图中，任务排列顺序是反过来的，这样的逆序排列不符合我们的阅读习惯，因此我们需要对图表的垂直坐标轴进行调整。

具体操作如下：找到垂直坐标轴并选中，在其上双击或单击鼠标右键，在出现的选项中选择"设置坐标轴格式"，然后会出现"设置坐标轴格式"面板，在"坐标轴选项"下找到"逆序类别"并勾选，完成操作。结果如图 1.10 所示。

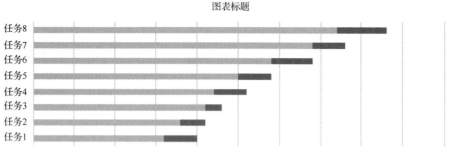

图 1.9 插入图表

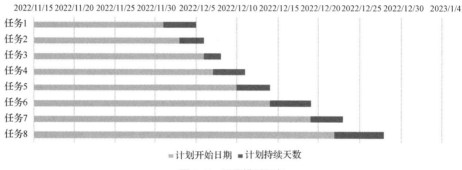

图 1.10 设置排列顺序

（4）设置开始日期

在当前的图表中，水平坐标轴上的最小值并不是计划开始的这一天，因此我们需要手动进行设置。

具体操作如下：找到水平坐标轴并选中，在其上双击或单击鼠标右键，在出现的选项中选择"设置坐标轴格式"，然后会出现"设置坐标轴格式"面板，在"坐标轴选项"下找到"边界"选项下的最小值，在最小值文本框中输入"2022/12/1"后，按"Enter"键，完成操作。结果如图 1.11 所示。

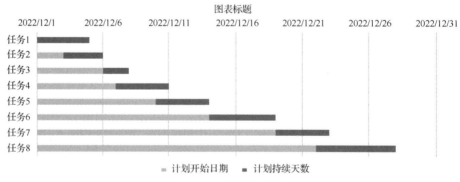

图 1.11 设置开始日期

（5）隐藏系列

甘特图中只需要保留"计划持续天数"这个系列，因为该系列已经能够表明计划开始日期。我们可以利用填充格式，隐藏"计划开始日期"系列，使图表更加美观。

具体操作如下：找到"计划开始日期"系列并选中，在其上双击或单击鼠标右键，在出现的选项中选择"设置数据系列格式"，然后会出现"设置数据系列格式"面板，在"系列选项"下找到"填充"选项下的"无填充"并勾选，完成操作。结果如图 1.12 所示。

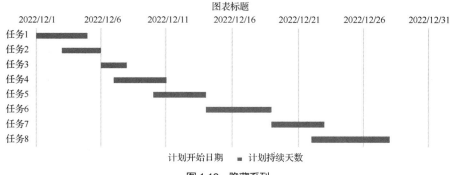

图 1.12 隐藏系列

（6）美化系列

到这一步，甘特图已经做得差不多了，剩下的工作就是针对系列进行一些简单的修改和美化，可以根据自己的偏好，对系列进行加粗，或者修改其颜色。

具体操作如下：找到剩下的数据条并选中，然后在其上双击或单击鼠标右键，在出现的选项中选择"设置数据系列格式"，然后会出现"设置数据系列格式"面板，在"系列选项"下找到"分类间距"选项并进行拉动，将间距设置得小一些，以达到更美观的效果，双击"图表标题"文本框填写自己拟定好的图表标题"规划表"，完成操作。结果如图 1.13 所示。

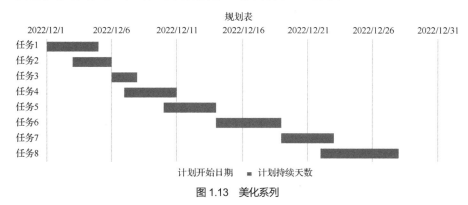

图 1.13 美化系列

图 1.13 就是运用 Excel 2013 绘制的简单甘特图。甘特图以时间表顺序，配合数据条，展示任务活动及持续时间，表意十分明确，所以无论是制订工作计划还是生活计划，甘特图都是一个绝佳的工具。

六、推荐阅读与自学 ↓

[1] 西蒙. 管理决策新科学[M]. 李柱流，译. 北京：中国社会科学出版社，1982.

[2] 德鲁克. 卓有成效的管理者[M]. 许是祥，译. 北京：机械工业出版社，2009.

[3] 阿代尔. 决策与解决问题[M]. 姚晓宁，译. 北京：中信出版集团，2017.

[4] 国家职业分类大典修订工作委员会. 中华人民共和国职业分类大典（2022 年版）[M]. 北京：中国人力资源和社会保障出版集团，2022.

[5] 通识教育规划教材编写组，许秀娟，刘雅. 大学生职业生涯规划（慕课版）[M]. 2 版. 北京：人民邮电出版社，2019.

[6] 戴维森. 小型项目管理：给初级项目经理的完整指南[M]. 北京：中国青年出版总社，2021.

[7] 尼克尔斯. 认识商业：第 12 版[M]. 何俊，许俊农，译. 北京：机械工业出版社，2020.

第二章
认识商业

本章导学视频

> 如果把我的厂房、设备、材料全部烧毁，但只要保住我的全班人马，几年以后，我仍将是一个钢铁大王。

——安德鲁·卡内基

一、学习目标矩阵 ↓

本章从 5 个典型应用场景展开探索，带领大学生认识商业本质、市场营销、人才管理、供应链管理与财务管理，以了解商业运营基本体系与规则。本章主要通过商业模式分析、核心竞争力案例讨论、人才需求调研、薪酬逻辑挖掘、ERP 活动提炼与财务预算科目设计等项目，帮助大学生掌握商业模式设计逻辑，提升企业战略构建、市场营销策划、人才激励、企业资源计划及财务管理等基本商业管理活动的运营能力。本章的学习目标矩阵如表 2.1 所示。

表 2.1　学习目标矩阵

典型应用场景	项目任务	知识学习	技能胜任	工具应用
场景一　商业的本质	项目任务一：商业模式分析与设计	商业模式	商业运营	商业模式画布
场景二　什么是市场	项目任务二：核心竞争力——案例讨论与分析	核心竞争力		波士顿矩阵
	项目任务三：营销策划设计	战略营销	营销策划与定价	STP 战略、4P 策略
场景三　人才管理核心决策	项目任务四：小组调研——人才需求调查	人才需求		调研问卷
场景四　供应链管理认知	项目任务五：薪酬的逻辑与力量	激励理论	人才激励	薪酬结构
场景五　管理财务资源	项目任务六：ERP 活动提炼	供应链管理	企业资源计划	ERP 系统
	项目任务七：财务预算科目设计	财务预算	财务系统认知	

 本章目标成果

1. 商业画布分析与设计
2. 市场策划框架设计
3. 人才需求调研报告
4. 财务预算科目设计体系

二、典型应用场景 ↓

场景一　商业的本质

新学期开始，肖华非常开心，决定用自己过年在家族微信群里抢到的红包给自己买一台平板电脑，这下她是真真切切感受到红包的魅力与美好了。微信红包是什么？在商业逻辑中，所谓的微信红包是商家向我们放出的"烟幕弹"，实际上捆绑的是消费者的银行卡。在生活中，我们每天都在接触形形色色的商品/服务，如微信、化妆品等。我们为什么会去购买这些产品？顾客购买化妆品时，他们内心想买的是化妆品吗？不是，他们购买的是美丽、年轻和漂亮。市场给了每个人获取财富的机会，只要你为别人创造价值，即为顾客提供了特定的使用需求。

当我们将现实的或潜在的需求放在商业群体中，以利他为原则，就形成了商业模式的核心价值。但是在市场中，好坏不是由自己说，而是由别人评价的。市场按照你满足了多少人的需求、给别人创造了多少价值来回报你。你给别人创造的价值越多，获取的利益就越多；给别人创造的价值越少，获取的利益就越少。这就是市场的逻辑。

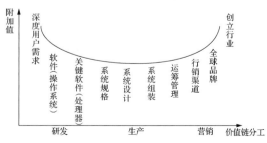

小链接

聚焦苹果商业模式

场景二　什么是市场

我们每天都生活在真实的商业市场中。什么是市场？有人说市场中要有消费者、消费欲望和消费能力。

2021 年中国芯片行业的就业情况过于"疯狂"，许多门外汉上了速成班后都转行到芯片行业。2022 年，中国芯片专业人才缺口高达 25 万人，到 2025 年，这一缺口将扩大至 30 万人。现在中国芯片行业人才呈现金字塔式的市场梯队，冰火两重天的格局——硬能力人才的稀缺与门外汉的"供过于求"。实际上，芯片行业的高薪职位只存在于少数几个领域中，如 AI、图形处理器、汽车电子芯片等。这些领域技术门槛高，回报周期长，国内企业在这些领域中处于追赶状态。

毕业于电子信息科学与技术专业的石宇在半导体行业深耕多年，在英特尔公司一路从芯片工程师晋升到部门主管。石宇先后在深圳、成都等地接受培训并前往美国英特尔研究中心深造。CPU 是一种计算机内置的 B2B（企业对企业）工业产品，为什么英特尔能借此成为消费者信赖的品牌，而且还做到了家喻户晓呢？

CPU 作为计算机部件，一直只面向计算机公司，而计算机公司最终要面向用户。英特尔公司通过联合计算机公司，把计算机部件直接与用户连接起来，以"Intel Inside"为标志，显示品牌的"品质、可靠、技术领导"特性。于是，通过长期的品牌建设，英特尔公司不仅打造了行业品牌，更注重打造大众品牌，采用 B—B—C（企业—企业—消费者）的营销模式来进行推拉结合。英特尔公司日渐强大，逐渐掌握了对各大计算机公司的控制权，此时英特尔公司的技术更新换代足以引领计算机行业的革命。

工业产品的客户往往是厂商，厂商购买产品用于再生产，故很多企业常认为工业产品营销只需关注下游厂商的需求并予以满足，特别是在自己的产品处于绝对控制地位时，工业产品企业更是不愿多往前走一步。于是，很多工业产品企业只是在圈子内很有名气，但社会和公众对其缺乏了解。基于市场竞争的需要，更多工业产品企业除了关注厂商，也开始关注厂商的客户，甚至最终用户，以期为客户创造更多价值，从而增强客户和自己之间的黏性，以实现下游厂商为产品提供推力，最终用户为产品提供拉力的推拉结合的效果，从而占领计算机行业的微笑曲线（见图 2.1）

图 2.1　计算机行业的微笑曲线

附加值最高的首尾两端（技术研发和品牌营销）。

工业产品表面上看起来只需要在生产者与下游厂商之间进行交易，但根据深层次的分析，企业要想在这个产品交换的市场中占据优势地位，需要去构建连接产品生产与客户消费的桥梁。在连接过程中，企业通过自身的核心能力（技术、商业模式、营销等）来满足客户的需求，从而获得利润。

场景三 人才管理核心决策

毕业3年，做过机械加工师和绘图员，依然坚持在机械路上奋斗的邓路，现在如愿进入吉利主机厂从事汽车车身覆盖件模具的设计工作。设计工程师在设计时，需要极度专注，在计算机前一待就是一天，工作过程同时也是对专注力和思考能力的考验过程。邓路是幸运的，入职初期公司分配给他的业务导师非常优秀，精通专业知识、思想开放包容，在工作中乐于指点邓路。对于机械行业来说，经验比理论知识更重要。邓路非常感激自己的业务导师，在绘图、设计基础、思维方式、设计思想、设计风格、人际技巧等方面，导师都给予她细心的指导。

在业务导师的带领下，工作中邓路认真负责，不断提高自己的专业能力，其用一年的时间把公司老工程师的图纸全部抄了一遍，逐渐形成了稳定的画图习惯和风格。对于自己设计的产品，他总是主动跟踪设计过程，进行质量和成本控制，他知道，设计出好的产品并不是一件容易的事情。厂商希望尽量降低成本，销售商希望产品能吸引客户，客户在采购时注重产品的价格、外观和品牌，使用人员更在乎产品的功能和操作，售后维修人员所关心的则是产品拆装、检查和维修的难易。与产品相关的不同群体有不同的需求，而且这些需求还经常相互冲突。

邓路的工作能力逐渐在公司得到广泛的认可，通过一系列人事甄选，人力资源部门决定晋升邓路为部门技术主管。面对自己的付出换来的能力提升与职位晋升，邓路很是欣慰。然而在成为部门技术主管后，邓路需要主持安排部门工作，领导下属完成部门任务，扮演好管理者角色对于邓路来说又是一个新的挑战。

在任务的分配、团队的人际关系处理与人员的激励中，邓路总觉得自己的出发点很清晰，但是在执行过程中场面却非常混乱。成为管理者后，我们不可能对所有的事情亲力亲为，毕竟一个部门的事情需要团队共同完成，所以学会分配工作对管理者很重要。经过一段时间，邓路在团队管理过程中发现，很多时候团队成员根本不清楚自己的工作目标，只会墨守成规，导致工作常常陷入困境，团队工作效率低下。

人才是组织中重要的能动性资源，也是活跃因素。管理是一门艺术，是管理者通过长期的积累和实践，运用自己的才能、知识、素养等形成的技能。团队和人才管理包括一系列的理论体系，成为一个优秀的管理者看起来似乎很难。先不考虑所谓的管理理论体系，我们通过棕熊和黑熊的故事给大家呈现团队管理中常见的两种景象，并帮助大家理解两种景象背后的人才管理逻辑与核心。

小故事

棕熊与黑熊的故事

场景四 供应链管理认知

小武就职于深圳某彩电企业，主要负责外销部门的供应链管理工作。小武犹记得面试时的职位名称叫"采购专员"，不过面试官说实际工作内容以组内分配为主。懵懵懂懂的小武办完毕业手续后就去公司报到了，心想未来的工作内容应该像教科书上说的那样——做整体供应链的规划、设计和运营管理，应该挺有趣。

报到后，小武了解到的岗位职责主要是"订单管理"，工作内容相对简单，主要负责内部订单衔接，这并不是小武理想的"对接供应商的岗位"，他觉得这个岗位完全弱化了自己的供应链专业价值。3个月后，小武逐渐进入供应链管理岗位，需要经常整理欠料表，确认订单缺什么物料，并跟采购员追交期，以满足生产需求。刚开始时，小武觉得怎么总是出现欠料，采购永远不及时，交期和数量变动经常很大，工作内容特别琐碎，怀疑自己就是

小资料

知名品牌企业的
供应链管理

个"工具人"。后来，小武还担任过采购员、客服专员、企业规划员等，碰上了几位优秀的直属领导，经历了上亿美元的内部管控项目和对接中小企业百万元级别的方案赋能，并开始尝试数字化工具，将复杂的初级供应链操作过程转化成可以使用的数字化工具。

在企业中，研发、营销和供应链是三大核心职能。研发负责从 0 到 1，设计好产品或提供好服务；营销则负责从 1 到 *N*，把好产品或好服务卖出去；而供应链负责以合适的成本、合适的速度提供产品和服务。供应链管理，本质上就是对从供应商到客户之间商业流程的集成管理，给客户提供更具价值的产品、服务和信息。产品是从供应商流向最终客户的，资金按照相反的方向流动，其中信息则是双向流动的。供应链管理实际上是对产品流、资金流、信息流的综合管理。在实际生产中，供应链可分为两种类型。

（1）制造型供应链

制造型供应链需要将各类原材料设计、整合为一个独立的整机，如消费电子行业的华为，汽车行业的特斯拉，器械行业的飞利浦，快消行业的宝洁等。制造型供应链主要服务的"客户"是工厂，目的是提高各类物料在工厂的集合效率。

（2）零售型供应链

零售型供应链需要在产品被工厂生产出来后，经过经销、运输，将其出售给消费者，如线上商城京东、淘宝，线下商城沃尔玛，线下消费的海底捞，线下零售的各类服饰/药品店等。零售型供应链主要服务的"客户"是消费者，目的是提高消费者的购买体验。

供应链管理各个阶段如图 2.2 所示。

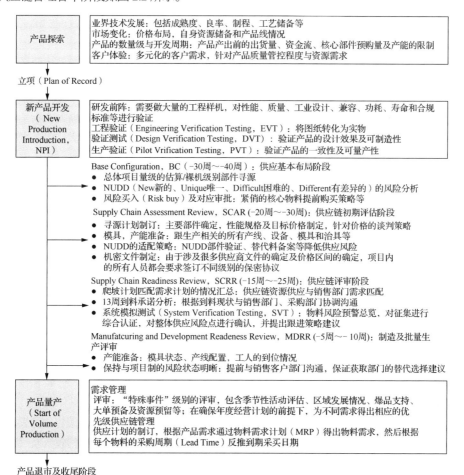

图 2.2　供应链管理各个阶段

场景五 管理财务资源

学焊接专业的卡斯帕，2009 年加入某先进制造类科技型公司。卡斯帕在公司初始是技术工程师，一心奔着技术专家方向发展，但后来由于工作需求和客户的变化，升职为团队领导，主要负责产品现场生产管理与技术管理。公司每年 8 月底就需要开始编制销售预算。产品事业部财务总监要求卡斯帕协助公司财务团队完成今年部门的销售预算工作。销售预算工作计划安排如表 2.2 所示。

表 2.2 销售预算工作计划安排

时间	序号	项目	备注
8 月	1	销售预算	包括销售差异分析（汇率、运费、新业务、丢失的业务）和市场分析
9 月	2	全套报表预算 1.0 版	从上至下的预算，将全套报表上传到公司系统，进行第一轮预算讨论与汇报
	2.1	利润表预算	
	2.2	资产负债表预算	
	2.3	现金流量表预算	
	2.4	主材采购预算	
	2.5	运营 KPI 预算	
	2.6	人力资源预算	
10 月	3	全套报表预算 2.0 版	在 1.0 版的基础上，根据从上至下的意见，进行修改，再讨论与汇报
11 月	4	全套报表预算最终版	在 2.0 版的基础上进行修改，提交给公司后，确定最终版，并上传到系统
次年 1 月初	5	期初调整	系统将上年年末余额调整为预算报表的期初余额，同时修改预算的每月资产负债表项目，调节资产负债平衡

今年已经是卡斯帕第五次参加公司的销售预算工作了。技术人员出身的卡斯帕在大学期间并没有学习过财务管理相关知识，所以在第一年初次参与相关工作时，心理压力较大。但后来在参加了财务部门面向公司团队的预算管理培训后，卡斯帕悬着的心才算放了下来。接触财务管理工作前，卡斯帕一度认为财务管理工作就是要分析大量的财务报表，或者处理海量的"借贷平衡"。把这件担心的事告诉财务部门的同事后，卡斯帕还被同事笑话了。其实，在公司实际的财务管理中，最重要的工作就是前期做好预算，后期定期（每月、每季度、半年、年终）做好相关指标追踪；简单来说，就是确定完成一个项目要做什么，买什么，什么时候验收，什么时候付钱，完工比率是多少，更多是制订计划，即财务预算工作。至于大量的财务指标，并不是说指标没有用或者我们不需要计算，而是因为在信息技术水平足够高的今天，公司的财务系统（如 SAP 系统）已经将这些指标设定好了，只要将基本数据导入系统，这些指标就会自动生成。

卡斯帕深知预算管理工作对于公司次年的整体计划执行非常关键，预算工作整体持续时间也较长。一般分为两个阶段。

第一阶段工作：销售预算

因为卡斯帕负责 A 产品现场生产管理与技术管理，所以在第一阶段工作——销售预算中，只需要辅助销售部门同事为其提供相关产品数据。第一阶段销售预算的工作内容具体如下。

销售经理需提供包含客户、产品、数量、单价、收入、月份等要素的详细销售预算表，并做差异分析，来解释如何依据当年的全年销售收入进行预测，得到新一年的全年销售收入及二者之间的差异。销售收入差异分析至少应该包括新业务收入影响、销售价格差异的影响、业务丢失影响、一次性业务影响、汇率波动影响和运费波动影响等，如表 2.3 所示。

表 2.3 销售收入差异分析

单位：万元

客户名称	产品	2×21 年销售收入预测	新业务收入影响	销售价格差异的影响	业务丢失影响	一次性业务影响	汇率波动影响	运费波动影响	2×22 年预算收入
	A 产品 1	100	10	2		−10	−0.1		101.90
	A 产品 2	100		−1				−0.05	98.95
客户 A	A 产品 3	100	5						105.00
	A 产品 4	100		2	−5				97.00
	A 产品 5	100					−0.2		99.80
	B 产品 1	100	20	−2					118.00
客户 B	B 产品 2	100			5				105.00
	B 产品 3	100	4						104.00
	B 产品 4	100		−3					97
合计		900	39	−2	0	−10	−0.3	−0.05	926.65

上述各个项目差异分析，都需要销售部门提供支持性的资料，销售团队需要与市场人员协同，让一线销售人员结合政策、行业、竞争对手分析，对市场趋势做出预判，如对于新业务带来收入影响，销售经理需要匹配业务获取策划支撑，回答如何增加市场份额，确定进入新市场的方式。销售预算需要一个月的时间准备，因为有大量的业务信息收集、整理与分析的工作需要做。同时适度的、有挑战性的销售目标需要极为谨慎地思考与确定，因为其不仅关系到公司的市场收入，还需与员工奖金及公司激励管理制度相匹配。如果市场总体趋势上升，做出的销售预算却比上年要低，那么说明市场部的业务开展可能出现问题；如果不是数据问题，那么说明公司产品市场份额或者重要项目丢失了。针对相对应的问题进行分析，就能够进一步获得非常多的问题源资料。

第二阶段工作：全套报表预算

销售预算工作完成后，便开始进行全套报表预算，包括利润表预算、资产负债表预算以及现金流量表预算。这项工作涉及其他部门全面的配合，如采购部、人事部及制造部等。在这个过程中，卡斯帕需要准备大量的产品制造材料数据。

（1）利润表预算

利润表反映的是企业的获利能力，即过去一个年度或者一个季度的经营盈利情况。卡斯帕所在公司的利润表结构是按照业务进行分类的。所谓按业务分类，就是根据公司业务类型，分别计算各自的收入、成本及相关的直接税金和费用，形成各类业务的利润。卡斯帕所在公司的业务完全按照客户导向进行划分，如公司销售部门是按照行业进行划分的，有电子产品行业类业务、建筑行业产品类业务、汽车行业产品类业务、零售业产品类业务等。在利润按照业务进行分类的前提下，利润表分别计算出每一业务的利润，从而计算每一业务在总利润中所占的比重，以判断各项业务的稳定性，利润表预算项目如表 2.4 所示。

表 2.4 利润表预算项目

序号	利润表预算项目	
1	销售收入	
2	直接材料	基于销售预算中的产品型号和数量，结合标准成本物料清单，计算所需的原材料数量。请采购部提供原材料采购单价预算，以及采购价格波动分析
3	变动人工	人事部基于销售预算，与生产部门协作，做出人工预算，包含变动分析（增加人数、减少人数、退休人数），然后计算出人力成本预算数据（包括基本工资、社保、公积金、奖金福利几个主要项目）
4	制造费用	制造部根据企业实际情况来编制以前年度和当前年度的制造费用清单，一个一个项目地进行预算

序号	利润表预算项目	
5	毛利	
6	毛利率	
7	折旧/摊销	在投资预算的基础上，根据次年建议投资的固定资产，会计据此做出折旧/摊销预算
8	固定人工	人事部提供
9	固定费用	财务部根据往年和当年的固定费用清单，结合销售预算及企业实际情况，编制次年的固定费用预算。具体包含审计费用、保险费用、IT 费用、新增人员费用、办公费用、各个部门的差旅费用、礼品款待费用等
10	运营利润	
11	运营利润率	
12	利息	
13	税前利润	
14	所得税	
15	税后利润	

（2）资产负债表预算

利润表预算工作完成后，就进入资产负债表预算工作，以为后期进行指标控制和融资提供方向，如应收、应付账款周转天数的控制、运营资本与销售收入的百分比控制，以及企业明年的融资计划。资产负债表向我们揭示了企业拥有或控制的能用货币表现的经济资源，即资产的总规模及具体的分布形态。资产负债表预算编制主要包括下列项目（见表2.5）。

表2.5　资产负债表预算项目

序号	资产负债表预算项目	
1	银行存款	
2	应收账款余额	应收账款平均余额=销售收入/应收账款周转率 应收账款周转天数=360/应收账款周转率 一般而言，应收账款周转天数（DSO）越短越好，DSO 越短，表明公司收账速度快，坏账损失少，资产流动快，偿债能力强。需要销售人员与应收会计做详细的调查了解，共同思考提升 DSO 的方案
3	存货余额	平均存货余额=销售收入/存货周转率 • 需供应链经理思考提高存货周转效率的方案
4	固定资产/无形资产原值	根据之前的投资预算和折旧/摊销预算，计算出每月固定资产和无形资产期末数
5	折旧与摊销	
6	固定资产/无形资产净值	
7	资产总额	
8	应付账款余额	应付账款平均余额=销售收入/应付账款周转率 • 需采购经理思考应付账款的管理效率及供应商付款条款调查方案
9	银行贷款	
10	实收资本	
11	未分配利润	
12	负债+所有者权益	

（3）现金流量表预算

在完成利润表预算和资产负债表预算的基础上，采用间接法编制现金流量表预算。现金流量表预算的编制相对简单，具体数据不需要完全精准，但运营现金流指标是企业严格管控的内容。运营现金流是衡量一个企业能否生存下去的关键指标，如果一个企业的正常经营收入没有带来正向的净现金流，并且长期入不敷出，那么它的处境就非常危险(除初创公司或初期投入非常大的产品以外)。现金流量表预算项目如表2.6所示。

表2.6 现金流量表预算项目

序号	现金流量表预算项目	
1	运营利润	
2	折旧与摊销	
3	应收账款余额变动	
4	存货余额变动	
5	应付账款余额变动	
6	运营资本变动	
7	固定资产/无形资产原值变动	
8	运营现金流	
9	融资收支	
10	利息收支	
11	所得税支出	
12	净现金流	

在完成以上预算工作的过程中，企业各个部门的工作，如主材料采购、各种KPI计算、人工预算等，都需要在预算编制的同时完成。待整套预算系统地完成后，企业就能掌握细致、全面的业务情况资料。一般第二阶段工作由企业财务部门总监全程带队完成。

在通过利润表对利润进行分析时，我们不仅需要关注利润数额的大小，更需要关注利润的质量。如果一个企业的利润主要来自主营业务，并来自主营业务中最具核心竞争力的产品，而且该企业是因为产品售价高而获利，这就意味着利润质量较高。按照产品的生命周期原理，一个具有竞争力的新产品推向市场时，首先是通过高售价获取利润，而后在价格难以上涨的情况下则通过提高销售量获取利润，最后当销售量难以提高时则主要通过降低成本获取利润。一旦企业的利润主要是通过产品成本的降低取得，产品也就接近生命周期的尾声了。从整体上说，在形成利润的基础上，企业会进一步就利润表中的每一项业务所带来的利润按因果关系形成一系列的报告，以揭示利润的稳定性与不确定性，从而为规避和消除风险提供有价值的决策信息。

三、场景项目任务 ↓

请根据前文中的5个场景，以小组为单位，完成下面的项目任务。

项目任务一：商业模式分析与设计

项目任务二：核心竞争力——案例讨论与分析

项目任务三：营销策划设计

项目任务四：小组调研——人才需求调查

项目任务五：薪酬的逻辑与力量

项目任务六：ERP活动提炼

项目任务七：财务预算科目设计

项目任务扫码获取

四、知识库 ↓

（一）商业模式

针对行业发展状态，人们经常用"风口上的猪"形容发展状态好的行业。从表面上看，只要处于一个好的行业，企业就很容易成功。然而实际上，纵观过去一个个行业风口，真正能够在行业中取得长久发展的只有极少数企业，如在曾经很火的共享单车、线上打车、终端手游等行业中，大部分创业公司都以失败告终。判断行业好坏并不难，难的是在好行业中一直保持突出优势并拿下较高的市场份额。

1. 商业模式的概念

常见的商业模式主要包括研发模式、生产模式和销售模式等。商业模式是企业的生存方式，即盈利方式，包含企业利润来源、生成过程和产出方式等要素，其核心三要素是客户、价值和利润。所以，商业模式主要回答 3 个问题，即企业怎么赚钱，如何保证持续赚钱以及未来也能挣钱（见图 2.3）。

（1）怎么赚钱？（业务和商业模式）
（2）如何保证持续赚钱？（核心竞争力等）
（3）如何保证未来也能挣钱？（发展战略等）

图 2.3　商业模式回答的 3 个问题

要想回答"怎么赚钱？"这个问题，首先就要搞清楚：这家企业究竟是做什么业务的？所谓业务，是指企业所提供的产品和服务，是企业商业模式的载体。产品的本质不在于它是什么，而在于它满足的客户需求是什么。目标客户的需求就是企业的市场。商业模式要回答谁是企业的客户、解决客户什么问题、满足客户什么需求、给客户带来什么价值等问题。

很多事都不是一个人能独立完成的，需要很多合作伙伴，如股东、员工、代理商、供应商，甚至竞争对手等。企业怎样才能维护与这些利益相关者的融洽关系呢？答案是拥有独一无二的产品、技术、服务模式，或者强大的资源整合能力，即拥有核心资源与竞争力，从而在市场上拥有定价权，保证持续盈利。

设计才能决定未来，要做自己企业的设计师、架构师，即解决"如何保证未来也能挣钱"这个问题。客户的需求、技术的水平与市场的环境会不断变化，如何保证未来也能挣钱呢？企业初始利用自身能力或资源构建独特的竞争优势，后续竞争则着眼于如何摆脱前期固化的限制，适应不断变化的竞争环境需求，即企业最为关注的再生能力——企业通过优化或重新定位值得投入的产业领域，持续发掘目标客户的现实和潜在需求，将一些资源转移到适合发力的生态圈，建立更好的合作框架和更健全的商业秩序，从而成功地穿越到未来更宽广的市场中。

案例资料

IBM 几代传奇 CEO
推动的转型变革史

2. 商业模式的本质逻辑

乍一看，很多企业所做的业务好像是一样的，但只要细细研究，就会发现它们的商业模式千差万别。例如，同样是卖计算机的，联想等大部分企业都是经销商模式，而戴尔却采用了直销的模式。所以，优秀的商业模式的本质逻辑是什么呢？我们认为，优秀的商业模式主要具有以下 3 个本质逻辑，如图 2.4 所示。

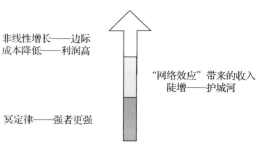

非线性增长——边际
成本降低——利润高

"网络效应"带来的收入
陡增——护城河

幂定律——强者更强

图 2.4　商业模式的本质逻辑

（1）非线性增长——边际成本降低——利润牛

线性增长模式与非线性增长模式如图 2.5 所示。线性增长模式下的边际成本随着收入的增加在不断升高。随着时间的推移，企业的成本在不断升高，也就是说，企业的盈利空间持续保持在一定的范围内，具有可预见的天花板；而非线性增长模式下的边际成本大体上随着收入的增加而降低，即收入在不断增长，成本却没有跟收入一样呈线性增长，成本的增长速度逐渐放缓，也就是说，企业的利润增长具有无限的空间，企业的利润会越来越高。很多互联网产品就是典型的非线性增长模式。

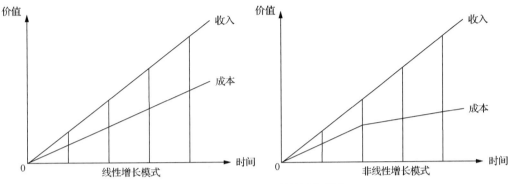

图 2.5　线性增长模式与非线性增长模式

（2）"网络效应"带来的收入陡增——护城河

网络效应（也称梅特卡夫定律）是指网络价值以用户数量的平方的速度增长（见图 2.6）。根据网络效应，企业编织的商业网络会给企业带来效应的集合增长。在商业体系中，很多商业价值是以用户数量的平方来衡量的。

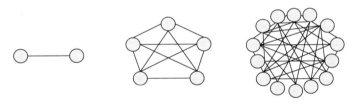

网络价值以用户数量的平方的速度增长（N^2）——梅特卡夫定律

图 2.6　网络效应

企业最开始的网点非常少，但一旦企业的网点越来越多，企业价值就开始明显增长，我们称之为网络效应（NFX 效应），如图 2.7 所示。

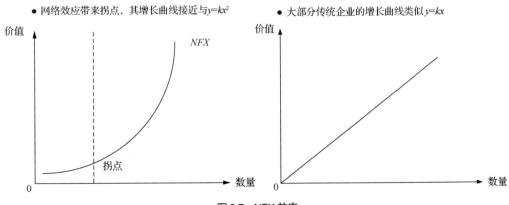

图 2.7　NFX 效应

网络效应并不局限于互联网领域（淘宝、拼多多、微信、美团等），传统领域中也处处可见网络效应，如通信行业——电话、缆线、数字用户线路、卫星、宽带网络等，运输行业——公路、铁路等，基础设施——自来水、天然气、电、污水处理等，零售行业——超市、商场、商店等。所以，人们看到很多企业将目光转向企业之外，与专业化利益相关者（包括供应商、价值增值服务商、中介机构、客户等）共同建立一个价值平台，协同为客户创造价值。共同建立和维护的价值平台，即现在很多大企业追求的"商业生态圈"。

"商业生态圈"这种网络效应，也被称为平台型网络效应，其显著特点在于，供应方用户和需求方用户能为彼此创造价值。例如，淘宝与传统品牌组成的新生态圈——天猫，其不仅依赖于生态圈内的消费者、商家群体，同时生态圈再生成功的另一个关键是提供了一个相对可靠、连贯的平台，使商家和消费者都能够安全进入生态圈。苹果、腾讯和阿里巴巴商业模式的成功无不印证了"商业生态圈"超越传统商业模式的共生、互生和再生功能。

（3）幂定律——强者更强

在自然界中，大多数生物都遵循着一种状态，叫作正态分布，如我们的身高、考试成绩。但是在今天的财富或商业环境中，我们遵循的是幂定律（见图2.8），即极少数的人（<20%）掌握世界上大部分财富（>80%）。在一个行业中也是如此，行业中极少数的企业占据了整个市场份额的70%～80%，剩下的一些企业分割余下的市场份额。所以无论领域大小，企业总是运用各种策略想要成为行业5%～20%的头部企业。

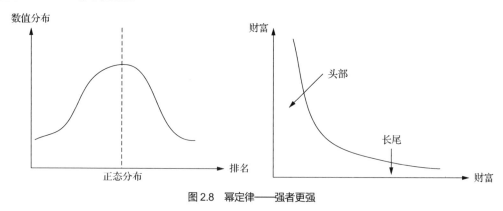

图2.8 幂定律——强者更强

（二）核心竞争力

核心竞争力，又称"核心（竞争）能力""核心竞争优势"。核心竞争力是一个企业（人才、国家或者参与竞争的个体）能够长期获得竞争优势的能力，是企业所特有的、经得起时间考验的、具有延展性的，并且是竞争对手难以模仿的技术或能力，是组织具备的应对激烈变革的外部竞争并且战胜竞争对手的能力集合。

核心竞争力的概念最早于1990年在《哈佛商业评论》里出现。美国密西根大学商学院教授普拉哈拉德（C. K. Prahalad）和伦敦商学院教授加里·哈默尔（Gary Hamel）在其合著的《公司的核心竞争力》中首次提出，核心竞争力就是"企业内部的积累性学习，尤其涉及如何协调多种生产技能和整合多种技术流的问题"。

随后，核心竞争力的概念得到众多学者的研究。现代企业的核心竞争力是以知识、创新等要素为基本内核的企业某种关键资源或关键能力的组合，是能够使企业、行业和国家在一定时期内保持现实或潜在竞争优势的动态平衡系统。

1. 核心竞争力的识别

一般来说，企业的核心竞争力较易识别，可从以下4个方面识别企业的核心竞争力。

① 用户价值。核心竞争力必须特别有助于实现用户看重的价值。企业为用户提供根本性利益的能力，才称得上核心竞争力。区分核心竞争力和非核心竞争力的标准之一就是它带给用户的价值是核心的还是非核心的。

② 延展性。核心竞争力可以为企业衍生一系列新的产品/服务，使企业得以拓展相关的新的业务领域。

③ 独特性。核心竞争力必须具有竞争上的独特性，同竞争对手的产品/服务相比，自身的产品/服务应具有独特的风格/效用，而不是在产业范围内普遍存在。

④ 难以模仿。企业的核心竞争力是积累起来的，是许多不同单位和个人相互作用产生的，具有特殊性和不可交易性，因而竞争对手很难模仿。

2. 核心竞争力的根源

企业核心竞争力的形成绝非一蹴而就，而是在企业核心能力基础之上逐渐积累而成的。从普拉哈拉德和哈默尔，到梅约和厄特巴克，再到奎因、帕克特等众多学者从各自研究的企业案例背景与视角，总结了较多的核心竞争力的根源。经过整理，下面列举了企业文化力、企业学习力、企业创新力、协调沟通、现有产品的性价比5个企业核心竞争力根源。

（1）企业文化力

文化的含义非常丰富，企业文化也被认为是现代管理理论发展的高级阶段。文化作为一种可传承的资产，本身就具有巨大的价值，当优秀的企业文化力作用于企业的产品时，这种价值更是难以估量，从消费产品到消费文化，企业文化力的价值越来越受到人们的重视。

（2）企业学习力

在企业文化力的作用下长期培养形成的企业学习力本身就具有极强的独特性，而它又使企业从外部获得的知识内部化，企业内部的知识隐性化。通过对知识的沉淀，企业获得新的价值、新的管理方法，使企业文化力更强大。这种隐性化的知识也具有高度的不易模仿性，同时，这种隐性化的、不易模仿的知识在转移到产品中时，无疑增加了产品的价值。所以企业学习力同样具有价值。不难看出，企业文化力作用下的企业学习力同样具备核心竞争力的特征，它为企业创新力的产生奠定了知识基础。

（3）企业创新力

创新就是改变现状。我们所说的企业创新力的表现不只是技术创新，还包括组织的创新、管理的创新和价值的创新等，这些创新的综合结果是企业的核心竞争力。企业创新力是核心竞争力中最易被直观感受的。当由企业创新力发展出来核心竞争力转化在产品上时，客户会从中得到更大的价值，而企业可获得超过同行业水平的超值利润。所以，企业创新力具有更大的价值。企业基本的竞争战略有总成本领先战略和差异化战略，企业要想真正成为该行业的领导者，最终还得依赖技术创新，因为其为企业带来的竞争优势更为明显和长久。

（4）协调沟通力

协调沟通是对跨越组织界限协同工作的深度承诺。它涉及所有职能部门和很多级别的员工。现代企业中，人与人之间、部门与部门之间，以及对外交往的各个方面，都特别需要彼此协调，互相理解、互相沟通。企业的发展涉及方方面面的问题，如管理、计划、组织等，对于这些方面的工作，企业需要通过协调沟通来维持整个企业的正常运转。

（5）现有产品的性价比

最终为企业实现盈利目标的是企业的产品。产品价值的实现，源于企业对客户需求的精准把握。在短期内，一个企业的竞争优势源于现有产品的性价比特性。客户通过产品的质量、价值及服务来衡量现有产品的性价比。能够在全球竞争中存活下来的企业，都已趋向于采用严格的产品成本和质量标准。

3. 核心竞争力的建立重点及步骤

（1）核心竞争力的建立重点

重视企业自身核心竞争力的培育与创造，是企业得以在市场竞争中生存与发展的根本。企业应认真识别和培育自身核心竞争力，并对其进行不断的深化和更新。具体地，可从人才资本建设、管理模式、品牌力、学习型组织、企业文化、长期性6个重点着手来建立核心竞争力（见图2.9）。

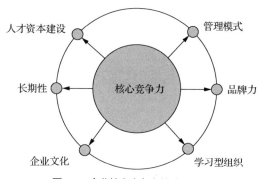

图2.9　企业核心竞争力的建立重点

① 人才资本建设。人才资本是企业核心竞争力的基础。

② 管理模式。培育适宜的管理模式是提升企业核心竞争力的途径。

③ 品牌力。品牌力是企业核心竞争力的体现。

④ 学习型组织。建立学习型组织是建立企业核心竞争力的有力保障。

⑤ 企业文化。先进的企业文化是企业核心竞争力的重要标志。

⑥ 长期性。培育企业核心竞争力不能急于求成要有长期主义的思维。

（2）核心竞争力构建步骤

步骤一：确定核心竞争力。

① 明确企业的战略。战略决定了企业存在的意义和目标市场。

② 确定核心竞争力，以支撑企业战略的实现。

步骤二：打造核心竞争力。

① 首先是投入所需的技术。

② 为各个业务单元注入资源，这样可以让企业在新业务上超过竞争对手。

③ 建立战略联盟。

步骤三：发展核心产品。

企业确定的核心竞争力与最终产品之间有形连接，打造可以体现核心竞争力的一个或系列实物产品或服务产品。

步骤四：制定与完善战略架构。

战略架构包括企业的组织架构、信息系统、沟通模式、员工发展、管理层薪酬以及战略制定流程等方面的内容。战略架构必须具有活力，并帮助企业创造良好的企业文化和变革能力，形成资源共享、专有技能受到保护和以长远眼光考虑问题的氛围，这样的战略架构才不容易被竞争对手模仿。

（三）战略决策

战略最早是军事用语，即为获取战争的胜利而制定谋略所需的纲领。《辞海》中，战略是指筹划和指导战争及武装力量建设与运用全局的方略。在西方国家，战略起源于希腊文"strategos"，含义是将军，指"指挥军队的科学和艺术"。

战略是企业根据其外部环境及内部资源和能力的状况，为求得生存和长期稳定的发展，不断地获得新的竞争优势，对发展目标、达成目标的途径和手段的总体谋划。战略决策是应用于企业整体的，为企业未来较长时期（通常是5年及以上）设立目标方向的决策，其关注3个大方向的问题：企业的业务是什么（现在）、企业的业务应该是什么（未来），以及为什么。

1. 战略决策类型

战略选择是企业战略管理的重要内容之一，其实质是企业在恰当的时机做出科学合理的战略决策。主要的战略决策有以下几种类型。

（1）基本经营战略

迈克尔·波特（Michael Porter）在《竞争战略》一书中指出，企业为了获取相对竞争优势，可以选择3种不同类型的基本经营战略，即成本领先战略、差异化战略和目标聚焦战略，如图2.10所示。企业的基本经营战略揭示了企业如何为客户创造价值。

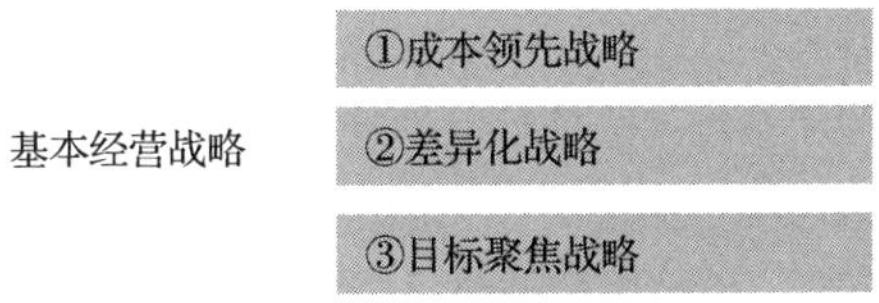

基本经营战略

| ①成本领先战略 |
| ②差异化战略 |
| ③目标聚焦战略 |

图2.10 企业基本经营战略

① 成本领先战略。成本领先战略也叫低成本战略，即企业强调以低成本为客户提供标准化产品，其目标是成为所在行业中的低成本生产厂商。企业采用成本领先战略不但可以获得行业平均水平利润，而且能有效防御竞争对手。采取成本领先战略的方式主要有规模化生产、采用先进设备、降低人工和原材料等的成本。

② 差异化战略。差异化战略是指使企业产品、服务、形象等与竞争对手有明显的区别，以获得竞争优势而采取的战略。这种战略的重点是创造全行业和客户都认可的独特的产品和服务。实施差异化战略，可以培养客户对品牌的忠诚。因此，差异化战略是使企业获得高于同行业平均水平的利润的一种有效的基本经营战略。

差异化战略并不是简单地追求形式上的差异，而是深度挖掘客户的需求和偏好。差异化战略有许多形式，包括产品差异化战略、服务差异化战略、渠道差异化战略、人员差异化战略及品牌形象差异化战略。例如，梅赛德斯—奔驰在汽车行业中声誉卓著（设计或品牌形象）、科勒曼在野营设备行业中采用业界最高的设计和质量标准（技术特点）、卡特皮勒推土机公司在建筑设备行业中是建筑机械、矿用设备、柴油和天然气发动机以及工业用燃气轮机的技术领导者和全球领先制造商（经销网络）。最理想的情况是企业使自己在几个方面都实现差异化。例如，卡特皮勒推土机公司不但以其经销网络和优良的零配件供应服务著称，而且以其极为优质耐用的产品享有盛誉。

③ 目标聚焦战略。目标聚焦战略是指企业选择行业内的一种或一组细分市场，并量体裁衣使战略为它们服务而不是为其他细分市场服务，它的关键在于能够提供比竞争对手更高效的服务。虽然目标聚焦战略不追求在行业内取得低成本或者差异化优势，但它能在细分的市场范围内取得低成本或者差异化优势。合理运用目标聚焦战略能使企业在本行业中取得高于一般水平的收益。

（2）核心成长战略

企业成长战略的基础是核心能力，核心能力必须是企业创造的客户可以识别和看重的，而且在客户价值创造中处于关键地位的价值。核心能力不可模仿、复制或者转移，它对企业具有巨大的价值。核心成长战略主要包括一体化战略、多元化战略与加强型战略，如图2.11所示。

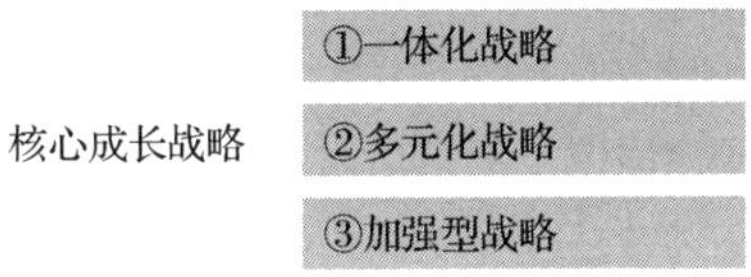

核心成长战略

| ①一体化战略 |
| ②多元化战略 |
| ③加强型战略 |

图2.11 企业核心成长战略

① 一体化战略。一体化战略以企业当前活动为中心，主要通过横向一体化或纵向一体化的行动取得经济规模的增长。纵向一体化包括两个方面：企业获得分销商或零售商的所有权或加强对他们的控制所实施的前向一体化；企业获得供应商的所有权或加强对他们的控制所实施的后向一体化。横向一体化是指与处于相同行业、生产同类产品或工艺相近的企业实现联合，实质是资本在同一产业和部门内的集中，目的是扩大规模、降低产品成本、巩固市场地位。

② 多元化战略。多元化战略又叫多种经营战略，是指企业在原主营业务以外的领域从事生产经营活动。多元化主要包括两类：同质多元化和混合多元化。同质多元化是指企业增加新的，但与原有业务相关的产品或服务；混合多元化是指企业增加新的，但与原来业务不相关的产品或服务。

③ 加强型战略。加强型战略是指企业在原有业务范围内，充分利用自身潜力，通过加强对原有产品与市场的开发和渗透来寻求未来发展机会的一种战略，将企业的营销目标集中到某一特定细分

市场。这一特定的细分市场可以是特定的客户群，可以是特定的地区，也可以是有特定用途的产品。加强型战略主要包括市场渗透、市场开发和产品开发3类。

市场渗透是指企业通过加强市场营销，提高现有产品或服务在现有市场上的市场份额；市场开发是指企业将现有产品或服务打入新的区域市场；产品开发是指企业通过改进产品或服务而增加其销量。选择何种战略，必须根据企业所处的宏观、微观环境来确定。

（3）防御性战略

在一个竞争性的市场上，所有的企业都会受到来自其他企业的挑战。防御性战略是指企业应对市场可能带来的威胁所采取的战略。防御型企业常采用竞争性定价或高质量产品等来阻止竞争对手进入它们的经营领域，以此来保持自己的稳定。企业在成长路上，经常需要采取一些防御性战略，以退为进、以迂为直，从而更加健康地成长。防御性战略主要包括收缩战略、剥离战略与清算战略（见图2.12）。

防御性战略　①收缩战略　②剥离战略　③清算战略

图 2.12　企业防御性战略

① 收缩战略。收缩战略是指企业为了适应外部环境，在现有经营领域不能维持原有的产销规模和市场份额的情况下，不得不缩小经营规模，或者企业面临新的发展机遇，对原有的业务领域进行投资压缩、成本控制以谋求更好的发展机会，使有限的资源分配到更有效的使用场景的战略。

② 剥离战略。在收缩战略无效时，企业可以尝试剥离战略。剥离战略是指将企业的一个或几个主要部门转让、出售或使其停止运营，以使企业摆脱那些不盈利、需要太多资金或与企业其他业务不相适宜的业务的战略。

③ 清算战略。清算战略是指卖掉资产或使整个企业停止运行的战略。显然，只有在其他战略都失败时才考虑使用清算战略。在确定毫无希望的情况下，企业应尽早制定清算战略，早期的清算比被迫破产对股东来讲更有利。否则，企业在该领域中持续经营下去，只能耗尽自己的资源。

2. 战略决策实施步骤

战略决策主要包括战略定位决策、战略指标决策、业务战略决策3个步骤。

（1）战略定位决策

战略决策的首要任务是解决战略定位问题，相当于制定"做什么"的企业战略，重点包括市场范围（S）定位和产品门类（P）定位，二者密切相关，组合形成一定的 SP 战略单元。战略定位决策依据战略分析阶段所分析的不同 SP 战略单元的行业营利性变化规律、竞争格局和企业自身能力来制定。

（2）战略指标决策

在制定战略定位决策之后，企业需要确定各 SP 战略单元的战略指标目标值，重点包括净利润指标、企业资本收益率目标、资本投入目标、市场份额目标、资本产出目标等。

企业要对不同 SP 战略单元相关指标值进行综合分析，包括不同战略单元净利润的构成比重、资本量的比重、相对竞争力等，以优化调整各 SP 战略单元的战略目标，促进整体经营最优化。

企业在制定战略指标决策时往往会受自身资源状况的约束，因此要综合权衡不同 SP 战略单元的机会和资源投入，要考虑资源获得的渠道及投入的策略，要结合市场类型分析，就大笔投资而言，还要考虑自身决策对行业整体的影响。

（3）业务战略决策

在战略定位决策和战略指标决策的基础上，企业需要制定保障指标实现的相关业务战略，主要包括提高企业资本收益率的业务战略，如成本领先战略、质量领先战略等；提高可投入资本量的业务战略，如融资战略、并购战略等；提高市场份额的业务战略，如低价战略、渠道战略等；提高资本产出的业务战略,如精益生产战略、流程再造战略、信息化战略等。提高净利润的目标依赖于以上各项业务战略的制定和实施。

制定业务战略决策需要业务职能领域的专业分析,此处的分析不同于战略管理循环中的战略分析,其分析内容更为广泛和灵活。企业对业务战略决策要有明确的目标和行动方案,针对业务战略实施所制定的具体保障措施可不列为业务战略决策的内容,而作为战略实施阶段的内容。

(四)市场与市场营销

1. 市场

(1)市场的概念

市场起源于古人对于固定时段或地点进行交易的场所的称呼,"日中为市,致天下之民,聚天下之货,交易而退,各得其所"即是从空间意义上对市场的解读,所以狭义上的市场是指买卖双方进行商品交换的场所。现代经济学和管理学则将市场的内涵拓宽。"现代营销之父"菲利普·科特勒(Philip Kotler)指出:"市场由那些具有特定需求或欲望,而且能够通过交换来满足需要或欲望的全部潜在顾客所组成。"

一般来说,市场对企业的生产经营活动具有直接导向作用,是社会资源的主要配置者,市场配置构成市场经济中资源配置的主要方式。市场也是国家对社会经济实行间接管理的中介、手段和直接作用对象。市场的主要作用具体如表 2.7 所示。

表 2.7 市场的主要作用

序号	作用	具体内容
①	对企业的生产经营活动具有直接导向作用	市场运用供求、价格等调节机制引导企业生产方向,企业根据市场供求信息决定生产什么、生产多少。企业的生产经营活动直接取决于市场的调节和导向
②	社会资源的主要配置者	市场需求与竞争要求企业必须对有限的资源进行充分合理的配置,避免闲置和浪费。资源充分配置是任何社会经济活动的中心
③	市场配置是市场经济中资源配置的主要方式	各种资源通过参与市场交换在全社会范围内自由流动,按照市场价格流向最有利的部门和地区。企业作为资源配置的利益主体,通过市场竞争实现各项资源要素的最佳组合,在市场机制自动配置组合资源的基础上,推动实现产业结构和产品结构的合理化
④	是国家对社会经济实行间接管理的中介、手段和直接作用对象	按照市场经济的内在要求,国家采取间接调控的方式进行宏观管理。国家运用各种宏观调控手段,直接调节市场商品供求总量及其结构的平衡关系,通过市场发出信号,间接引导和调节企业的生产经营方向,从而实现对社会经济活动全面和有效的控制

(2)市场的要素

市场由消费者、行业竞争者、企业自身、供应商等要素组成,具体如下。

- 消费者的数量、基本信息、购买力、心理结构等。
- 直接竞争者与潜在竞争者的数量、销售额、市场份额等。
- 企业自身的组织大小、职员规模、核心技术等。
- 供应商的数量、溢价能力等。

当然,通常大家谈及市场要素时,多指消费者。消费者要素主要包括购买者(人口)、购买力、购买欲望,3 个要素相互制约、缺一不可。将三者结合起来,可基于"刺激—反应理论"形成消费者购买行为过程,如图 2.13 所示。

(3)市场的类型

市场的主要类型如下。

- ◆ 按购买者的购买目的和身份划分,市场可分为消费者市场、生产商市场、中间商市场、政府市场。消费者市场是指由为满足个人消费欲望而购买产品和服务的个人和家庭所构成的市场；生产商市场是指工业使用者市场或工业市场；中间商市场即转卖者市场；政府市场是指各级政府为了开展日常政务活动或为公众提供服务，在相关部门的监督下，以法定的方式、方法和程序，通过公开招标，采取由财政部门直接向供应商付款的方式，从国内市场为政府部门购买货物、工程、劳务而形成的市场。

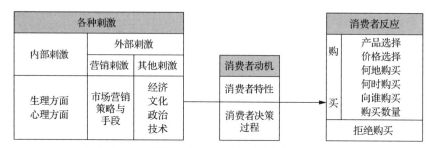

图 2.13　基于"刺激—反应理论"形成消费者购买行为过程

◆ 按照供需双方的角色划分，市场可分为买方市场和卖方市场。买方市场中，买方掌握着市场的主动权，买方的强势地位容易从市场交易中获取利益。买方市场通常出现在完全竞争的市场中，这也是买方市场出现的本质原因。卖方市场和买方市场几乎完全相反。在卖方市场中，生产者或销售者处于强势地位，他们在市场交易中有更多的发言权，因此可以获得更多的利益。市场上的供需关系直接影响买卖双方的地位。

◆ 按消费者需求能否立即被满足划分，市场可分为现实市场和潜在市场。现实市场是指消费者有购买的欲望并具备购买的能力，可以立即实现需求的市场；潜在市场是指因缺乏实际产品、购买意愿或者购买力等因素而导致暂时无法满足消费者需求的市场。

2. 市场营销

大多数人经常这样说，"营销不过是做广告""营销就是向潜在客户赠送产品""营销工作就是为了支持销售人员"。所有这些内容都和营销相关，但都没有抓住营销真正的本质。推销、销售是企业营销职能，但不是最重要的职能。

市场营销作为一种复杂、连续、综合的社会管理过程，是基于下列核心概念的运用之上的。只有把握市场营销的核心概念，才能深刻认识市场营销的本质。市场营销的核心概念主要包括需要、欲望和需求，产品，效用、价值和满足，交换和交易，市场，市场营销及市场营销者，如表 2.8所示。

表 2.8　市场营销的核心概念

序号	核心概念	具体阐述
1	需要、欲望和需求	• 需要：人们感到缺乏某种东西的一种状态，包括生理及情感的需要。 • 欲望：从需要中派生的一种形式，受社会文化和人们个性的限制。 • 需求：有购买力支撑的欲望
2	产品	市场上能够满足人们需要和欲望的任何事物
3	效用、价值和满足	• 效用：消费者对产品满足其需要的整体能力的评价，实际上是消费者个人对产品的自我心理感受。 • 价值：任何产品的消费都涉及费用问题，从有限的花费中获得最大的效用是消费者的共同愿望。 • 满足：是产品使用效果与消费者期望对比的结果
4	交换和交易	• 交换是以某些东西从其他人手中换取所需要产品的行为。 • 交易是交换活动的基本单元

续表

序号	核心概念	具体阐述
5	市场	• 市场是由全部潜在的有各种需要的消费者所构成的。 • 生产商到资源市场购买资源（包括劳动力、资本及原材料），将其转换成产品和服务之后卖给中间商，再由中间商将产品和服务出售给消费者。消费者到资源市场出售劳动力而获取货币来购买产品和服务。政府则从资源市场、生产商及中间商购买产品，支付货币，再向这些市场征税及提供服务
6	市场营销及市场营销者	• 市场营销是指与市场有关的人类活动，即为满足消费者需求而利用市场来实现潜在交换的活动。 • 市场营销者既可以是卖方也可以是买方，即从事市场营销活动的人，这种营销称为互惠的市场营销

正如德鲁克（Drucker）所言："市场营销如此基础，以至于在整个商业活动里它不能作为一个孤立的功能……它是整个商业活动的核心。从顾客的角度来看，它就是全部的商业活动。因此，考虑到营销的重要性和责任，它必须渗透到企业的所有领域。"营销作为一种理念，决定着企业进行外部导向管理还是内部导向管理。

◆ 外部导向。秉持外部导向营销理念的企业将它们的注意力和资源放在企业之外，即放在顾客、竞争者以及更广阔的环境上。外部导向的企业知道顾客永远是企业的核心，市场营销的重点是人——必须深入了解顾客、竞争对手。也知道当外部环境改变时，企业的产品、服务、流程也必须改变。外部导向的企业不惧改变，它知道改变是不可避免的。同时，外部导向的企业会在新的能力和竞争上做投资，探索机遇，创造并服务顾客。

◆ 内部导向。相反，如果企业不以营销作为核心理念，往往容易形成内部导向。内部导向的企业将重点放在内部，诸如研发、人事、财务或管理流程。普遍来说，企业各个内部职能的运行有很多相互不一致的目标：销售部门试图增加销售额；运营部门则努力生产质量可被接受的低成本的产品，尽量增加产品的种类；营销部门希望增加广告支出；财务部门则期望降低预算以达到财务目标。在内部导向的企业里，顾客价值是不被重视的，甚至企业不管顾客的需求、竞争对手的行为或外部环境的变化，持续进行当前的活动。很多企业在成功发展之后，开始陷入停滞甚至倒退的危机，这便是因为其具有内部导向而忽略顾客价值，如研发部门开发出来的新产品不是顾客想要的或者愿意购买的，不管其技术如何先进也是徒劳。

3. STP 战略

STP 是 Segmenting、Targeting、Positioning 三个英文单词的首字母缩写，分别代表市场细分、目标市场选择、市场定位三个概念。其中，市场细分概念美国营销学者温德尔·史密斯（Wendell R.Smith）于 1956 年率先提出；目标市场选择概念则是由麦肯锡公司创始人、美国芝加哥大学商学院教授詹姆斯·麦肯锡（James O'McKinsey）提出，他认为应当把消费者看作一个特定的群体并称为目标市场；20 世纪 70 年代美国学者艾尔·里斯（Al Reis）和杰克·特劳特（Jack Trout）提出了系统的定位理论。此后，美国著名营销学家菲利普·科特勒（Philip Kotler）进一步发展和完善了温德尔·史密斯的理论并最终形成了成熟的 STP 战略。STP 也是现代市场营销的核心内容，其具体流程如图 2.14 所示。

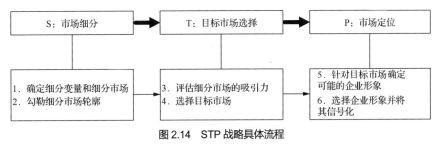

图 2.14　STP 战略具体流程

（1）市场细分

市场细分是指营销者通过市场调研，依据消费者需求的差异，把某一市场整体划分为若干消费群体的市场分类过程。市场细分能帮助企业发现市场机会、掌握目标市场的特点、制定市场营销组合策略、提升竞争力。

市场细分的程序如下。

① 调查需求；

② 列举基本需求；

③ 分析不同需求；

④ 确定细分市场特点；

⑤ 为细分市场取名；

⑥ 确定共同需求；

⑦ 测量各细分市场的规模大小。

市场细分的关键在于调查，通过调查来确定消费者需求的差异。一般可以按照以下 4 类变量细分市场（见表2.9）。

表 2.9　市场细分变量

序号	细分变量	具体内容
1	地理细分 （Geographic Segmentation）	按地区、城镇规模、人口密度、气候等标准来进行细分
2	人口细分 （Demographic Segmentation）	按年龄、性别、职业、收入、教育、家庭人口、家庭类型、家庭生命周期、国籍、民族等标准来进行细分
3	心理细分 （Psychographic Segmentation）	按生活方式、性格、态度、购买动机等标准来进行细分
4	行为细分 （Behavior Segmentation）	按时机、所追求的利益、使用者地位、产品使用率、忠诚度、购买准备阶段、态度等标准来进行细分

（2）目标市场选择

在对市场进行细分后，需要对目标市场进行评估，包括对目标市场规模和增长率、市场吸引力，以及企业自身发展目标和所拥有的资源进行评估，从而选择适合企业自身发展的目标市场。企业通过选择目标市场，可明确自身应为哪一类消费者服务，满足他们的哪一种需求。

不同的企业所选择的目标市场范围不一样，从而采取的目标市场策略不同。目标市场策略主要包括以下 3 种。

◆ 无差别性市场策略。无差别性市场策略就是企业把整个市场作为自己的目标市场，强调消费者需求的共性，漠视消费者需求的差异性；或者企业经过市场调查，认为消费者对某些特定产品的需求大致相同或差异较小，从而采取无差别性市场策略，即运用一种产品、一种价格、一种推销方法，吸引尽可能多的消费者。无差别性市场策略具有成本低、管理简单的优点，但满足消费者需求的能力差，竞争力不强。

◆ 差别性市场策略。差别性市场策略就是企业把整个市场细分为若干子市场，针对不同的子市场，设计不同的产品，制定不同的营销策略，满足不同的消费者需求。差异性市场策略具有满足消费者需求的能力强，竞争力强，分散市场风险的优点，但成本高且管理复杂。

◆ 集中性市场策略。集中性市场策略就是企业选择几个细分市场作为目标市场，实行专业化生产和销售，在个别市场上发挥优势，以提高市场占有率。集中性市场策略具有管理简单，对资源要求相对较低的优点，但风险相对集中。

以上 3 种目标市场策略各有利弊。企业在进行选择时，必须考虑自身所面临的各种因素和制约条件，如竞争力、产品特点、产品所处的生命周期阶段、市场特点、竞争者战略等。

（3）市场定位

市场定位是 20 世纪 70 年代由美国学者赖斯提出的一个重要营销学概念。所谓市场定位，就是企业根据目标市场上同类产品竞争状况，针对消费者对该类产品某些特征或属性的重视程度，为本企业产品塑造强有力的、与众不同的鲜明个性，并将其形象生动地传递给消费者，以求得消费者认同。市场定位是针对企业的产品和形象所进行的一种策划行为，目的在于使企业在目标消费者心目中占据独特的、有价值的位置。

定位应当突出企业的优势，与企业的优势相匹配；定位应当突出企业的特点，与其他竞争者有明显不同；定位要为消费者所接受，才能得到他们的喜欢和信任；定位要能持续相当长一段时间。

市场定位的流程包括：①确定定位层次；②针对细分市场确立关键特性；③将关键特性置于定位图上；④评价定位选项；⑤执行定位。

4. 4P 策略

4P 策略产生于 20 世纪 60 年代的美国，是随着营销组合理论的提出而出现的。1953 年，尼尔·博登（Neil Borden）在美国市场营销协会就职演说中提出了"市场营销组合"（Marketing Mix）这一术语，其含义是指市场需求或多或少地在某种程度上受到所谓"营销变量"或"营销要素"的影响。为了寻求一定的市场反应，企业要对这些要素进行有效的组合，从而满足市场需求，获得最大利润。

1960 年，美国密歇根大学教授耶罗默·麦卡锡（Jerome McCarthy）在《基础营销》一书中指出，"营销变量"或"营销要素"可分为 4 类：产品（Product）、价格（Price）、销售渠道（Place）、促销（Promotion）。1967 年，营销大师菲利普·科特勒确认了以 4P 为核心的营销组合方法，具体如下。

（1）产品（Product）策略

人们通常理解的产品是指具有某种特定物质形态和用途的物品，是看得见、摸得着的东西。这是一种狭义的定义。市场营销学认为，广义的产品是人们通过购买获得的能够满足某种需求和欲望的物品的总和，它既包括具有物质形态的产品实体，又包括非物质形态的服务。广义的产品应该是"产品的整体"，拥有更加丰富的内容和内涵，如图 2.15 所示。

产品的生命周期一般可以分成 4 个阶段（见图 2.16）：引入期（或介绍期）、成长期、成熟期和衰退期。根据产品生命周期理论，企业营销策略的总要求是：①使企业的产品尽可能快地为目标市场所接受，明确商业模式，缩短产品引入期；②使企业的产品尽可能保持畅销势头，延长产品的成熟期；③使企业的产品尽可能晚地被市场淘汰，推迟产品的衰退期。基于此，企业在产品生命周期的不同阶段需采取不同的策略。

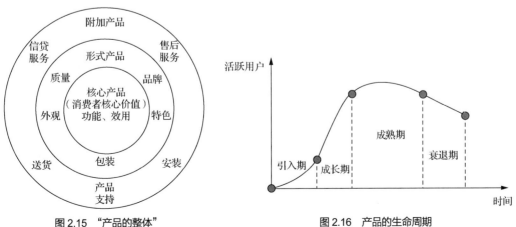

图 2.15 "产品的整体"　　　　　　　图 2.16 产品的生命周期

产品的包装和品牌建设是产品决策下不可忽视的内容。良好的设计包装能为消费者创造方便价值，促进销售。同时，产品品牌也是企业品牌决策着力提升的核心竞争力。

- 包装策略。设计良好的包装能为消费者创造方便价值，为生产者创造促销价值。多种多样的因素会促进包装作为一种营销手段在应用方面的进一步发展。包装策略主要有以下几种：类似包装策略、配套包装策略、再使用包装策略、附赠包装策略、改变包装策略。

- 品牌策略。品牌是一种识别标志和价值理念，品牌策略是一系列能够产生品牌积累的企业管理与市场营销方法。品牌资产作为一种无形资产，它能够为企业和消费者提供超越产品或服务本身利益之外的价值，如心理价值等。一定意义上，品牌是核心资产，未来的商业市场竞争就是品牌的竞争。此外，企业根据市场需求、竞争形势和企业自身能力对产品组合的宽度、深度和关联度等做出决策，如扩大产品组合、缩减产品组合、延伸产品线及产品线现代化决策等。

（2）价格（Price）策略

企业根据不同的市场定位，制定不同的价格策略。价格是决定企业市场份额和盈利率的重要因素之一。

企业面对消费者需要解决的 4 个主要的定价决策问题如下：对第一次销售的产品如何定价，怎样随时间和空间的变化调整产品的价格以适应各种环境和机会的需要，怎样调整价格、怎样对竞争者的价格调整做出反应？定价方法是企业在特定的定价目标的指导下，依据对成本、需求及竞争等状况的研究，运用价格决策理论，对产品价格进行计算的具体方法。定价方法主要包括成本导向法、竞争导向法、消费者导向法及其他定价法等。

（3）销售渠道（Place）策略

企业并不直接面对消费者，而是注重对经销商的培育和销售网络的建立，企业与消费者的联系是通过经销商来建立的。销售渠道多种多样，电视媒介是以往常见的渠道，近年来，由于新媒体的兴起，线上、线下融合营销也是较为流行的方式。

正确运用销售渠道，可以使企业迅速、及时地将产品转移到消费者手中，达到促进商品销售、加速资金周转、降低流动费用的目的。常见的销售渠道策略包括以下几类。

① 直接式销售策略和间接式销售策略。按照商品在交易过程中是否经过中间环节来分类，销售渠道策略可以分为直接式销售策略和间接式销售策略两种类型。

直接式销售策略。企业采用产销合一的经营方式，即产品在从生产领域转移到消费领域的过程中不经过任何中间环节。直接式销售策略具有中间费用少，便于企业控制价格、及时了解市场、提供服务等优点，但是此策略使生产者花费较大，所以消费范围广、市场规模大的产品，不宜采用这种策略。

间接式销售策略。由于有中间商加入，企业可以利用中间商的知识、经验和关系，简化交易，缩短买卖时间，集中人力、财力和物力用于发展生产，以增强产品的销售能力。

一般来说，直接式销售策略适用于以下情况：市场集中，销售范围小；技术含量高或制造成本和售价差异大的产品，以及易变质或易损坏的产品等；企业本身有丰富的营销经验、强大的管理能力和充裕的财力。

在以下情况下，采用间接式销售策略是合适的：市场分散，销售范围广，如大部分消费品；非技术性产品或制造成本与售价差异较小的产品，以及不易腐烂、不易破碎的产品等；企业本身缺乏营销经验，管理能力差，财力弱，对其产品和营销的控制要求不高。

② 长渠道策略和短渠道策略。销售渠道按长度来分类，可以分为不同的形式，产品在从生产领域转移到消费领域的过程中，经过的环节越多，销售渠道就越长；反之就越短。常见的消费品销售渠道有 4 种基本类型，工业品销售渠道有 3 种基本类型，具体如图 2.17 所示。

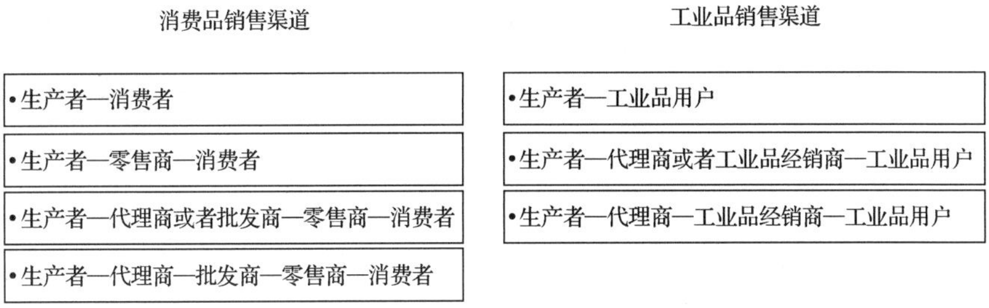

消费品销售渠道

工业品销售渠道

- 生产者—消费者
- 生产者—零售商—消费者
- 生产者—代理商或者批发商—零售商—消费者
- 生产者—代理商—批发商—零售商—消费者

- 生产者—工业品用户
- 生产者—代理商或者工业品经销商—工业品用户
- 生产者—代理商—工业品经销商—工业品用户

图 2.17 消费品与工业品销售渠道

一般来讲，在以下情况下适合采取短渠道策略：从产品的特点来看，产品易腐、易损、价格贵、高度时尚、新潮、售后服务要求高而且技术性强；零售市场相对集中，需求数量大；企业的销售能力强，推销人员素质好，资金雄厚，或者增加的收益能够补偿花费的销售费用。反之，在以下情况下适合采取长渠道策略：从产品特点来看，产品不易腐、不易损、价格低、选择性不强、技术要求不高；零售市场较为分散，各市场需求量较小；企业的销售能力弱，推销人员素质较差，缺乏资金，或者增加的收入不能够补偿多花费的销售费用。

③ 宽渠道策略和窄渠道策略。销售渠道的宽窄，就是指企业确定由多少中间商来经营某种产品。具体策略可分为广泛销售策略、针对性销售策略与独家经营销售策略 3 种。

广泛销售策略。如果企业的产品数量很大而市场面又广，为了使产品得到广泛的销售，使消费者随时都可以买到这种产品，企业便需要采用这种策略，如一般日用品和广泛通用的工业原材料可以采取这种策略。

针对性销售策略。它是指生产企业有选择地精心挑选一部分批发商和零售商来经营自己的产品。这种策略由于中间商数目较少，有利于批发商和零售商之间相互紧密协作，同时，也能够使生产企业降低销售费用和提升控制能力，如耐用消费品、新产品以及大部分生产资料产品适合采用此种策略。

独家经营销售策略。它是指生产企业只选择一家经销商，赋予它经销自己产品的权利。在一般情况下，生产企业在特定的市场范围内，不能再通过其他经销商来推销这种产品；而选定的经销商也不能再经营其他同类的产品，这种策略适用于某些特殊的消费品和工业品、某些高档高价的消费品，以及具有独特风格的某些产品。采用这种策略，企业对经销商的售价，宣传推广、信贷和服务等工作可以加强控制，与经销商更好地协作，从而有助于提高自身的声誉和产品的形象，提高经济效益。

（4）促销（Promotion）策略

促销策略是市场营销组合的基本策略之一。促销策略是指企业通过人员推销、广告、公关活动和营业推广等各种促销方式，向消费者传递产品信息，引起他们的注意和兴趣，激发他们的购买欲望和购买行为，以达到促进销售的目的。根据促销手段的出发点与作用的不同，促销策略可分为两种（见图 2.18）。

① 推动策略。该策略以直接方式，运用人员推销手段，把产品推向销售渠道。其作用过程为，制造商（生产企业）的推销员把产品推荐给中间商，再由中间商推荐给零售商，最后由零售商推荐给最终消费者。

② 拉引策略。该策略采取间接方式，通过广告和公共宣传等措施吸引最终消费者，使最终消费者对制造商（生产企业）的产品产生兴趣，从而主动购买产品。其作用过程为，制造商（生产企业）将最终消费者引向零售商，将零售商引向中间商，将中间商引向制造商（生产企业）。

市场决策的 4P 策略不是完全分隔开的，在实际的经营过程中，企业需要结合具体的环境，加以选择与匹配。如在定价的时候必须考虑产品策略、在拓展线上渠道的时候可以结合成本因素设计更合理的价格和促销战略组合。

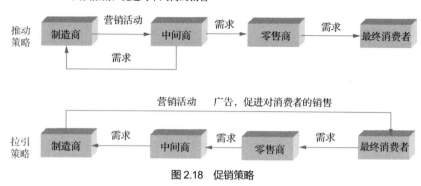

图 2.18　促销策略

（五）人力资源管理

人是企业中最积极、最活跃的因素，对企业中的人进行充分合理的管理是管理的关键与核心。

1. 人力资源管理的内容

（1）人力资源规划

人力资源规划是指根据企业发展战略，全面统筹规划企业的人力资源战略，具体包括为企业主管级别以上的管理者进行职业生涯规划设计，做好接班人的梯队建设；制定及监督实施企业人力资源发展的各项规章制度、计划、实施细则和工作流程，以健全企业的人力资源管理体系，保证人力资源工作有效支撑企业各部门业务目标的达成，提高企业人均效率。

（2）员工招聘与配置

人力资源部应根据企业的业务发展目标，制订人力资源招聘计划，采取多种方式拓展人员招聘渠道，规范招聘流程，并参与关键岗位应聘人员的面试，提高招聘质量，降低招聘费用，确保企业的人力资源存量满足业务发展需要。

（3）员工培训与开发

人力资源部应根据业务发展需要，通过挖掘、分析培训需求，制订并组织实施员工培训计划，组织技能考核鉴定，监督培训效果评估，合理控制培训费用，确保员工的培训覆盖率及培训满意度达到企业要求，以提高企业的人力资源质量，提升组织效能，支持业绩目标的达成。

（4）绩效管理与考核

人力资源部应根据企业的业务导向，制定绩效考核管理制度，落实考核指标并监督执行，统计考评结果，管理考评文件，做好考评后的绩效沟通、绩效改进，以及考评结果的应用；根据绩效与工资、奖金、晋升挂钩的规定，协助业务主管落实考评结果应用，通过奖金分配和晋升方案鼓励绩优和高产出，以提高企业整体绩效水平。

（5）薪酬福利管理

人力资源部应适时开展薪酬调研，了解行业薪酬水平，结合国家福利政策，制定激励性的薪酬福利制度及方案；核算和审查员工每月工资数据，监督员工社会保障福利的发放；组织提薪评审及晋升评审；确保稳定和激励员工队伍，合理控制人工成本。

（6）劳动关系管理

人力资源部应依据企业的用人规定，负责员工劳动合同的签订和管理工作；及时处理企业管理过程中的重大人事问题，就企业重大人事任免事项提供参考意见；受理员工投诉，代表企业处理劳动争议、纠纷或进行劳动诉讼；确保建立和谐的劳动关系，维护企业良好的雇主形象。

（7）组织结构与文化建设

人力资源部应根据企业业务发展情况，负责拟订组织结构设置或重组方案，通过组织优化和制度流程建设确保企业效率的提升和成本的控制；结合企业战略、行业特征，以及企业发展历程，开展员工主题活动，塑造、维护、发展和传播积极进取的企业文化。

2. 经典激励管理理论

（1）马斯洛需要层次理论

需要层次理论（The Hierarchy of Needs Theory）是由美国心理学家马斯洛（Maslow）在1943年的论文《人类动机理论》和后来出版的《动机与人格》一书中提到的。马斯洛认为，每个人都有5个层次的需要：生理的需要、安全的需要、社交或感情的需要、尊重的需要、自我实现的需要（见表2.10）。

表 2.10　马斯洛需要层次理论

需要名称	基本因素	具体组织因素举例
生理的需要	空气、水、食物、房屋	温度、基本工资、食物、基本的工作条件
安全的需要	安全、保障、胜任、稳定	安全的工作环境、福利、增薪、工作职位保障
社交或感情的需要	伙伴关系、感情	和谐的工作团队、同事间的友谊
尊重的需要	认可、地位、名声、自尊、被尊敬	工作头衔、奖励、工资的增加、同事/领导的认同
自我实现的需要	成长、成就、晋升	有挑战性的工作、组织内晋升、工作中的成就

（2）赫茨伯格的双因素理论

双因素理论也叫"保健—激励理论"（Motivation Hygiene Theory），是由美国心理学家和管理学家弗雷德里克·赫茨伯格（Frederick Herzberg）在1959年出版的《工作的激励因素》中首次提出的。其在1966年出版的《工作与人性》一书中对1959年的论点从心理学角度做了进一步的探讨和阐发。1968年，他在《哈佛商业评论》上发表了《再论如何激励职工》一文，从管理学角度再次探讨了该理论的内容。

赫茨伯格和他的助手们在美国匹兹堡地区对200名工程师进行了相关访问调查。访问主要围绕两个问题：在工作中，哪些事项是让他们感到满意的，并估计这种积极情绪能持续多长时间；又有哪些事项是让他们感到不满意的，并估计这种消极情绪能持续多长时间。赫茨伯格以工程师对这些问题的回答为材料，着手研究哪些事情使人们在工作中感到快乐和满足，哪些事情造成不愉快和不满足。结果他发现，使工程师感到满意的都是工作本身或工作内容方面的；使工程师感到不满意的，都是工作环境或工作关系方面的。赫茨伯格将不满意因素称为保健因素，其对员工不能起到激励作用；而将与工作内容相关的满意因素称为激励因素。

◆　保健因素。造成员工不满意的因素往往来自外界的工作环境，主要包括企业政策和行政管理、监督、与上级关系、工作条件、与下级关系、个人生活、地位、安全等方面处理不当。这些因素即使改善了也不能使员工对工作非常满意，不能充分激发员工的积极性，只能消除员工的不满。

◆　激励因素。激励因素主要包括工作给人成就感、工作成绩得到社会认可、工作本身具有挑战性、能发挥自己的聪明才智、工作赋予发展机会和责任等。这些因素的改善，或者说，这些因素的满足，往往能激发员工的责任感、荣誉感和自信心，增强员工的满意感，有助于充分、有效、持久地使员工努力工作、积极上进。

该理论认为满意的对立面不是不满意，而是没有满意；不满意的对立面不是满意，而是没有不满意。和马斯洛的需要层次理论不同，赫茨伯格认为低层次需求的满足，并不会产生激励效果，相反，其只会导致不满意感的消失。只有激励因素才能够给人们带来满意感，而保健因素只能消除人们的不满，但不会带来满意感。

赫茨伯格在研究的过程中还发现在两种因素中，如果把某些激励因素，如表扬和某些物质的奖励等变成保健因素，或任意扩大保健因素，都会降低一个人在工作中所得到的内在满足，引起内部动机的萎缩，从而导致个人工作积极性降低。

（3）期望理论

这一理论是由美国心理学家弗罗姆（Vroom）（1964）在《工作与激励》一书中提出的，期望理论是以三个因素反映需要与目标之间的关系的，认为员工的工作行为是建立在一定期望基础上的。期望理论认为人们若能相信目标的价值，并认定当所做的一切有助于实现这一个目标时，他们就会受到激励而努力工作，完成目标任务。激励是评价、选择的过程，人们采取某项行动的动力或激励力取决于其对行动结果的价值评价和预期实现目标可能性的估计。

人总是渴求满足一定的需要并设法达到一定的目标。这个目标在尚未实现时，表现为一种期望，这时目标反过来激励个人的动机，而激励力的大小，取决于目标价值（效价）和期望概率（期望值）的乘积，用公式表示就是：

$$激励力（M）= 效价（V）\times 期望值（E）$$

• M（激励力）：激发人内部潜力的力量强度，即动机的强度，它表明一个人愿意为达到目标而努力的程度。

• V（效价）：表示对目标价值的主观评价，这是一个心理学概念，指达到目标对于满足个人需要的价值；同一奖酬对不同的人有不同价值，由于不同的人所处的环境不同，需求不同，对某一目标的偏好程度不同，其目标价值也就不同；同一个目标对每个人来说可能有 3 种效价，即正、零、负，效价越高，激励力就越大。

• E（期望值）：指对实现某一目标的可能性的主观估计，人们可以根据过去的经验判断自己达到某一目标的可能性，即能够达到目标的概率。

图 2.19 所示为期望理论基本假设，在整个假设中，A 为个人努力与个人绩效之间的关系，被称为期望概率 e_1；B 为个人绩效与组织奖赏之间的关系，被称为关联度 e_2；C 为组织奖赏对员工个人目标的吸引力，即效价。当人们预期能够完成某种行为（个人绩效），而且该行为（个人绩效）能为自己带来既定结果（组织奖赏），这种结果（组织奖赏）又对自己具有吸引力（个人目标）时，人们才会付出个人努力。

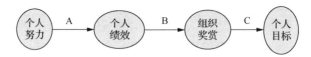

图 2.19　期望理论基本假设

（4）公平理论

公平理论（Equity Theory）由美国心理学家和行为学家约翰·斯塔希·亚当斯（John Stacey Adams）于 1965 年提出。亚当斯认为，员工的激励程度来源于对自己和参照对象的报酬和投入的比例的主观比较感觉。公平理论主要立足分配合理的视角，如企业员工从工作薪酬中所感受到的激励不仅来源于薪酬的绝对水平，更取决于其相对水平。该理论的基本要点是：人们的工作积极性不仅与个人实际薪酬多少有关，还与人们对薪酬的分配是否感到公平更为密切。

公平理论又称社会比较理论。公平理论的比较有两种，一种是横向比较，另一种是纵向比较。以员工 A 薪酬公平感知为例（见表 2.11），横向比较，即员工 A 将自己获得的金钱、工作安排、赏识等所得与自己的努力程度、精力、教育程度、经验等付出的比值与 B 做社会比较，只有相等时才认为公平。纵向比较可以从时间维度比较，如目前自身的报酬与过去自身所获得的报酬相比较。这些比较的结果都能影响员工的工作行为和积极性。但是，在实际应用中，个体间的比较需要在一定的前提下进行，如自身与他人的比较在某些方面需要类似或者相近，而纵向比较是自身的比较，多会出现个体的主观判断，在研究中会出现一定的不合理性，但是公平的薪酬依然是管理者需要注意的。

表 2.11　员工 A 薪酬公平感知

觉察到的比率比较	员工 A 的评价	行为结果
（所得 A/付出 A）<（所得 B/付出 B）	不公平（报酬过低）	离职或降低工作投入
（所得 A/付出 A）=（所得 B/付出 B）	公平	正常
（所得 A/付出 A）>（所得 B/付出 B）	不公平（报酬过高）	积极性更高，增加工作投入

（5）心理契约理论

1960 年，阿吉里斯（Argyris）首次使用心理契约概念。它是指员工与企业在正式劳动合同规定的内容之外存在的隐含的、非正式的、未公开说明的相互期望和理解。企业清楚地了解每个员工的需求与发展愿望，并尽量予以满足；而员工也为企业的发展全力奉献，因为他们相信企业能满足他们的需求与发展愿望。心理契约可以描述为这样一种状态：企业的成长与员工的发展虽然没有通过一纸契约载明，但企业与员工却依然能找到各自的决策"焦点"。

心理契约偏重的是心理层面，是双方默认的、内隐的交易（心理互动）。心理契约除了涉及经济利益，主要是为了促进员工实现个人追求、社交欲望，保持良好的团队关系和工作氛围，最终形成组织文化——共同愿景、共同使命及共同价值观。

心理契约是对经济契约的一种补充，其对员工心理方面的参与做出了一些规定：对企业忠诚、贡献创造能力及付出其他相关的心理努力。作为交换，员工也要求获得一些非物质的报酬，如工作的安全感、公平合理的待遇、人的尊严、与同事之间的友谊，以及自我发展、自我实现的机会等。

（六）企业资源计划

企业资源计划（Enterprise Resource Planning，ERP）是由美国高德纳（Gartner）咨询公司于 1990年提出的一种管理理念，用于描述下一代制造商业系统和制造资源计划（MRP Ⅱ）。它是以不断发展的企业管理方式 MRP II 为基础的。ERP 系统是为适应当前知识经济时代特征，整合企业内部和外部的所有资源，使用信息技术而建立的面向供应链的管理工具。

企业生产经营活动的最终目的是获取利润，为此，企业必须合理地组织和有效地利用其设备、人员、物料等制造资源，以最低的成本、最短的制造周期、最高的质量生产出满足顾客需求的产品。ERP 系统是将企业所有资源整合和集成，对企业的物流、资金流、信息流进行一体化管理的信息系统。ERP 系统都会包括 3 大系统模块：生产控制、物流管理和财务管理。这三大系统模块各自具有一些子系统模块。作为 ERP 系统的一部分，这些系统模块应该是相互联系的统一整体，各系统之间的数据是完全共享和集成的。同时，ERP 系统也可以根据企业的不同需求对各个系统模块进行组合，以符合企业的实际情况，如图 2.20 所示。ERP 主要包括以下 12 个功能模块。

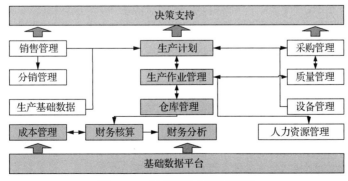

图 2.20　ERP 系统的主要功能模块

1. 生产基础数据

生产基础数据主要分为公用基础数据和业务基础数据。公用基础数据即众多业务系统都会用到的基础数据，须统一管理，如物料、客户、供应商、会计科目等。业务基础数据是指与某个业务系统的关系比较密切，而且在该业务系统中使用最多，在其他业务系统中使用较少的基础数据，如物料清单、资源清单等和生产制造管理系统关系比较密切，而在其他业务系统中较少使用。

2. 销售管理

销售活动是企业其他所有业务活动的源头，没有销售活动就没有企业其他业务活动。它主要包括 3 个环节的内容：①销售政策管理、销售计划管理、销售预测管理；②销售报价、销售订单（合同）管理、发货管理；③结算管理、售后服务管理等。

3. 生产计划

生产计划在企业中发挥着承上启下的作用，如图 2.21 所示。企业根据销售预测与销售订单信息制订生产计划。生产计划根据范围大小可分为：①主生产计划、物料需求计划；②粗能力需求计划、细能力需求计划；③车间作业排产计划。

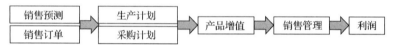

图 2.21　生产计划在企业中发挥着承上启下的作用

4. 生产作业管理

生产作业管理即企业根据生产计划进行生产作业，生产出产品，如图 2.22 所示。生产部门根据生产任务单与物料情况制作作业排产计划，车间根据作业排产计划进行工序排产、领料和生产，同时向有关部门及时反馈，并最终形成产品。质量管理贯穿生产过程始终，保障产品质量。

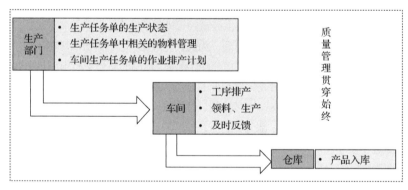

图 2.22　生产作业管理

5. 采购管理

采购管理是指采购部门根据生产计划制订企业原材料和包装材料等的采购作业计划，进行采购申请调度、采购询价、采购订单（合同）签订、采购收货、采购结算、采购退货、供应商管理等采购作业活动，采购的材料经质检部检验，仓库收货入库。财务部根据到货信息支付给供应商货款。

6. 仓库管理

仓库管理包括外购入库、生产入库、领料出库、销售出库等事务。仓库系统负责库存高限、安全库存、库存盘点等业务。整个物料收发过程均需要通过仓库管理系统进行。在生产计划制订过程中需要考虑仓库现有库存情况，相关人员可查看财务系统中的有关存货科目凭证。企业基本是通过仓库管理系统进行核算后直接进行生产的。

7. 质量管理

ERP 系统全面支持 ISO 9000 质量管理体系，主要负责物料质量控制与生产质量控制。质量控制包括企业质量检验标准管理、进料检验、产品检验、过程检验控制等；质量保证管理包括质量方针目标制定、供应商评估、质量分析、客户投诉处理、质量改进等。

8. 设备管理

企业在生产过程中必须重视设备管理，如设备检修、润滑、保养等，这关系到企业固定资产管理、企业能力计划与车间作业计划的执行。

9. 成本管理

成本管理是指在生产前根据定额成本、成本计划，进行成本预测分析；在生产中进行成本控制，在生产后完成成本核算与成本分析。

10. 财务管理

在 ERP 系统中，财务管理一般包含财务核算、成本管理、财务分析等多个模块。财务核算模块负责应收、应付、现金、固定资产、银行、总账等业务，管理其他业务系统同财务系统的集成，进行日常的财务记账工作；成本管理模块，进行企业的预算控制、目标控制等；财务分析模块，根据财务核算会计模块、管理会计模块及其他业务模块中的数据，对财务指标、报表进行分析、比较，以满足企业经营决策的需求。

11. 人力资源管理

人力资源成为企业越来越重要的资源，ERP 系统中的人力资源管理模块主要负责人员信息管理、人员需求确定，人员的招聘、培训、考核等。

12. 决策支持

在 ERP 系统中，决策支持是非常重要的模块。决策支持模块对企业所有业务模块的数据进行深度挖掘，从而使企业的管理决策有据可依。

概括地说，ERP 系统在企业原有信息系统（如 MRP Ⅱ）的基础上扩展了管理范围，把企业的业务流程看作一个与外部紧密连接的供应链，整合企业全部资源，将企业内部划分为几个协同作业的支持子系统（生产制造、服务维护、工艺技术、财务会计、市场营销、人力资源等），并对企业内部供应链上的所有环节（订单发布、采购、库存、计划、生产制造、质量控制、运输、分销、服务与维护、财务、成本控制、投资决策分析等）有效地进行管理，为企业提供更为丰富的功能与工具。

（七）财务预算管理

财务预算管理是基于对企业业务及运营的正确理解，用报表的形式反映企业未来运营状况的管理手段。一套预算体系贯穿预算决策、预算编制、预算计划、预算执行、预算分析等一系列财务工作，以增强企业的财务管理能力。成熟企业预算系统架构如图 2.23 所示。

总预算由运营预算、财务预算和资本预算 3 个部分构成：①运营预算确定运营所需资源及如何通过购买或自制获得这些资源，如生产预算、采购预算、销售预算以及人员配置预算都属于运营预算；②财务预算将资金来源与资金使用相匹配以实现企业目标，财务预算包括现金流入预算、现金流出预算、财务状况预算、运营收入以及资本支出预算；③资本预算用于规划如何给具有长远意义的重大项目投资提供资源支持，如采购新设备和投资新设施。

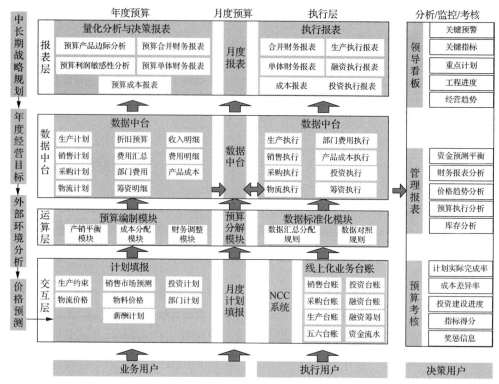

图 2.23　成熟企业预算系统架构

需要注意的是在企业实际预算管理过程中，具体的预算科目因行业、生产方式等不同而存在较大的差异。表 2.12～表 2.14 所示为某生产研发项目预算科目、某企业 2022 年第四季度预算表科目与某产品 2022 年费用预算科目。

表 2.12　某生产研发项目预算科目

序号	预算科目名称
1	一、经费支出
2	（一）直接费用
3	1. 设备费
4	（1）购置设备费
5	（2）试制设备费/设备改造费/设备租赁费
6	2. 材料费
7	3. 测试化验加工费
8	4. 燃料动力费
9	5. 差旅费/会议费/国际合作与交流费
10	6. 出版/文献/信息传播/知识产权事务费
11	7. 劳务费
12	8. 专家咨询费
13	9. 其他支出
14	（二）间接费用
15	其中：绩效支出
16	二、经费来源
17	……

表 2.13　某企业 2022 年第四季度预算表科目　　　　　　　　　　　　　　单位：元

时间	10 月	11 月	12 月	合计	备注
一、人事费用					
基本工资					
绩效工资					
外聘人员补贴					
五险一金					
小计					
二、财务费用					
手续费支出					
小计					
三、管理费用					
保安费					
办公费					
通信费					
差旅费					
交通费					
业务招待费					
会务费					
咨询费					
物业费					
水电费					
其他					
小计					
四、各项税费					
增值税					
所得税					
小计					
五、摊销费用					
折旧费用					
资产摊销					
小计					
六、销售费用					
广告费					
店面租金					
仓库租赁费					
运输费用					
小计					
七、其他费用					
其他					
小计					
总计					

表 2.14　某产品 2022 年费用预算科目　　　　　　　　单位：元

项目	费用级别	国内事业部		市场部		国内销售部	
		年度预算	预算占比	年度预算	预算占比	年度预算	预算占比
销售收入	1						
区域费	1						
场地租金	2						
物业管理费	2						
工资	1						
月度工资	2						
市场费用（推广费）	1						
广告媒体发行费	2						
广告制作媒体播放费	2						
节假日促销费	2						
推广物料费	2						
形象建设费	2						
电商控价	2						
其他促销	2						
线上宣传费（官网）	2						
营业费用	1						
运输费	2						
差旅费	2						
电话费	2						
汽车费	2						
办公费	2						
样品费	2						
水电费	2						
供暖费	2						
邮递费	2						
低值易耗品	2						
业务招待费	2						
市场调研费	2						
费用合计：							

五、工具包 ↓

（一）商业模式画布

商业模式画布（Business Model Canvas，BMC）是指一种能够帮助企业催生创意、减少猜测、找对目标用户、合理解决问题的工具，可以对复杂的商业模式进行清晰的可视化操作。它是由著名商业模式创新作家、商业顾问亚历山大·奥斯特瓦德（Alexander Osterwalder）于 2008 年提出的，主要包含重要合作（Key Partnership）、关键业务（Key Activities）、价值主张（Value Propositions）、客户关系（Customer Relationship）、客户细分（Customer Segmentation）、核心资源（Key Resources）、渠道通路（Channels）、成本结构（Cost Structure）、收入来源（Revenue Streams）9 个模块（见图 2.24），将商业模式中的元素标准化、关联化。

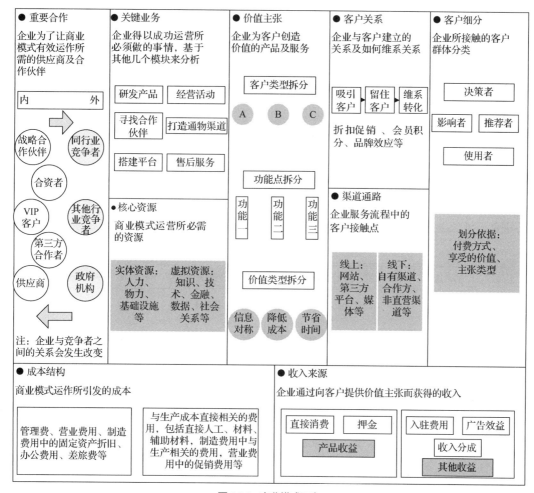

图 2.24　商业模式画布

通过分析这 9 个模块，企业可以搭建自己的商业模式画布，客观审视自己的商业模式，规划未来的商业发展。商业模式画布不但能够提供灵活多变的计划，而且更容易满足客户的需求。更重要的是，它可以将商业模式中的元素标准化、可视化，并强调元素间的相互作用。

（二）核心竞争力建设路径

具体而言，核心竞争力可以拆分成 10 个层级的战略控制点。企业在若干层级上构建起战略控制，便能够构建起自身的核心竞争力，如图 2.25 所示。按照构建的难易程度，从易到难，战略控制点可以划分为 10 级。

- 10 级：拥有技术标准。
- 9 级：控制价值链。
- 8 级：绝对的市场份额。

- 7 级：专利组合/版权。
- 6 级：客户关系（客户黏性）。
- 5 级：品牌（品牌黏性）。
- 4 级：分销或渠道控制力。
- 3 级：技术或研发领先 N 年（$N=5$，$10\cdots$）。
- 2 级：品质领先（功能、性能领先）。
- 1 级：规模/生命周期成本优势。

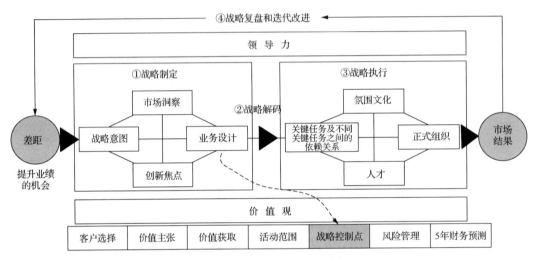

图 2.25　企业核心竞争力建设路径

在企业核心竞争力建设路径中，战略控制点是至关重要的模块。战略控制点即在企业现在和未来都能够持续盈利的机会点上构建战略控制力——一种不易构建的，也不易消失的中长期竞争力。整体上，核心竞争力建设路径如下。①战略制定，包括战略意图、市场洞察、创新焦点和业务设计等内容。②将战略解码为具体的战略执行方案。③战略执行，包括关键任务及不同关键任务之间的依赖关系、文化氛围、正式组织、人才等内容。在实施前 3 个步骤后，企业建构起企业的价值观，如客户选择、价值主张、价值获取、活动范围、战略控制点、风险管理与 5 年财务预测等，并获取市场结果，企业再根据市场结果进行第四步工作。④战略复盘和迭代改进，分析业务存在的问题与提升业绩的机会，从而进行战略的改进与创新。

（三）波士顿矩阵

波士顿矩阵是由美国大型商业咨询公司——波士顿咨询集团（Boston Consulting Group，BCG）首创的一种规划企业产品组合的方法。波士顿矩阵（BCG Matrix），又称市场增长率—相对市场份额矩阵，它是一种规划企业产品组合的方法，用于解决如何使企业的产品品种及其结构适应市场需求的变化，使企业产品战略与市场需求相匹配的问题。同时，它还解决如何将企业有限的资源有效地分配到合理的产品结构中去，以保证企业收益，使企业在激烈的市场竞争中获取关键的竞争优势。

波士顿矩阵认为，决定产品结构的基本因素有两个：市场引力与企业实力。

◆　市场引力。市场引力包括企业销售增长率、目标市场容量、竞争对手强弱及利润高低等。其中最主要的是反映市场引力的综合指标——销售增长率，这是决定企业产品结构是否合理的外在因素。

◆ 企业实力。企业实力包括市场占有率，技术、设备、资金利用能力等。其中市场占有率是决定企业产品结构的内在要素，它直接显示企业的竞争实力。销售增长率与市场占有率既相互影响，又互为条件：市场占有率高，销售增长率高，产品有良好的发展前景，企业也具备相应的适应能力，实力较强；如果仅有较高的市场占有率，而没有相应的高销售增长率，则说明企业尚无足够实力，则该种产品也无法顺利发展。相应地，销售增长率高，而市场占有率低的产品发展前景也不佳。

以上两个因素相互作用，会产生 4 种不同性质的产品类型，形成不同的产品发展前景（见图 2.26）：①销售增长率和市场占有率"双高"的产品（明星类产品），②销售增长率和市场占有率"双低"的产品（瘦狗类产品），③销售增长率高、市场占有率低的产品（问号类产品），④销售增长率低、市场占有率高的产品（金牛类产品）。

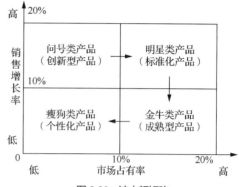

图 2.26 波士顿矩阵

绘制产品的波士顿矩阵，其定位方法和定位步骤如下。

1. 产品定位方法

波士顿矩阵可将企业所有产品从销售增长率和市场占有率的角度进行再组合。在坐标图上，以纵轴表示销售增长率，横轴表示市场占有率，各以 10% 和 20% 作为区分高、低的中点，将坐标图划分为 4 个区域，依次为问号类产品、明星类产品、金牛类产品、瘦狗类产品。在使用波士顿矩阵时，企业可将产品按各自的销售增长率和市场占有率归入不同区域，保持各类产品的合理组合，实现产品及资源分配的良性循环。

2. 定位步骤

（1）核算企业各种产品的销售增长率和市场占有率

• 销售增长率是企业本年销售增长额与上年销售额之间的比率，反映销售额的增减变动情况，是评价企业成长状况和发展能力的重要指标。销售增长率可以用企业的产品销售额或销售量的增长率计算。时间可以是 1 年或更长时间。其计算公式为：

销售增长率=本年销售增长额÷上年销售额=（本年销售额－上年销售额）÷上年销售额

销售增长率=本年销售额÷上年销售额－1

• 市场占有率可以用相对市场占有率或绝对市场占有率来表示，但是需用最新数据。基本计算公式为：

本企业某种产品的绝对市场占有率=该产品的本企业销售量÷该产品市场销售总量

本企业某种产品的相对市场占有率=该产品的本企业市场占有率÷该产品市场占有份额最大者（或特定的竞争对手）的市场占有率

（2）绘图

先以 10% 的销售增长率和 20% 的市场占有率为高低标准分界线，将坐标图划分为 4 个区域，然后根据企业全部产品的销售增长率和市场占有率的高低，在坐标图上标出其相应位置。定位后，按每种产品当年销售额的多少，绘成面积不等的圆圈，顺序标上不同的数字代号以示区别。定位的结果即将产品划分为 4 种类型。

（3）确定战略对策

波士顿矩阵对于 4 个区域内的产品具有不同的定义和相应的战略对策，具体如下。

① 明星类产品。它是指处于高销售增长率、高市场占有率区域内的产品，这类产品可能成为企

业的金牛类产品，需要加大投资以支持其迅速发展。

采用的战略对策是：积极扩大经济规模和增加市场机会，以长远利益为目标，提高市场占有率，加强竞争地位；明星类产品的管理组织最好采用事业部形式，由在生产技术和销售两个方面都很内行的经营者负责。

② 金牛类产品。它又称厚利产品，因而成为企业回收资金，支持其他产品，尤其是投资明星类产品的后盾。对这一区域内的大多数产品，市场占有率的下跌已成不可阻挡之势，因此可采用收获战略，即所投入资源以达到短期收益最大化为限。具体表现为：把设备投资和其他投资尽量压缩；采用榨油式方法，争取在短时间内获取更多利润，为其他产品提供资金。对这一区域内的销售增长率仍有所增长的产品，应进一步进行市场细分，维持现有销售增长率或减缓其下降速度。金牛类产品适合使用事业部制进行管理，其经营者最好是市场营销人员。

金牛类业务指低市场成长率、高相对市场份额的业务，它是企业现金的来源。由于市场已经成熟，如果市场环境变化导致这项业务的市场份额下降，企业就不得不从其他业务单位中抽回现金来维持金牛类业务的领导地位，否则这头强壮的"金牛"可能就会变弱，甚至成为"瘦狗"。

③ 问号类产品。它是处于高销售增长率、低市场占有率区域内的产品。一方面说明此类产品市场机会大，前景好，另一方面说明其在市场营销上存在问题。其财务特点是利润率较低，所需资金不足，负债比率高。例如，在产品生命周期中处于引入期、因种种原因未能开拓市场局面的新产品即属于此类产品。

对问号类产品应采取选择性投资战略。一方面对该区域中那些经过改进可能会成为明星类产品的产品进行重点投资，提高市场占有率，使之转变成明星类产品；另一方面对其他有希望成为明星类产品的产品在一段时期内采取扶持对策。因此，对问号类产品的改进与扶持方案一般均会列入企业长期计划。问号类产品的管理组织，最好采取智囊团或项目组织等形式，选拔有规划能力，敢于冒险、有才干的人负责。

④ 瘦狗类产品。它又称衰退类产品。它是处在低销售增长率、低市场占有率区域内的产品。其财务特点是利润率低、处于保本或亏损状态，负债比率高，无法为企业带来收益。

对这类产品应采用撤退战略：首先应减少生产批量，使其逐渐撤退，那些销售增长率和市场占有率均极低的产品应立即淘汰；其次是将剩余资源向其他产品转移；最后是整顿产品系列，最好将瘦狗类产品与其他产品合并，统一管理。

（四）调查问卷设计与调查报告撰写

1. 调查问卷设计

问卷调查是目前广泛采用的调查方式，即由调查组织根据调查目的设计各类调查问卷，然后采取抽样的方式（随机抽样或整群抽样）确定调查样本，通过调查员对样本的访谈，完成事先设计好的调查问卷，最后通过统计分析得出调查结果的一种方式。它严格遵循概率与统计的原理，因而，调查方式具有较强的科学性。对于调查结果，除了样本确定、调查员素质、统计手段等外，问卷设计水平是重要的影响因素。科学的调查需要强有力的问卷作为支撑，问卷本身的质量往往决定了调查的效果，所以在设计问卷时，需要考虑运用科学的程序展开调查。问卷设计流程如图 2.27 所示。

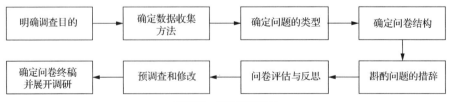

图 2.27　问卷设计流程

◆　步骤一：明确调查目的。

相关人员可以采用访问行业专家、收集分析部分二手资料、与决策者会务研究等方法来明确调查目的。

◆　步骤二：确定数据收集方法。

获得一手资料有多种方法，如小组讨论法、电话访问法、邮寄访问法、线上调查等，每一种方法对问卷都有不同的要求。

◆　步骤三：确定问题的类型。

这一阶段首先关心的是问卷中所使用的问题类型。在问卷调查中，有 3 种主要的问题类型——开放式问题、封闭式问题、李克特量表式问题，相关人员可以根据调查的具体情况选择合适的问题类型。

◆　步骤四：确定问卷结构。

确定问卷调查目的，明确想要收集的内容与数据后，可以运用文献法、访谈法及其他方法收集基础资料，列出问卷的重要内容，再根据内容列出问卷结构，示例如表 2.15 所示。基于整体的问题排列设计，在具体操作时需要注意以下几个准则：①运用过滤性问题识别合格应答者，只有合格应答者参加问卷调查，才能得到后续对应的问题；②以一个令人感兴趣的问题开始；③可先问一般性问题，再问具体的问题；④根据调查的主题，设置合理数量的题目。

表 2.15　问卷结构示例

调查目的	一级指标	二级指标	三级指标（如果有的话）	具体的问题项	答案反映项	问题排列顺序
	A	A_{11}	A_{111}	问题描述 1	● 开放式问题 ● 封闭式问题 ● 李克特量表式问题	人口变量统计问题 → 过滤性问题 → 热身性问题 → 过渡性问题 → 主题性问题 → 较复杂或难回答的问题
			A_{112}	问题描述 2		
		A_{12}	A_{121}	问题描述 3		
			A_{122}	……		
			A_{123}	……		
		A_{13}	A_{131}	……		
			A_{132}	……		
	B	B_{11}	B_{111}	……		
			B_{112}	……		
		B_{12}	B_{121}	……		
			B_{122}	……		
			B_{123}	……		
		B_{13}	B_{131}	……		
			B_{132}	……		
问卷逻辑层次				问卷描述	直接影响收集的数据信息，后期能够挖掘的信息深度	
设计顺序从左到右						

◆　步骤五：斟酌问题的措辞。

首先必须保证问卷用词准确，避免使用含糊不清的词语，慎用过于专业的术语。其次要注意选择词语以避免引起应答者误答，不应该诱导应答者回答特定答案。再次要考虑应答者回答问题的能力，所设置的问题不能超出应答者的认知和记忆能力。最后要考虑应答者的受访意愿对问卷有效性的影响。部分应答者不愿意给出真实的回答，或回答时故意朝合乎社会需要的方向回答，这些都会影响调查结果。

◆ 步骤六：问卷评估与反思。

在评估阶段，可以调用有效的资源，极力确保问卷评估与反思的有效性。例如，专家评价可侧重于技术性方面；上级评价则侧重于政治性方面；应答者评价可以在调查工作完成以后进行；自我评价不可或缺，这是问卷设计者对自我成果的一种肯定或反思。

◆ 步骤七：预调查和修订

调查工作会极大地耗费人力、物力，为了保障调查结果的信度和效度，可先组织预调查工作，以发现问题，如问卷太长给应答者带来了疲劳感、问题和调查目的无关、开放式问题设计不合理等，从而完善问卷。

◆ 步骤八：确定问卷终稿并展开调研。

一份完整的问卷还应包括访问指导书、督导员手册、访问执行表、访问执行总表、调研样本分配表、访问实施过程表和应答者态度应对表等材料。

2. 调查报告撰写

调查报告是调查人员反映市场调查内容及工作过程，并提供调查结论和建议的报告。调查报告是市场调查研究成果的集中体现，其质量的好坏将直接影响整个调查研究工作的成果质量。一份好的调查报告能给组织的市场经营活动提供有效的指导，能为企业决策提供客观依据。

（1）调查报告的结构

从严格意义上说，调查报告没有固定不变的格式。调查报告的具体写作格式主要依据调查的目的、内容、结果以及主要用途来确定。但一般来说，各种调查报告在结构上都包括标题、导言、主体和结尾几个部分。

① 标题。标题必须准确揭示调查报告的主题思想。标题要简单明了、高度概括、题文相符。"××市居民汽车消费需求调查报告""关于智能手机市场的调查报告"等标题都很简洁。

② 导言。导言是调查报告的开头部分，一般用于说明调查的目的和意义，介绍调查工作基本概况，包括调查的时间、地点、内容和对象，以及采用的调查方法、方式。这些是比较常见的内容。也有调查报告在导言中写明调查的结论是什么，或直接提出问题等，这种写法能增加读者阅读报告的兴趣。

③ 主体。这是调查报告中的主要内容，是表现调查报告主题的重要部分。这一部分的写作直接决定调查报告的质量高低和作用大小。主体部分要客观、全面阐述调查所获得的材料、数据，用它们来说明有关问题，得出有关结论；对有些问题、现象要做深入分析、评论等。总之，主体部分要善于运用材料来表现调查的主题。

④ 结尾。结尾主要是形成调查的基本结论，即对调查的结果进行小结。有的调查报告还要提出对策措施，供有关决策者参考。有的调查报告有附录，附录的内容一般是调查的重要资料、有关材料、参考文献等。

（2）调查报告的写作细节

写作前，应保证调查工作的有效性。要根据确定的调查目的，进行深入细致的调查，掌握充足的材料和数据，并运用科学的方法，进行分析研究和判断，为写作调查报告打下良好的基础。

写作时，要尊重客观事实。写作调查报告一定要从实际出发，不浮夸，实事求是地反映情况，要用真实、可靠、典型的材料反映市场的本来面貌。

后期要检查校对，保证调查报告中心突出，条理清楚。运用多种方式进行调查，得到的材料往往是大量而庞杂的，要善于根据主题的需要对材料进行严格的鉴别和筛选，给材料归类，并分清材料的主次，按照一定的条理，将有价值的材料组织到调查报告中去。

（五）三元素定位法

三元素定位法适用于寻找独特的品牌利益主张与产品功能利益点，主要从以下 3 个方面切入。

1. 目标消费群–目标消费群真正的消费心理?

企业要对消费者进行鲜明而清晰的描述，以及洞察他们的消费需求与心理。

2. 产品独特卖点–消费者为什么要花钱买我们的商品?

产品独特卖点就是消费者能够从产品中直接认知或联想到的利益点，产品独特卖点应当以最终的消费者利益来表明，而不是以产品的性质来表达。

3. 竞争范围–竞争对手在做什么，说什么?

企业产品与所有同类竞争对手相比形成的竞争差异点。

可以用以下这句话概括三元素定位法的结论。

对于＿＿＿＿＿＿＿＿＿＿（目标消费群）而言，企业产品是＿＿＿＿＿＿＿＿＿＿（竞争范围）中，具有＿＿＿＿＿＿＿＿＿＿（产品独特卖点）的。三元素定位法的整体逻辑如图 2.28 所示。

表 2.28　三元素定位法的整体逻辑

（六）薪酬结构

薪酬结构即对同一组织内部的不同职位或者技能等级之间的工资所做的安排，其设计应强调结构中职位或技能等级的数量、不同职位或技能等级之间的薪酬差距、用来确定这种差距的标准。薪酬结构既要具有内部一致性，又要具有外部竞争性，是两种薪酬有效性标准进行平衡的结果，如图 2.29 所示。

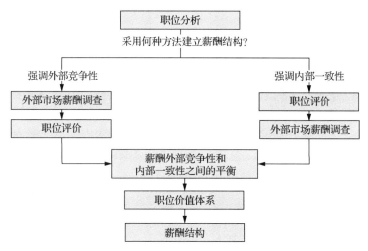

图 2.29　薪酬结构的外部竞争性与内部一致性平衡

1. 薪酬的有效性

◆　内部一致性，通常被称为内部公平性，指单个企业内部不同职位、技能之间的薪酬关系。企业内部不同职位或技能等级之间的相对价值可横向比较，也可纵向比较；可在同一个职位族内部比较，也可在同一个部门内部比较。此外，在考虑内部一致性时，不仅要考虑同一职位族内部的薪酬一致性，还要注意同一薪酬等级上不同职位族之间的一致性。

◆　外部竞争性。薪酬的外部竞争性是指与竞争对手相比，本企业的薪酬水平的高低，以及由此产生的企业在劳动力市场上的竞争能力大小。薪酬的外部竞争性有利于企业吸引和留住人才，提高员工忠诚度，还可塑造企业形象，保持企业在行业中的竞争优势。

2. 薪酬结构类型

根据行业、企业与岗位性质，常见的薪酬结构有高稳定性薪酬结构、折中式薪酬结构与高弹性薪酬结构 3 种，如图 2.30 所示。

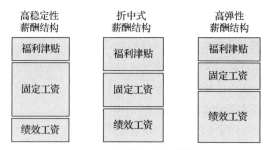

图 2.30　常见的 3 种薪酬结构

在高稳定性薪酬结构中，固定工资占比最高，绩效工资和福利津贴占比相对较低，长期来说，员工的薪酬水平较为稳定。在高稳定性薪酬结构中，员工的薪酬与实际绩效关系不太大，主要取决于企业整体经营状况。

在折中式薪酬结构中，固定工资、绩效工资与福利津贴占比较均匀，员工薪酬水平变动幅度中等。折中式薪酬结构中既有高弹性成分，以激励员工提高绩效，又有高稳定性成分，以促使员工注意长远目标。

而在高弹性薪酬结构中，员工绩效工资占比最高，固定工资和福利津贴占比相对较低，绩效工资由于受到业绩的影响而使薪酬水平具有较大的弹性，即员工薪酬在不同时期起伏较大。

3. 薪酬结构模型

除了考虑薪酬结构各成分占比，在薪酬结构的设计过程中，还需考虑薪酬结构中薪酬的等级数量、同一薪酬等级内部的薪酬变动范围，以及相邻两个薪酬等级之间的交叉重叠关系等具体内容。在图 2.31 所示的薪酬结构模型中，由于薪酬等级数量、薪酬变动范围与相邻薪酬等级的交叉重叠关系不同而形成了 3 种薪酬结构模型，分别为交叉重叠式模型、接合式模型和离合式模型。

在交叉重叠式模型中，不同薪酬等级间的变动范围相对较大，相邻薪酬等级间存在交叉重叠；在接合式模型中，在相邻薪酬等级间，低一级薪酬等级的薪酬最大值为高一级薪酬等级的薪酬最小值，薪酬等级间的薪酬数值形成接合；在离合式模型中，相邻薪酬等级间的薪酬数值存在一定的差距，既无交叉也没有重叠，呈离合状。

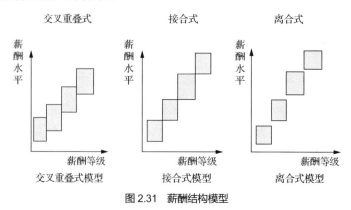

图 2.31　薪酬结构模型

3 种不同的薪酬结构模型体现了企业内部完全不同的薪酬管理理念与思想。例如，在交叉重叠式模型中，不同薪酬等级间的变动范围相对较大，相邻薪酬等级间存在交叉重叠，表明即使在企业内处于不同薪酬等级，职位等级低的员工也能取得与比其职位等级更高的员工相同的薪酬待遇，员工想要使薪酬水平上升，不仅可以通过职位晋升（薪酬等级增加）的方式，也可以通过薪酬等级内的子等级上升（专业/技术深化）的方式，这解决了过去员工必须通过晋升才能获得加薪机会的管理问题。

六、推荐阅读与自学 ↓

[1] 荆涛. 商业模式：商业的实质与未来[M]. 北京：中华工商联合出版社，2017.

[2] 王昭伟. 工业品创新营销模式：变革环境下基于企业 B2B 业务的营销与竞争之道[M]. 北京：人民邮电出版社，2014.

[3] 刘世忠. 苹果畅销全球的商业模式：乔布斯是如何让苹果流行起来的[M]. 北京：电子工业出版社，2012.

[4] 张维迎. 市场的逻辑[M]. 3 版. 西安：西北大学出版社，2019.

[5] 里斯，特劳特. 定位：争夺用户心智的战争[M]. 顾均辉，译. 北京：机械工业出版社，2015.

[6] 何吉涛，秦延奎，朱琦，等. 供应链管理：理论、难点与案例[M]. 北京：人民邮电出版社，2013.

[7] 张涛，邵志芳，吴继兰. 企业资源计划（ERP）与实践[M]. 3 版. 北京：机械工业出版社，2020.

[8] 郑永强. 世界 500 强 CFO 的财务管理笔记[M]. 南昌：江西人民出版社，2015.

第二篇

大学生在校商业决策

❖ 本篇概述

大学生在系统地认知个体、规划职业路径与构建商业决策知识体系后，应能够在纷繁复杂的商业环境中运用所学知识高效配置资源，并做出系统的、跨学科的、跨团队的科学商业决策。

本篇将第一篇的知识体系与大学生专业背景结合，形成真实的商业决策项目任务，包括"在校商业决策""生活中的商业决策"两章，以6个真实场景展开学习与完成项目任务。

在本篇中，大学生需要组建团队，挖掘校园中与生活中的商业机会，并完成策划商业项目、创新商业产品、专利申请保护、市场定价与运营、财务经营预算等商业项目运行的全过程演练，培养真实的商业决策项目运营能力，帮助企业获得最大的资源与竞争优势。

第三章
在校商业决策

本章导学视频

本来无望的事，大胆尝试，往往能成功。

——莎士比亚

一、学习目标矩阵 ↓

本章从 3 个典型应用场景展开探索，带领大学生挖掘校园中的商业决策机会，演练小型校园商业决策运营流程。本章主要通过市场调研设计、创意产品设计与专利申请等活动，提升大学生在产品创意、知识产权保护、产品定价策略与经营预算管理等商业决策方面的能力。本章的学习目标矩阵如表 3.1 所示。

表 3.1　学习目标矩阵

典型应用场景	项目任务	知识学习	技能胜任	工具应用
场景一 "宿舍" 创业者的巨头之路	项目任务一：市场调研设计	市场调研流程与问卷设计	市场调研力	市场调研选题范围参考
场景二 "营销+技术" 顺利打开创业市场	项目任务二：创意产品设计	产品设计流程	思维创新	WBS，产品概念生产
	项目任务三：专利申请	知识产权	专利申请	专利申请流程
	项目任务四：产品定价决策	产品价格制定		产品定价方法
场景三　团队重建让飞炫彩球 "炫" 到国外	项目任务五：销售预测与销售预算编制	销售预测、销售预算编制	预算编制	销售预算编制程序

 本章目标成果

1. 基于校园的商业项目市场调研报告
2. 校园创意产品设计
3. 团队专利申请文件准备
4. 产品定价决策方案
5. 产品销售预算管理表格

二、典型应用场景 ↓

场景一 "宿舍"创业者的巨头之路

在上海交通大学读研究生的张旭豪一直有创业想法。某天晚上张旭豪和同学想点外卖吃。平时经常可以看到各种餐馆提供外卖服务，但是真到自己肚子饿的时候，却找不到还在营业的餐馆。电话打到餐馆，要么打不通，要么不送，大家很无奈。痛点就是需求，张旭豪认为肯定还有人和他们一样会遇到这个问题，因此认为提供外卖服务一定是一个很好的创业项目。

第二天，张旭豪及其朋友就买了10辆电瓶车准备送外卖。作为新手创业者，他们几乎是零经验，更谈不上做创业规划。当时团队的想法非常简单，甚至有点异想天开，力争在送外卖这件事上做到行业第一。他们最初采用的模式是"电话接单＋订单配送"：团队搜集餐馆菜单，用户打电话订餐，团队向餐馆下单，然后取餐送到用户手里，在这个过程中团队从餐馆那里拿提成。当时因为还没有品牌知名度，获得餐馆的支持是很难的。为了获得推广赞助费，团队采取了最笨也最实用的策略，就是跟餐馆不断地谈，谈到老板再也不想见到他们为止，有一些餐馆大概谈了五六十次，才最终获得赞助费。

有个理论叫"一万小时理论"，就是不管做什么事情，只要坚持一万小时，你基本上就可以成为该领域的专家。只要"泡"在里面，即使做的是一些很乏味的事情，但通过自己的思考，也会悟出一些道理，并获得成长。张旭豪及其团队运用这种笨方法，不仅拉到了赞助，也更加了解餐馆老板的诉求。"电话接单＋订单配送"模式渐渐显现效果，但随着订单地增多，这种模式的弊端就显现了。例如，记单、抄单、接收订单都存在痛点，接单多了忙不过来，而且对账很麻烦。事实证明，这种模式存在扩张障碍。于是团队根据诉求调整模式，开始在2010年做网站订餐。具体来讲，网站订餐可按需求实现个性化功能，如用户输入所在地址，平台便自动确定周边餐馆的地理信息及配送范围，并给出餐馆列表和可选菜单，这时候"饿了么"才算真正诞生。

解决了这个关键问题之后，很多餐馆开始转向饿了么。用户对产品的体验十分重要，用户数量增加，品牌知名度提高，也就形成了良好的正循环。张旭豪及其团队认为，饿了么改变了一些人的经营情况和生活习惯，而且这个商业模式可以复制到全国，于是他们开始了扩张的道路。从最初的上海，到北京，再到杭州等地，饿了么覆盖了全国200多个城市，订单也超过100万笔。但团队注意到餐饮业的这种O2O模式在扩张的时候难以达到规模效应，只能形成一个本地生活服务市场。这是一场马拉松式的比拼，既需要爆发力也需要耐力。没有品牌效应，意味着一切需要从零开始。而且，上海市场和北京市场的情况不一样，如何迅速打入市场，团队花了很多时间和精力去思考，最后决定把核心竞争力定位为能迅速把市场做起来并使其标准化，这样才能扩张至全国。

团队解决问题的思维是，把所有东西做到可量化，如量化配送人员在送餐途中怎么骑行，以及相应的时间和速度，由此建立起标准，甚至连线下的营销都是标准化的。饿了么以"Make Everything 30mins"为使命，致力于用创新科技打造全球领先的本地生活平台，推动了中国餐饮行业的数字化进程，将外卖塑造成中国人除做饭、堂食外的第三种常规就餐方式。

饿了么属于互联网企业，但是其核心优势不是互联网系统，所以技术不是核心优势，其真正的核心竞争力是优秀的团队，包括技术团队和线下运营团队。团队执行力决定产品迭代速度，继而决定整个企业的发展。在互联网时代，技术的更新速度很快，很多东西都容易被颠覆。但决定技术更新的其实是人，也就是团队。

饿了么选择科比作为其代言人，坚信如果饿了么不断努力拼搏，也可能成为伟大的创业公司。这种"台下十年功"的刻苦努力和耐得住寂寞的精神，被科比总结为"黑曼巴精神"。饿了么便利用黑曼巴精神打造有"张力"的团队。企业内部需要企业文化，在漫长孤独的创业历程之中，企业文化是一种重要的支撑，企业的凝聚力跟企业文化息息相关。创业型企业一定是生机勃勃的，要有坚持梦想的韧性，这就是企业文化的力量。

此外，企业也需要具有良好的管理能力。企业要根据发展阶段优化组织架构，随着企业规模的扩大，相应的管理也需要跟上节奏。在整个过程中，张旭豪领悟到管理者除了要会看数据，还要会看数据之外的东西。而在管理中，这些隐藏起来的东西才是最需要关注的，这其实更多是在考验管理者的灵敏度。

在后期融资的过程中，张旭豪深知自己作为初次创业的人，没有创业成功的经历，仅靠想法是吸引不到投资人的。为了融资，他不断学习，他认为战略重点并不是商业计划书，而是产品本身。有产品就有数据，而这些真实数据使张旭豪在吸引投资人的过程中拥有话语权。数据规模虽然不大，但每天新增的用户量和交易额等核心数据足以引起投资人的关注。

场景二 "营销+技术"顺利打开创业市场

小林就读于某大学软件工程专业，大学期间，小林做过 3 个创业项目，第 1 个是优惠信息聚合网站，第 2 个是互助型的社交网站，第 3 个是延续至今的电商项目。通过不断创业，小林渐渐发现自己热爱所学的专业，同时对电商营销内容也非常倾心。所以专业课程学习之余，小林将大量的时间投入到阅读各类经典电商营销图书和研究电商企业营销案例中。因此到大三上学期时，作为一位计算机学院的学生，小林几乎熟知市场营销的大部分理论知识。

当前两个项目失败后，小林开始寻找下一个项目。作为四川自贡人，小林每年寒暑假返校都会带自己母亲做的自贡特产冷吃兔送给要好的同学。吃过冷吃兔的同学都会问他有没有购买渠道，小林隐约觉得家乡特产冷吃兔在电商平台可能有着巨大的消费需求。基于前两次创业失败的经验，考虑到自己了解样本的有限性和市场的口味偏好差异性，小林计划在行动前先针对家乡冷吃兔系列产品的市场潜力与口味偏好进行详细的调研，为自己后续行动取得数据支撑。在调研过程中，小林细致地调研了产品认可度、产品口味偏好、产品价格、产品购买渠道等内容。小林同时在各大电商平台上发现，虽然冷吃兔在自贡本地是一种热门的美食，但因没有专业食物保存方法和标准化的口味标准等，电商平台上的自贡冷吃兔产品的销量不太多。一开始计划主要在自己就读的大学进行产品推广的小林，根据回收的真实调研和访谈资料，小林发现此项目有市场，敏锐的小林立马组建团队开始投入这个创业项目。

小林利用自己所学的知识在淘宝和天猫网站上开设了自己的店铺，融入了许多精细化的价格营销策略。在产品与品牌的设计上，小林借鉴四川很多经典的美食品牌理念，将品牌命名为"杨妈妈冷吃兔"，品牌形象则是以自己母亲为原型的卡通形象，品牌名称及商标确定后，小林完成了公司注册等工作。经过前期的筹备以及公司成立后的不断试错探索，小林的公司慢慢走上了正轨。产品打包与客服工作，小林让自己的姐姐负责，这样下来，店铺形象与营销工作、产品制作、产品物流与客服工作整体衔接流畅，很快店铺就获得了不错的收入，在大三下学期，小林店铺每个月的营业毛利都在 3 万元左右。

在创业初期，小林也像大多数的创业者一样，遇到过很多的问题，一开始问题较少，自己都能够找到办法解决，如很多客户反映产品在高温情况下长途运输后出现变味、变质的问题，小林便到很多食品加工厂向相关工艺师傅和专业包装人士咨询取经以解决问题。因为早期电商市场竞争比较纯粹，小林的家庭创业团队运营较好，直到 2017 年市场竞争加剧前，他们的整体运营思路都很简单，根据产品运营数据指导行动，紧盯投产比。可是 2017 年后，随着天猫品牌市场的成熟，小品牌产品在品牌效应、产品营销投入上逐渐受到挤压，直播带货等一系列新的产品营销方式层出不穷，整个电商市场快速地变化着，事后小林又觉得这一切看起来似乎有规律可循。自己的店铺虽然有稳定的客流量，但小林明白如果不能快速地进行产品种类拓展、品牌形象升级，实现规模效益，自己苦心经营的小品牌迟早会被市场淘汰。

与此同时，小林也面临大四毕业的抉择，因为自己的专业属于就业热门专业，到底是去一线城市圆自己的"大厂梦"，还是回家乡继续自己的创业项目？很快小林收到了深圳一家中型互联网公司的录用通知，小林因为不甘心放弃自己热爱的专业和"大厂梦"，大四下学期便开始实习。一次校友聚会上，一位学长语重心长地告诉大家："因为计算机专业的热门，大家目前都不愁找不到好工作，也有很多校友在跳槽的过程中薪酬不断上涨，但请大家一定要保持自己的专业敏锐度，今天的风浪多高，未来的坎可能就会有多高，提升自我，把握经济规律和预期也同等重要……"听了学长的一番话后，小林的"大厂梦"开始动摇。当时，我国各大二线城市纷纷开始布局抢"人"大战，如成都、杭州、南京等15个城市发布了吸引高校毕业生的优惠政策，很多城市明确提出了高校毕业生落户细则，"取消限制""放宽条件"等类似描述在政策文件中频繁出现。

小林得知自己家乡自贡也发布了相应的青年创业项目支持政策，抱着试一试的态度，小林向家乡政府提交了相应的创业项目支持申请，很快就收到了官方的回复，家乡政府基于小林以往的创业成绩，不仅为其提供了30万元的创业补助，还为其提供食品生产规划用地。收到消息的小林喜出望外，在家乡政府的专业创业指导下，小林有条不紊地让自己的创业项目进入正轨。工厂投产后，产品逐渐实现标准化、规模化、丰富化，能够满足更多样的消费需求；在团队成员上，小林也组建了更加专业的运营团队，自己负责产品营销与产品规划，同时聘请了主播、品牌营销人员、采购人员、生产人员、财务人员。

面对产品和客户的多样化，小林意识到之前的"杨妈妈冷吃兔"产品形象和定位已经不再符合自己企业的定位，同时，随着工厂产品线规模的不断扩大，小林开始思考是否需要转变目前的商业模式，而不是仅仅通过线上销售获利，是否能够使线上线下协同运营，打造本地知名品牌，实现营销理论中经典的"推拉模式"效应。小林与其团队经过8个月的市场调研和商业模式分析研究，结合自身经验，决定尝试开拓"线下直营+加盟+代加工"模式，一方面使产品生产规模越来越大，另一方面探索本地市场与品牌打造渠道。

企业越做越大后，小林发现，降本增效、税务等相关的财务管理工作越来越关键，如采购成本、生产成本、人力成本、推广营销成本等应该怎样计划和控制，健全的财务管理方法和财务管理工作随着企业规模的扩大开始扮演越来越重要的角色。

场景三 团队重建让飞炫彩球"炫"到国外

就读于机电学院的大三学生张连玉，在校期间活跃于科技协会等社团的各种活动中，曾获得中国机器人大赛二等奖，取得多项实用新型专利。在大四上学期她决定和校友一起创业，从事自动化相关产品的研发工作。经过一年的实践，大家感觉自身技术不过硬，创业团队随之解散，张连玉第一次创业以失败告终。2009年，张连玉决定再次创业，经过市场调研，他和3位大学同学一起开始创业，张连玉是公司法人代表，他们创建的科技公司专注于LED产品的研发、生产及销售，其中飞炫彩球是公司主营产品之一。

创业团队共有4名成员，全部是技术人员出身，他们的优势在于研发实力强，技术分工明确：A同学是兼职创业者，平常利用下班时间做技术研发，主攻软件和三维技术；B同学在深圳一家电子公司工作，主攻嵌入式产品；C同学是全职工作者，专门从事单片机技术开发；张连玉则主攻机械和产品整体设计。4名成员技术上的互补，保证了产品研发的顺利进行，但是对于一个公司来讲，只有技术人员是远远不够的，由于都是技术人员出身，他们在管理、市场、财务等方面有一定的不足。公司创立之初的定位是"大公司看不上，小公司做不了"的业务。LED产品行业的细分市场较多，技术跨越机械、硬件、软件3个领域，很多中小公司不太愿意研发这些产品，大公司又看不上这个细分市场，这正好是他们的机会，他们的中短期目标就是在这个领域内做大做强。

创业之路开始时都是异常艰难的，他们遇到了资金严重不足、技术研发停滞等一系列问题，但经过一年的研发，他们的产品推向了市场，借助当地政府新出台的一系列优惠政策，他们获得了大学生创业园科研项目无偿资助、免费的办公场地、市科技项目资助、税收返还、社保补贴等一系列近20万元的资金支持，这些资金使公司的财务问题得以初步缓解。公司发展稍有起色，在主营业务之外，团队又增加了机械加工业务，给当地几家外企供应配件，并提供维修和加工服务。新业务刚开始时给他们带来了可观的收益，月营业额最多时超过了30万元，但好景不长，由于客户调整经营模式，加上负责此项业务的合伙人精力不足，这项业务逐渐变差，最后导致公司整体亏损。

虽然经过2011年下半年的调整，随着电子产品业务量的增长，公司亏损减少，但他们仍然无力偿还之前通过贷款投入的研发本金，合伙人之间出现了较大分歧，每月产生的贷款利息全部由张连玉独自承担。看着不断增长的负债，这个年轻的创业团队感受到了巨大的压力。由于其他合伙人各自有自己的主业，基本不太过问公司的各种事务，张连玉意识到合伙人的问题终将成为限制公司发展的一大瓶颈，经过痛苦的思考和决断，几位合伙人将公司业务进行拆分，谁负责的技术项目由谁带走，作为公司的主营业务——飞炫彩球项目则折合成现金分给合伙人，张连玉开始独自解决飞炫彩球的研发和经营问题。

张连玉充分认识到合伙人选择的重要性，综合考虑管理、技术和营销等能力后，他决定重新组建创业团队，以实现合伙人间的能力互补、协调，降低管理风险，提高管理水平。同时，在组建初期就要注重凝聚力、合作精神、立足长远目标的敬业精神培养。

痛定思痛，经过一段时间的调整，张连玉重建团队，成立了大学技术联盟来研发新产品，对相关业务进行了整合，削减了经济效益不理想的项目。经营一段时间后，公司的状况明显有了改善，现在公司已具备精细而稳定的研发、生产、销售团队，生产和开发的产品具有自主知识产权。截至目前，公司已获得国家级发明专利3项、实用新型专利6项、外观设计专利10项，以及飞炫彩球商标著作权。张连玉的公司多次被评为市大学生优秀创业企业，吸收了20名就业人口，其中大学生占了一半。公司的销售额也从最初的十几万元逐渐增长到几百万元，公司逐步进入稳定发展的阶段，产品远销十几个国家。值得骄傲的是，公司生产的飞炫彩球在国内外一些重大活动中被多次使用。

三、场景项目任务　↓

请根据前文中的3个场景，以小组为单位，完成下面的项目任务。
项目任务一：市场调研设计
项目任务二：创意产品设计
项目任务三：专利申请
项目任务四：产品定价决策
项目任务五：销售预测与销售预算编制

项目任务扫码获取

四、知识库　↓

（一）市场调研流程

市场调研流程主要包括6个阶段和14个具体步骤，如图3.1所示。调研人员可以据此考虑每一步的内容和各步骤的执行顺序。

1. 明确调研问题

明确调研问题包括界定需要解决的营销决策问题、明确市场调研问题、明确市场调研内容等步骤。

（1）界定需要解决的营销决策问题

当一个公司或部门在营销管理中发现新问题或机会（即机会识别问题）时，营销管理者必须制定决策，但如果手里没有充分的信息，便产生了市场调研的需求。界定需要解决的营销决策问题是最重要的一步，因为如果不能清楚地知道所面临的营销决策问题，其他所有工作都毫无意义。

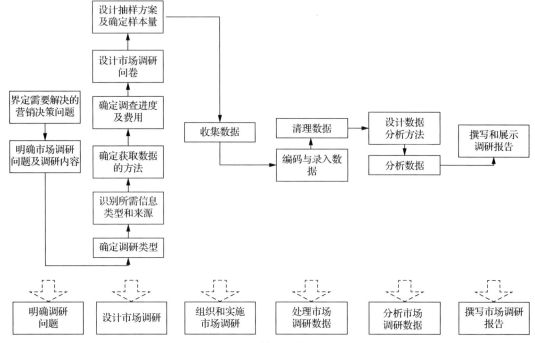

图 3.1　市场调研流程

（2）明确市场调研问题

这是市场调研流程中一个非常重要的步骤。因为明确市场调研问题使市场调研工作成功了一半。一般来说，市场调研按用途可分为：①收集市场信息的市场调研（如定期从杂货店、便利店和超市获得商品销售数据等），通常营销部门的管理者使用这类信息制订计划和评估营销方案的实际效果；②收集营销战略层面信息的市场调研（如市场细分、战略定位、新产品开发、市场预测和品牌价值分析等数据），帮助高层管理者制订战略规划。此步骤需要调研人员细致地了解市场调研需求，并将现有的二手资料与丰富的专业调研经验相结合。

（3）明确市场调研内容

市场调研内容阐述的是调研人员应当做的工作和需要提供的信息，这些信息用以解决营销问题。明确市场调研内容的一种有效方法是明确"解决这个问题需要什么信息"。市场调研内容是由明确的市场调研问题决定的，明确市场调研内容可以帮助管理者获得解决营销决策问题所需的信息。

2. 设计市场调研

设计市场调研包括确定调研类型、识别所需信息类型和来源、确定获取数据的方法、确定调查进度及费用、设计市场调研问卷、设计抽样方案及确定样本量等主要步骤。

（1）确定调研类型

按照数据的收集方法和过程的不同，市场调研可分为 3 类：探测性调研、描述性调研和因果性调研。

- 探测性调研通常用于对所要研究的问题知之甚少，调研结果未知等情况。
- 描述性调研主要用来描述营销变量，如消费者态度、倾向和行为，或者竞争者的数量和战略。
- 因果性调研能够将事件发生的原因与结果分开，如一家公司三季度销售业绩大幅下滑，调研发现上季度骨干员工离职率很高是其重要原因之一。

（2）识别所需信息类型和来源

市场调研的信息从根本上说主要分为两类，即原始数据（或称一手数据）及二手数据。原始数据是为解决某一具体营销决策问题而收集的信息，而二手数据则是指现成的数据。二手数据可以从公开发表的可靠数据资料中获得。相较于原始数据的收集，二手数据收集成本低，获得速度快，因此在市场调研中总是优先考虑是否有二手数据可以利用。

（3）确定获取数据的方法

在识别出所需信息类型及来源之后，就需要明确数据获取方法。如果市场调研所需的数据是二手数据，则只需要从现有的数据资源中获取；如果市场调研所需的数据是原始数据，则必须通过调研人员与受访者进行沟通或者通过观察收集所需信息。原始数据的获取方法主要有 4 种：①人员访问，即使用纸与笔或电话进行的人与人之间的访问，如入户访问、拦截访问、电话调查、小组座谈会、深度访谈；②计算机辅助访问，如计算机辅助电话访问或者通过电子邮件问卷链接进行在线调研；③受访者自己回答问题，如邮寄问卷调查；④观察法。在调研时可以选择其中任意一种方法，也可以将多种方法结合使用。

（4）确定调查进度及费用

根据调研主题确定调查进度，对调研所需的时间及费用加以评估和安排。

（5）设计市场调研问卷

有人认为设计问卷只是写出一些问题，这是对设计问卷极大的误解。问卷或访谈提纲是市场调研获取信息的重要工具。问卷的类型一般有两种，一种为结构式问卷，即问卷的格式是确定的，所有问题都有具体的选项，受访者只需选出适合自己的选项；另一种为非结构式问卷，也称访谈提纲，问题是开放式的，受访者可以根据自己的实际情况给出相应的回答。调研问卷的设计对于调研能否成功至关重要。即使已经很清楚地界定了营销决策问题，而且设计了合适的调研方案，但如果问错问题，或者问题设计正确，但问题的排列顺序不正确，也会导致调研结果毫无用处。不论是采用人员访问还是观察法收集数据，都需要使用专业化的调研问卷去记录受访者的行为、态度等信息。调研问卷的质量直接决定了收集信息的质量与可靠性。

（6）设计抽样方案及确定样本量

设计抽样方案及确定样本量一般是针对定量研究的。一项定量研究的抽样设计必须解决以下 3 个问题：首先，根据调研的问题确定研究总体；其次，规划怎样从抽样框中抽出需要的样本；最后，明确市场调研需要的样本量，即调研中需要调研的对象的具体数量。市场调研中有不同的抽样方案，每一种抽样方案都有其自身的优缺点。因为抽样方案决定了样本对于总体的代表性，所以抽样方案也是非常重要的。

3. 组织和实施市场调研

组织和实施市场调研包括挑选访问员、培训访问员、运作实施、复核验收等步骤。数据收集是非常重要的，因为无论你使用何种数据分析方法，都不可能"修正"错误的数据。大部分市场调研是由经过培训的访问员进行的，有时研究者也会进行一些难度、深度较大的访问。在访问过程中，经常出现非抽样误差，造成调研结果的准确性降低。这类误差产生的原因在于：访问前选错了样本单位，访问时所选的受访对象拒绝访问或故意给出错误的信息，访问员欺骗研究者并填写虚假信息等。即使访问员诚实地完成了访问工作，也可能由于在调研表中记录了错误的信息而在不经意间导致非抽样误差。任何调研都无法避免误差，但毫无疑问，研究者必须注意到在数据收集过程中可能产生的误差，并采取行业可接受的控制办法来减少这些误差。

效度是一项研究的真实性和准确性程度。研究者可以通过在访问过程中执行"效度"控制，来降低由于访问员欺骗或者受访对象编造数据而形成非抽样误差的可能性。比较常见的提高效度的方法如下：确定好量表的假设结构维度，编好每个问题的题目；保证回收量表的质量和数量，题目数量与被试样本数量之比建议是 1∶5，注意剔除无效样本；适当增加同质的题目来增加量表的长度。当然，尽量使用成熟问卷和提前预调研也是较好的方法。

4. 处理市场调研数据

处理市场调研数据包括数据审核、数据的编码、数据录入、数据清理等步骤。实施市场调研所获得的数据为原始数据，我们需要运用数据分析软件进行分析，才能为营销决策提供依据。处理市场调研数据就是将原始的调研数据经过编码转换为计算机可以识别的语言，可利用 SPSS 软件将其录入计算机形成数据库，为进一步的数据分析做好准备。它是介于数据收集和数据分析之间的一个环节。

5. 分析市场调研数据

分析市场调研数据包括设计数据分析的方法、分析数据等步骤。分析数据是采用适当的数据分析方法，从调研得来的大量数据中提取有用的信息，以找出调研对象的内在规律并形成调研结论的过程。

6. 撰写市场调研报告

市场调研的最后一个步骤是在数据分析的基础上撰写市场调研报告。市场调研报告是企业获得调研结果的主要形式，一份好的调研报告既要充分满足管理决策者在调研初期提出的需求，还应适当加入市场调研人员的专业判断。有时，市场调研人员不但要向决策者提供书面报告，而且要提供关于调研过程中使用的调研方法和调研发现等方面的口头报告。口头展示时需要在书面报告的基础上进行内容提炼，可以用图片辅助展示。撰写市场调研报告包括撰写报告的摘要、目录、正文、附录，以及制作汇报 PPT 等工作。

（二）产品设计

产品设计经历了近一个世纪的发展逐渐成熟，它是一门集科学和艺术于一体的综合性学科，是运用创造性的设计思维方法将造型美学、工程技术、生产制造、市场营销与系统决策相结合的产物。

1. 产品设计的原则

产品设计是理性与感性相结合的创造性活动，既受工业制造技术的限制，又受经济条件的制约。在理性思维的指导下，产品设计的原则如下。

◆ 创新原则。它要求产品在功能上有所优化或出现新的组合，或采用新的加工工艺、材料、技术等。遵循创新原则需要加强对国内外技术发展的调查研究，有计划、有选择、有重点地引进世界先进技术和产品，填补技术空白以便设计优秀的产品。

◆ 美观原则。通过设计创造美的产品提升产品的附加值，提升市场竞争力。

◆ 可行原则。在现实条件下，不仅要使产品能够制造，符合成型工艺，还要保证产品安装、拆卸、包装、运输、维修与报废回收的可行性。可行原则要求所设计的产品结构能够最大限度地降低产品制造的消耗，缩短产品生产周期并尽量降低成本，提升产品本身的实用性和产品生产的可行性。

◆ 使用优先原则。必须对使用过程中的种种不安全因素采取有效措施，加以预防。同时，设计时要考虑产品的人机工程性能，使其易于改善使用条件。然后考虑使用优先的可靠性，提高产品在规定的时间内和预定的使用条件下正常工作的概率。

◆ 经济效益原则。它主要表现为设计与制造成本的控制。首先，产品设计直接决定了产品生产成本的高低，如成型工艺、材料、表面涂饰工艺和生产过程成本的高低。在设计产品结构时，要考虑产品的功能、质量、原料和制造成本的经济性，以及保证产品造型效果、质量水准和性能水准等价格性能比和价格质量比等达到最优。

◆　环保原则。环保原则表现为产品在制造过程中消耗最低、排出污染最少，在使用过程中能源消耗最低，在报废后形成污染最少或报废后可利用回收。

2. 产品设计的发展趋势

产品设计是一种未来发展趋势不确定的创造性设计，是人们不断寻找新的设计理念和新的设计语言，随着科技的发展而不断地完善产品的过程。当代产品设计随着科技、人文的发展呈现多样化的发展趋势，主要表现为以下几个方面。

- 高科技、人性化设计。充分利用新技术、新材料、新工艺，使新产品更便利、更易懂，更具个性化；符合人体工程学原理、尺度适当、使用舒适、操作方便、界面设计合理、用户不易疲劳、有良好的安全性等。
- 体验设计。更加重视人的精神因素，强调人机交互界面和产品使用中人的情感体验，以及通过产品和服务实现人与人之间信息与情感的交流。
- 个性化设计。注重设计的非统一性，突出个性与特色，强调创意与创新，充分满足不同人的个性化、多样化要求。
- 绿色设计。产品材料的选择和管理、产品的可拆卸性以及可回收性设计。
- 重视设计管理。设计越来越成为一项有目的、有计划，并需要相互协作的组织行为，设计领域扩大、设计作用增多要求设计的管理和运作方式发生变化。

3. 产品设计的基本流程

产品设计的基本流程主要包括 4 个步骤（见图 3.2）：设计的提出与市场调研、设计定位及概念生成、设计深入和人机工程、材料与工艺的研究。

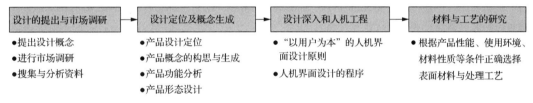

图 3.2　产品设计的基本流程

（1）设计的提出与市场调研

设计概念的提出引领和指导着市场调研的方向，该流程主要包括提出设计概念、进行市场调研、搜集与分析资料。

◆　提出设计概念

根据市场需求和调查分析，产品设计团队应寻求消费者需求与设计要求的共同点，确定设计概念。产品设计团队针对设计概念提出相关问题和需求（这类问题和需求通常针对市场现有产品进行归类），并根据其类型分析优缺点，寻找一个合理的突破口，提出关键问题（问题归类）；根据设计概念提供文字或图片的原型，并将这类信息通过加工制作成概念文档，设计者的想法与创意往往是灵活且具有发散性的，但最终选择的设计方案一定要符合市场发展方向，满足消费者需求（提供解决方案）。产品设计团队还应根据设计主题、消费者需求、可实施性与创新性原则，与专业人士讨论、调研与沟通确定设计概念，保证设计概念的整体性和现实性。

◆　进行市场调研

① 制订设计计划。在产品设计开始之前，必须准确、有条理地把握设计要领，对设计问题进行全面衡量分析，可运用工作分解结构法制订符合实际的设计计划，以明确设计目的，掌握设计内容，识别整个设计过程的要点和难点。完成设计计划后，需将设计全过程的内容、时间、操作程序绘制成设计计划，以便明确设计任务。制订设计计划包括设计项目可行性报告和项目总时间表。表 3.2

列出了项目可行性报告主要包括的内容。

表 3.2　项目可行性报告主要包括的内容

序号	具体内容
1	项目承担团队或单位基本情况：名称、经济性质、通信地址、资金情况等；人员构成、主要骨干业务水平情况
2	项目目标
3	目前市场分析：项目提出理由，所开发产品主要用途，市场竞争能力
4	产品设计理念：产品设计理念、产品特点或优势
5	产品设计组织或团队介绍
6	项目实施的进度安排
7	投资估算
8	风险性预测及弥补措施

② 市场调研的目标。市场调研的目标明确，能保证整个设计过程思路清晰、系统有条理。市场调研目标要有探索产品化的可能性，通过分析发现潜在需求，发现开发中的实际问题，把握相关产品的市场倾向，寻求差异化的方向和途径。

③ 市场调研的内容。市场调研的内容具体包括定位产品、分析对象、研究同类产品等。

定位产品。设计团队需要调查国内外同类产品或相似产品的功能、结构、外观、价格和销售情况等，收集一切相关情报资料，掌握其结构和造型的基本特征，以了解自己产品的市场竞争力及发展方向，确定产品的市场定位。

分析对象。了解消费者对各种款式产品的喜爱程度和购买率，分析其购买产品的动机、标准、要求和对购买产品的看法等。

研究同类产品。研究同类产品的特点，并关注消费者的需求变化趋势。

◆ 搜集与分析资料

资料的搜集可以让设计概念更加丰富，为设计概念的生成提供更多参考与帮助。资料分析则是通过一定的方法归纳、总结、分类各种信息，并加以整理，使其条理化、清晰化，为设计概念的生成做充足的准备。资料搜集须遵循目的性、完整性、准确性、适时性、计划性和条理性原则。

① 搜集的资料类型。资料要丰富、广泛、全面，还要有条理和针对性，才能为产品设计提供充足的保障，具体可以分为需求类资料、销售类资料、科技类资料、生产类资料、费用类资料和方针类资料，如表 3.3 所示。

表 3.3　搜集的资料类型

（1）需求类资料

- 消费者使用产品的目的、环境和条件。
- 消费者对产品性能的要求。
- 消费者对产品可靠性、安全性、操作性、维修性的要求。
- 消费者对产品外观方面的要求，如造型、体积、色彩等。
- 消费者对产品价格、交货期限、配件供应、技术服务、售后服务等方面的要求

（2）销售类资料

- 产品产销数量及其变化趋势，同类产品产销情况及市场需求量的预测。
- 竞争企业的产品现状及其变化趋势，如有哪些竞争企业和产品，其产品产量、质量、价格、售后服务、成本、利润情况等。
- 同类企业和同类产品的发展规划、重新布点和调整情况。
- 本产品的市场占有情况

续表

（3）科技类资料

- 本产品和国内外同类产品的研制设计历史和演变过程。
- 本产品和国内外同类产品的有关技术资料，如图纸、说明书、技术标准、质量调查报告等。
- 国内外有关同类新产品、新结构、新工艺、新材料、标准化和三废处理方面的技术资料。
- 各种专利资料及价格

（4）生产类资料

- 目前生产同类产品的企业所使用工艺方法、设备、原材料、检验方法、包装、运输方式等。
- 本企业的生产能力、工艺装备、工艺方法、检验方法、检验标准、废品率、包装方式等。
- 企业的设计研制能力，如设计周期、研制条件、试验手段等。
- 原材料及外协件、外购件种类、数量、质量、价格、材料利用率等。
- 供应与协作单位的布局、生产情况、技术水平、成本、利润、价格等。
- 运输方面的情况

（5）费用类资料

- 目前不同企业生产同类产品的各种消耗定额、利润、价格等资料。
- 本企业的产品、部件、零件的定额成本，工时定额、材料消耗定额、各种费用定额，材料、配件、半成品成本及厂内计划价格。
- 本企业各种有关成本费用的历史数据。
- 产品的生命周期费用资料，如产品使用过程中的能源、维修、人工费用等

（6）方针类资料

- 政府有关技术发展、能源使用方面的政策和规定。
- 政府有关环境保护、三废治理方面的政策、法规、条例、规定。
- 政府有关劳动保护、安全生产方面的政策。
- 政府有关国际贸易方面的条规

② 分析资料，明确目标。资料分析要条理清晰。资料分析一般包括以下几个类别。

第一类：消费者分类及需求分析。将数种不同的消费群体加以分类，以了解消费大众的结构，进行最有针对性的市场开发。例如，年轻人具有风格和时尚方面的需求。

第二类：市面上现有各类产品的特性分析。将市面上现有产品的各项特点（如品牌、功能、特色、诉求重点、价格、使用材料等）详细列出，以比较各竞争品牌产品的优缺点。

第三类：分析竞争对手产品策略与设计方向，推出新产品占领市场竞争制高点。

第四类：竞争产品诉求形象分析。对竞争对手产品诉求进行重点分析，并确定新产品的设计重点。例如，东芝公司在开发"随身听"产品时，分析出索尼公司同类产品的诉求重点是"高品质""高技术"，因此将自己产品定为"高时尚"，并将年轻人作为目标群体。

第五类：产品相关文化环境分析。产品必须能够切实进入消费者的生活，才会受到消费者的欢迎。因此，在设计和开发新产品时，必须研究其相关的文化环境。例如，在开发微波炉、冰箱等厨房用品时，设计者就尽力收集有关各种家庭厨房及居室空间的形态、大小、陈设及色彩等信息。

（2）设计定位及概念生成

设计定位及概念生成通过效果图、报告等形式给产品的雏形以清晰的定位，并结合产品概念的内涵与外延对产品的形态及功能形成一个系统、完整的理论分析过程，是整个设计环节的关键所在。

◆ 产品设计定位

产品设计定位的关键点是消费者的需求。消费者的需求是一切设计的出发点和落脚点。所以，

设计者必须投入足够多的精力以获得准确的产品设计定位。

① 准确定位产品设计。产品定位是指在设计前期搜集、整理、分析信息的基础上，综合具体产品的使用功能、材料、工艺、结构、尺度、造型、风格而形成的设计目标或设计方向。目前，在产品设计过程中，准确定位产品设计的步骤主要如下。

第一步，审视与分解设计目标。了解设计定位的相关元素，将产品开发的目标进行细化分解，甚至列出基本的提纲和框图，从产品构成元素的细化分解中获得准确的产品设计定位。

第二步，确定最佳设计点。在产品设计与消费者需求之间寻求一种平衡，使产品既能满足消费者需求，又能兼具产品设计创意。设计者应以多种条件和基本元素为基点，进行定性分析和定量分析，根据目标反推来确立产品设计定位，追求最佳设计点。

第三步，分析设定定位。用定性分析和定量分析来分析评价产品设计定位，更清晰地厘清设计脉络，使设计目标更明确，使设计方法更易掌握和操纵。

② 书写设计报告。设计报告是开发设计工作和最终设计成果的形象记录，也是进一步提升设计水平的总结性内容。设计报告，必须有一个概念清晰的编目结构。在具体的内容构成上，文字要简练、可读性强，把抽象的概念图形化，把数据内容设计成图表模型，围绕产品开发的构成重点突出主题。最后，设计报告按照设计项目的确定、市场资讯调研与分析、设计定位与设计策划、初步设计草图创意、深化设计细节研究和效果模型、生产工艺图几步层层推进，展现产品开发设计的完整过程。

③ 绘制设计草图与效果图。绘制设计草图是设计者将自己的想法由抽象变为具象的创造过程。它实现了从抽象思考到图解思考的过程，是设计者对设计对象进行推敲理解的过程。设计草图上往往会出现文字注释、尺寸标定、颜色推敲、结构展示等，展示这种理解和推敲的过程是设计草图的主要功能。根据性质不同，设计草图可以分为设计概念草图、解释性草图、结构草图、效果式草图4 类。

效果图是对设计者抽象思维的形象化表达。效果图是设计方案的一部分，在设计范围基本确定后，用较为正式的设计进行表达，目的是直观地表现设计结果，以便设计者之间或设计者与客户之间进行交流。效果图要准确地表达形体的透视关系和比例，其光影、色彩要遵从现实规律，明确地表现产品的质感，在不夸张的前提下适度地概括、取舍。效果图根据表现手法的不同可以分为手绘效果图和计算机效果图两大类。

◆ 产品概念的构思与生成

① 产品概念的构思。产品概念是对产品所使用的技术、原理和形式构思等的描述，简洁地阐述了产品是如何满足消费者需求的。产品概念通常表示成一种梗概，用简洁的文字描述或用粗略的三维模型表示。品牌在推出新产品的时候，往往会为新产品设计一种概念，用以彰显产品的优势。例如，彩电中的"纯平""镜面"，空调中的"双频""环绕风"等等，都直接显示产品的突出优势，这些形象的"说法"成了产品的最大卖点。通常，一个完整的产品概念由以下 4 个部分组成（见图 3.3）。

图 3.3　完整的产品概念

② 产品概念的生成。常见的产品概念生成方法是 5 步概念生成法，该方法首先将复杂的问题分解成多个简单的小问题，然后通过外部和内部研究程序为这些小问题找到解决办法，接着使用概念分类树和概念组合表法进行系统开发，整合成一个总的解决方案，最后是反馈和控制。

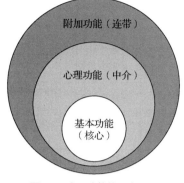

◆ 产品功能分析

产品功能分析是产品设计的重要环节，消费者购买产品，是购买产品具有的功能。产品是功能的载体，是功能的实现方式。产品功能包含基本功能（核心）、心理功能（中介）与附加功能（连带）3 个层次（见图 3.4）。

① 基本功能（核心）：为消费者提供基本效用或利益的功能，包括产品特性、寿命、可靠性、安全性、经济性等，是满足消费者对该产品基本需求的部分，是消费者需求的核心内容。

图 3.4 产品功能的 3 个层次

② 心理功能（中介）：满足消费者心理需求的功能，是产品的外部特征和可见形体，很大程度上由人的感性要求所决定，如品牌知名度高、款式新颖独特、包装精美简洁等，这些是消费者需求的不同形式，是满足消费者扩展需求的部分，是产品基本功能的载体。

③ 附加功能（连带）：为消费者提供各种附加服务和利益的功能，如产品的使用示范或指导、免费送货、质量保证、设备安装与维修、技术培训、售前售后服务，以及向消费者提供有关产品结构、性能、质量、技术和日常使用应注意的有关事项等专业知识的服务。

产品的功能可分为使用功能与审美功能。使用功能和审美功能是产品功能的两个方面，依据侧重点的不同，可将产品概括为 3 种类型，即功能型产品、风格型产品和身份型产品。

◆ 产品形态设计

产品形态是功能、材料、结构等要素所构成的一种整体视觉表现形式。"形"即产品的外形，是产品的物质形体，与感觉、构成、结构、材质、色彩、空间、功能等密切相关；"态"则指产品可被感觉的外观情状和神态，也可理解为影响产品外观的表情因素。产品形态是表达产品设计思想和实现产品功能的语言媒介，可从功能识别、象征意义、操作方式等 3 个方面进行认知。

① 产品功能识别的认知是指通过产品形态特征表现出的产品使用功能进行产品认知。

② 产品象征意义的认知是指通过产品形态显示出来的心理性、社会性和文化性的象征价值进行产品认知。

③ 产品操作方式的认知是指通过产品形态在操作界面上的设计处理，在消费者心中所形成的产品操作方式进行产品认知。

优良的产品形态设计通过形、色、质 3 个方面的相互交融而提升到意境层面，以体现并折射隐藏在物质形态表象背后的产品精神。这种精神通过消费者的联想与想象而得以传递，在消费者和产品的互动过程中满足消费者潜意识里的渴望，实现产品的情感价值。产品形态设计过程一般遵循基本的形式美原则、确切表达产品特征的原则，以及展现产品个性特征的原则。

（3）设计深入和人机工程

◆ "以用户为本"的人机界面设计原则

人机界面的设计总的来说是为了方便用户高效、完整地完成工作，要做到这一点就要坚持"以用户为本"的设计原则。"以用户为本"的人机界面设计应注意以下要点。

① 在人机界面设计过程中，了解用户是首要原则。所有的设计都必须从了解用户的需求开始，包括用户的身体能力、认知能力以及个性和文化背景等。不同的需求决定了用户属于不同种类。

② 从设计实践中总结出的一些设计规则，主要包括一致性原则、顺序性原则、功能性原则、面向对象原则、以用户为中心原则、简洁性原则 6 个原则（见表 3.4）。

表 3.4 人机界面的基本原则

序号	原则	内容
1	一致性原则	包括色彩的一致、操作区域的一致、文字的一致
2	顺序性原则	按照事件处理顺序、访问查看顺序（如由整体到单项，由大到小，由上层到下层等）与控制工艺流程等设计监控管理和人机对话主界面及其二级界面
3	功能性原则	按照对象应用环境及场合具体使用功能要求展开设计，如设计子功能区、多级菜单、分层提示信息和多项对话栏窗口等的人机交互界面，使用户易于分辨和操作
4	面向对象原则	按照用户的身份特征和工作性质，根据其工作需要，以弹出式窗口显示提示、引导和帮助信息，从而提高用户的交互水平和效率
5	以用户为中心原则	了解用户的特征，发现用户的需求，结合用户的工作和应用环境，必须理解用户对系统的要求
6	简洁性原则	给用户视觉上的清晰感、有条理感

◆ 人机界面设计的程序

人机界面设计过程可概括为界面风格设计、界面布局设计、打开界面的结构体系、文字的应用、色彩的选择、图形和图标的使用 6 个程序（见图 3.5）。

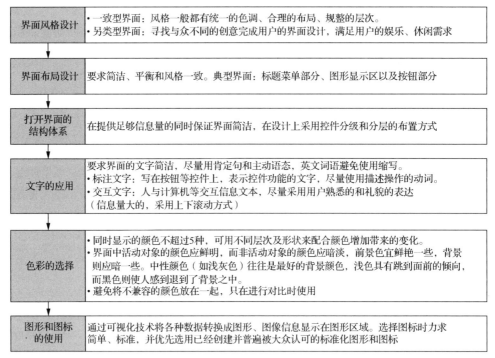

图 3.5 人机界面设计的 6 个程序

（4）材料与工艺的研究

在设计中，除了少数材料所固有的特征以外，大部分的材料都可以通过表面处理的方式来改变产品表面的色彩、光泽、肌理等。这可以直接提升产品的审美功能，从而增加产品的附加值。相关人员在产品造型设计中要根据产品的性能、使用环境、材料性质等条件正确选择表面处理工艺与材料，使材料的颜色、光泽、肌理及加工工艺特性与产品的形态、功能、工作环境相匹配，以获得大方美观的外观效果，给人美的感受。正确地选择产品材料，对于保证产品的合理性、安全性至关重要。下面以几种常用材料为例阐述产品材料的运用。

◆ 金属材料与相关工艺在产品设计中的运用

金属材料通常包括纯金属、合金金属、金属间化合物和特种金属材料等。金属材料的自然材质、光泽和肌理效果构成了金属产品最鲜明、最富感染力和最有时代感的审美特征，给人的视觉、触觉以直观的感受和强烈的冲击。在产品设计中，金属加工工艺包括金属表面处理和金属加工方法两大类。

◆ 塑料与相关工艺在产品设计中的运用

塑料是指以树脂等高分子化合物为主要成分，适当加入添加剂，如增塑剂、稳定剂、阻燃剂、润滑剂、着色剂等，经加工成形的塑性材料，或固化交联形成的刚性材料。塑料的种类很多，按照用途可分为通用塑料和工程塑料；按照加热时的表现则可分为热固性塑料和热塑性塑料。与其他材料相比，塑料容易成形、强度高、质量轻、性能稳定、有多种表现形式、适合批量生产，因此备受设计者青睐。

塑料制品坚硬、易压出、易染色、难燃、耐冲击、表面性佳，但是，其耐溶剂性差，具有低介电强度、低拉伸率。塑料在产品设计中得到广泛的应用，如在机械工业领域用来制作齿轮、轴承、把手、管道、机器外壳等；在电子电器领域用于制造各种电话机、听柄、指孔盘、手持话筒、手柄等，还可以用来制造吸尘器、洗衣机、打字机、计算机、仪器表、电风扇、电吹风的外壳和零部件；在汽车工业领域用来制作方向盘、手柄、仪表盘、汽车外壳等；在航空工业领域，ABS 塑料在飞机上的应用正逐渐增加，如用于制造机舱的花纹装饰、仪表盘、机罩等。

◆ 木材与相关工艺在产品设计中的运用

木材由于是一种天然的材料，所以也是最"富有人情味"的材料。木材不仅具有隔声吸声的性能，天然的纹理和色泽也具有很高的美学价值，但木材也有一些不可避免的缺点，比如结疤、易燃裂纹、易弄脏等，这些缺点也影响了木材的使用效果。所以，为达到好的效果，我们需对木材表面进行处理。

◆ 玻璃与相关工艺在产品设计中的运用

玻璃作为一种较为透明的固体物质，在熔融时会形成连续的网络结构，在冷却过程中黏度逐渐增大并硬化而不结晶，属于硅酸盐类非金属材料。通常情况下，玻璃被简单分为平板玻璃和特种玻璃。平板玻璃即白片玻璃或净片玻璃，是玻璃制品中最普通的一种。特种玻璃的种类则比较多，一般包括钢化玻璃、磨砂玻璃、喷砂玻璃、压花玻璃、夹丝玻璃、中空玻璃、夹层玻璃、防弹玻璃、热弯玻璃、玻璃砖、玻璃纸等多种类型。

◆ 陶瓷在产品设计中的运用

以黏土为主要原料加入各种天然矿物经过粉碎、混炼、成形和煅烧制得的材料称为陶瓷。陶瓷包括陶和瓷两部分。陶器的发明是新石器时代的一个重要标志，历史上著名的唐三彩就是我国陶器的典型代表。我国瓷器是从陶器发展而来的，宋朝是我国瓷器制品发展的重要时期，出现了定窑、汝窑、官窑、哥窑、钧窑等五大名窑。中国人在科学技术上的成果及对美的追求与塑造，在许多方面都是通过陶瓷来体现的，并形成了各时代非常典型的技术与艺术特征。

◆ 复合材料在产品设计中的运用

复合材料是由两种或两种以上不同性质的材料，通过物理或化学的方法组成的具有新性能的材料。各种材料在性能上互相取长补短，产生协同效应，使复合材料的综合性能优于原组成材料而满足各种不同的要求。

（三）知识产权

知识产权（Intellectual Property）是人们依法对自己的特定智力成果、商誉和其他特定相关客体等享有的权利。在对知识产权的理解中，我们需要注意以下 3 点。首先，知识产权的客体（智力成果或商誉等）是非物质客体，区别于物权。其次，知识产权不能理解为"对知识的财产权"，因为并非任何知识都能产生知识产权。只有符合知识产权规定的具有特定特征的知识形态，才可能成为知识产权的客体。公有领域中的知识（如历史、地理知识不能成为任何人的财产），也就没有知识产权可言。最后，知识产权并不只以智力活动创造出来的知识为客体。事实上，有些知识产权的客体与智力活动并无直接关系。例如，经营者完全可以将自然界客观存在的奇花异石的图案、形状或公共领域的词汇注册为商标加以使用，并享有商标权。

1. 知识产权的概念

从理论界、各国法律以及相关国际公约的规定看，由于各国法律体制的不同，其对于知识产权的概念共有两种定义方式。

（1）第一种定义方式：列举式

列举式是明确列举知识产权的保护范围或者对象，然后通过对知识产权保护范围或者对象的确定而揭示知识产权的概念。

① 1967年签订并于1970年生效的《建立世界知识产权组织公约》第2条第8款规定，知识产权应当包括与下列领域有关的权利。

小故事

伽利略写给国王的一封信

- 关于文学、艺术和科学作品的权利；
- 关于表演艺术家的表演以及唱片和广播节目权利；
- 关于在人类一切活动领域内的发明权利；
- 关于科学发现的权利；
- 关于工业品外观设计的权利；
- 关于商标、服务标记、商业名称和标志的权利；
- 关于制止不正当竞争的权利；
- 关于在工业、科学、文学或艺术领域一切来自知识活动的权利。

② 《与贸易有关的知识产权协议》（*Agreement on Trade-Related Aspects of Intellectual Property Rights，TRIPs*）第二部分第1节～第8节所列举的知识产权的范围如下。

- 版权和相关权利；
- 商标；
- 地理标识；
- 工业设计；
- 专利；
- 集成电路布图设计（拓扑图）；
- 对未披露信息的保护；
- 对协议许可证中限制竞争行为的控制。

（2）第二种定义方式：概括式

概括式指对知识产权的内涵进行高度抽象与归纳而明确其概念。例如，我国20世纪90年代以前将知识产权定义为人们对创造性的智力成果所享有的专有权利。20世纪90年代中期以后，我国将其划分为创造性成果权利及识别性标记权利。学界对于知识产权的定义，代表性的观点有以下几种。

① 知识产权是人们对于自己的智力活动创造成果和经营管理活动中的标记、信誉依法享有的权利（吴汉东，2014）；

② 知识产权是基于创造性智力成果和工商业标记依法产生的权利统称（刘春田，2015）；

③ 知识产权是民事主体依据法律的规定，支配其与智力活动有关的信息，享有其利益并排斥他人干涉的权利（张玉敏，2017）；

④ 《中华人民共和国民法典》列举的知识产权的范围为著作权、专利权、商标专用权、发现权

以及其他科技成果权。

2. 知识产权的内容

知识产权是指依法享有对智力劳动成果的占有、使用、处分和收益的权利，是智力劳动产生的成果所有权，它是依照各国法律赋予符合条件的著作者及发明者或成果拥有者在一定期限内享有的独占权利。《中华人民共和国民法典》第一百二十三条规定，"民事主体依法享有知识产权。知识产权是权利人依法就下列客体享有的专有的权利：（一）作品；（二）发明、实用新型、外观设计；（三）商标；（四）地理标志；（五）商业秘密；（六）集成电路布图设计；（七）植物新品种；（八）法律规定的其他客体"。

总结起来，知识产权主要有两类：一类是著作权（也称版权、文学产权），包括因拥有文学艺术作品、计算机软件等依法享有的权利；另一类是工业产权（也称产业产权），包含专利权、商标权、商业秘密、植物新品种、制止不正当竞争、厂商名称、原产地名称、货源标记、其他智慧成果等，专利权与商标权为工业产权的主要内容。

（1）著作权

著作权是因为权利人拥有权利客体——作品而拥有的权利。作品是指文学、文艺和科学领域内具有独创性的，并能以某种有形形式复制的智力创造成果。《中华人民共和国著作权法》规定，著作权包括下列人身权和财产权。

① 人身权（又称著作精神权利），是作者对其作品所享有的各种与人身相联系或者密不可分而又无直接财产内容的权利（作者通过创作表现个人风格的作品而依法享有获得名誉、声望和维护作品完整性的权利）。该权利由作者终身享有，不可转让、剥夺和限制。作者死后，一般由其继承人或者法定机构予以保护。

- 发表权，即决定作品是否公之于众的权利。
- 署名权，即表明作者身份，在作品上署名的权利。
- 修改权，即修改或者授权他人修改作品的权利。
- 保护作品完整权，即保护作品不受歪曲、篡改的权利。

② 财产权，即作者对其作品的自行使用和被他人使用而享有的以物质利益为内容的权利。著作权的财产权内容较多，包括复制权、发行权、出租权、展览权、表演权、放映权、广播权、信息网络传播权、摄制权、改编权、翻译权、汇编权，以及应当由著作权人享有的其他权利。

- 复制权，即以印刷、复印、拓印、录音、录像、翻录、翻拍等方式将作品制作一份或者多份的权利；
- 发行权，即以出售或者赠与方式向公众提供作品的原件或者复制件的权利；
- 出租权，即有偿许可他人临时使用视听作品、计算机软件的原件或者复制件的权利，计算机软件不是出租的主要标的的除外；
- 展览权，即公开陈列美术作品、摄影作品的原件或者复制件的权利；
- 表演权，即公开表演作品，以及用各种手段公开播送作品的表演的权利；
- 放映权，即通过放映机、幻灯机等技术设备公开再现美术、摄影、视听作品等的权利；
- 广播权，即以有线或无线方式公开传播或者传播作品，以及通过扩音器或者其他传送符号、声音、图像的类似工具向公众传播广播作品的权利，但不包括信息网络传播权规定的权利；
- 信息网络传播权，即以有线或者无线方式向公众提供作品，使公众可以在其个人选定的时间和地点获得作品的权利；
- 摄制权，即以摄制视听作品的方法将作品固定在载体上的权利；
- 改编权，即改变作品，创作出具有独创性的新作品的权利；

- 翻译权，即将作品从一种语言文字转换成另一种语言文字的权利；
- 汇编权，即将作品或者作品的片段通过选择或者编排，汇集成新作品的权利；
- 应当由著作权人享有的其他权利。

（2）商标权

商标（Trademark），即生产经营者在其商品或者服务上使用的，由文字、图形、字母、数字、三维标志、颜色组合，以及上述要素的组合构成的，具有显著特征、便于识别商品或服务来源的专用标记。《中华人民共和国商标法》上所称商标，具有特定含义。现行《中华人民共和国商标法》未直接规定商标的含义，但在第4条规定了可以取得商标权的主体和商标使用的对象，又在第9条规定商标应当具备显著特征，便于识别。由此，《中华人民共和国商标法》对商标的定义可归纳为：自然人、法人或者其他组织在其生产、制造、加工、拣选或者经销的商品或提供的服务上使用的，用以区分商品或服务的生产经营者或提供者，由具有显著性且便于识别的可视性标识构成的标志。

商标权是指商标所有人对其商标所享有的独占的、排他的权利。在我国，由于商标权的取得实行注册制，因此，商标权实际上是因商标所有人申请、经国家商标局确认的专有权利，即因商标注册而产生的专有权。依据《中华人民共和国商标法》，商标所有人对注册的商标享有以下权利。

- 专用权。在核定使用的商品上专有使用核准注册商标的权利。
- 禁止权。禁止他人未经许可在同一种或类似商品上使用与其注册商标相同或近似的商标。

（3）专利权

专利保护制度始于17世纪初的英国，其出现标志是英国在1624年制定的《垄断法规》。19世纪末至20世纪，专利保护制度在全世界范围内蓬勃发展。我国于1984年3月12日正式颁布了《中华人民共和国专利法》，随后分别在1992年、2000年、2008年、2020年做了4次修订。专利保护制度的核心是授予发明创造成果以垄断性权利。

专利是专利权的简称，它是国家按专利法授予申请人在一定时间内对其发明创造成果所享有的独占、使用、处分和收益的权利。它是一种财产权，是新产品、新技术依法独占现有市场、抢占潜在市场的有力武器。在我国，专利包括发明专利（发明专利的技术含量最高，发明人所付出的创造性劳动最多。新产品及其制造方法、使用方法都可申请发明专利）、实用新型专利（涉及产品构造、形状或其结合时，可以申请实用新型专利）和外观设计专利（涉及产品的形状、图案或者其结合以及色彩与形状、图案的结合，富有美感。工业上应用的新设计可以申请外观设计专利）。

专利权的客体也称为《中华人民共和国专利法》保护的对象，是指依法应授予专利权的发明创造。根据《中华人民共和国专利法》第二条的规定，《中华人民共和国专利法》的保护对象包括发明、实用新型和外观设计3种。

① 发明。《中华人民共和国专利法》第二条对发明的定义是："发明，是指对产品、方法或者其改进所提出的新的技术方案。"其中发明必须是一种技术方案，保护期是20年，是发明人将自然规律在特定技术领域进行运用和结合的结果，而不是自然规律本身，因此科学发现不属于发明范畴。

② 实用新型。《中华人民共和国专利法》第二条对实用新型的定义是："实用新型，是指对产品的形状、构造或者其结合所提出的适于实用的新的技术方案。"实用新型的技术方案更注重实用性，其技术水平和发明相比更偏向实际应用，技术也更简单，保护期是10年，因此在很多国家和地区也被称作"小发明"。

③ 外观设计。《中华人民共和国专利法》第二条对外观设计的定义是："外观设计，是指对产品的整体或者局部的形状、图案或者其结合以及色彩与形状、图案的结合所作出的富有美感并适于工业应用的新设计。"外观设计和发明、实用新型有着显著区别，保护期是15年。

（四）产品价格制定

任何企业都希望自己的产品卖一个较高的价格。但是，在市场经济条件下，产品价格不是由卖方自己决定的，卖方只有根据市场需求和产品成本等因素制定一个较为合理的价格才能被客户接受。产品定价过低，会导致企业的销售利润率下降，利润减少；产品定价过高，又会使企业产品缺乏市场竞争力，导致产品销售收入下降，利润减少。因此，如何制定一个较为合理的、恰到好处的产品价格，是企业产品价格管理的关键所在。

1. 影响产品定价的因素

影响产品定价的因素很多，有企业内部因素，也有企业外部因素；有主观的因素，也有客观的因素。概括起来，主要有产品成本、市场需求、市场竞争和其他因素 4 个方面（见图 3.6），其中产品成本、市场需求、市场竞争为基本因素。

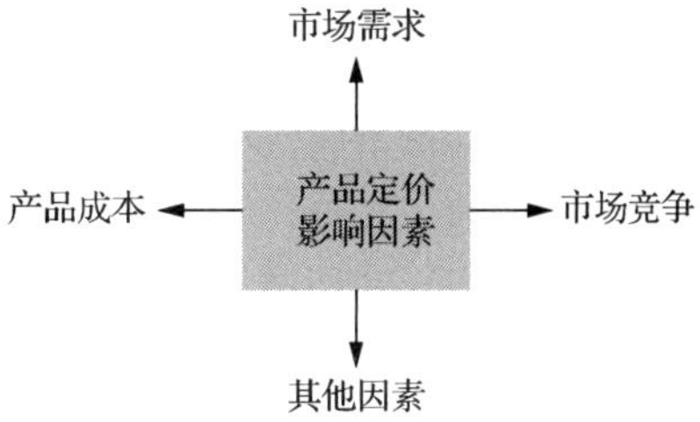

图 3.6 影响产品定价的因素

（1）产品成本

产品的价值是构成价格的基础。产品的价值由 C（支付生产资料）、V（支付劳动力）、M（剩余价值）构成，C、V 是生产过程中物化劳动转移的价值和劳动者为自己创造的价值，M 是劳动者为社会创造的价值。显然，对产品定价来说，成本是一个关键因素。产品定价以成本为最低界限，产品价格只有高于成本，企业才能弥补生产上的耗费，从而获得一定利润。但这并不排除在一段时期、个别产品上，价格低于成本的情况。

在实际工作中，产品的价格是根据成本、利润和税金 3 个部分来制定的。

根据有关资料，目前国内工业产品成本在产品出厂价格中平均占 70%。这充分表明，产品成本是构成产品价格的主要因素。因为产品价格如果过分高于产品成本，会有失社会公平；反之，产品价格过分低于成本，企业就不可能持续生产。

（2）市场需求

产品价格除受产品成本影响外，还受市场需求的影响，即受产品供给与需求的相互关系的影响。当产品供不应求时，价格自然会高一些；当产品供过于求时，价格会低一些。反过来，产品价格的变动也会影响市场需求，从而影响产品销售量，进而影响企业经营目标的实现。因此，企业制定产品价格前必须了解产品价格变动对市场需求的影响程度。

（3）市场竞争

市场竞争也是影响产品价格制定的重要因素。根据市场竞争的强度不同，企业产品定价策略会有所不同。市场竞争可以分为完全竞争、不完全竞争与完全垄断 3 种情况。其中，完全竞争与完全垄断是竞争的两个极端。

不完全竞争是现实中存在的典型的市场竞争状况。在此条件下，市场竞争的强度对企业的产品定价策略有重要影响，企业的产品定价策略有比较大的回旋余地，它既要考虑竞争对手的产品价格，也要考虑本企业产品价格对竞争态势的影响。

所以，在不完全竞争情况下进行产品价格制定，企业首先要了解市场竞争的强度。市场竞争的强度主要取决于产品制作技术的难易、是否有专利保护、供求形势以及具体的竞争格局；其次要了解竞争对手的定价策略，以及竞争对手的实力；最后要了解、分析本企业在市场竞争中的地位。

（4）其他因素

企业的产品价格制定除受产品成本、市场需求以及市场竞争的影响外，还受到其他多种因素的影响。这些因素包括政府或行业组织的干预、客户的习惯和心理、企业或产品的形象等。

2. 产品定价的程序

产品定价的程序一般包括以下 6 个步骤（见图 3.7）。

图 3.7　产品定价的程序

（1）选择定价目标

定价目标是指企业通过制定产品价格所要达到的目的。定价目标是企业产品定价的指导思想，它直接决定企业产品定价的方法和策略。企业在为产品定价时，首先要有明确的目标。不同企业、不同产品、不同市场、不同时期有不同的定价目标，因而也就要求采取不同的定价策略。一般情况下，企业的定价目标主要有以下几种。

① 以维持企业生存为目标。该定价目标追求的是让企业生存下去。当企业因经营管理不善，或市场竞争激烈、客户的需求偏好突然发生变化等原因，造成产品销路不畅、大量积压，资金周转不灵，企业濒临破产时，企业只能为其积压的产品定低价，以求迅速处理存货，收回资金。但这种目标只能是企业面临困难时的短期目标，长期目标还是要获得发展，否则企业终将难逃破产。

② 以获取近期理想的利润为目标。该定价目标追求的是目前利润的最大化，而不考虑长期效益。选择此目标，必须具备一定的条件，即当产品声誉好，而且在目标市场上占有竞争优势时，方可采用。

③ 以保持或提高市场占有率为目标。市场占有率是企业经营状况和企业产品竞争力的直接反映，它的高低是企业生存和发展质量的重要风向标。一个企业只有保持或提高市场占有率，才有可能求得生存和发展。因此，这是企业定价时的一个十分重要的目标。要实现提高市场占有率这一目标，企业应根据具体情况适度执行低价策略。

④ 以应对或抑制竞争为目标。有些企业为了阻止竞争对手进入自己的目标市场，而将产品的价格定得很低，这种定价目标一般适用于实力雄厚的大企业。中小企业在市场竞争激烈的情况下，一般以市场为导向，随行就市定价，从而可以缓和竞争、稳定市场。

⑤ 以树立良好的形象为目标。有些企业以高价来保证高质量产品的地位，以此来树立良好的形象。

（2）测定需求

测定需求主要包括两个方面：一是通过市场调研，大致了解产品的市场需求量；二是分析需求的价格弹性，即产品价格的变动对市场需求量的影响。不同产品的市场需求量对价格变动的反应，即弹性各不相同。

由于不同产品的价格弹性不同，因此企业在定价时必须考虑产品需求的价格弹性因素。对价格弹性大的产品，如牛肉、鲜花等非生活必需品，可用降价来刺激需求和促进销售；而对缺乏价格弹性的产品，如食盐、粮食等生活必需品，由于降价对需求没有什么刺激，因此不能通过降价来促进产品销售。

（3）测算成本

企业产品成本的高低并不会对该产品在市场上可能的售价起决定性的影响。但是，产品成本是价格的重要影响因素，产品定价必须以成本为基础。这是因为企业的全部成本只能以其产品收入来补偿。产品价格在补偿全部成本后若有剩余，就产生了利润，价格越高于成本，企业的经济效益就越好；若某种产品的价格低于其成本，企业就会发生亏损。因此，产品成本与价格的关系可以理解为：成本是产品价格的"下限"，价格是产品成本的"上限"。

（4）分析竞争对手的价格和产品

除了掌握产品的需求和成本情况，企业还必须了解市场的供给情况，即了解竞争对手的情况。要认真调查分析竞争对手的产品价格和产品特色，包括竞争产品的非价格因素，如品质、款式、商誊和服务等。

（5）选择定价方法

根据产品及其需求特点，以及生产成本和市场竞争状况，企业就可着手选择适合企业定价目标的具体定价方法。

（6）确定产品价格

企业通过一定的定价方法得出基本价格后，再根据市场和需求的具体情况，采取相应的价格策略，对基本价格进行调整，确定产品价格。企业确定产品价格应考虑以下因素。

① 确定产品价格必须同企业定价政策相符合。

② 确定产品价格还要考虑客户的心理。如利用客户心理，采取声望定价。

③ 确定产品价格还应考虑企业内部有关人员对价格的意见，考虑竞争对手对所定价格的反应。

（五）经营预算

经营预算也称业务预算、营业预算，它是对企业日常生产经营活动的具体预算安排。按照全面预算的编制顺序，经营预算是全面预算编制的起点，它包括销售预算、生产预算、供应预算、期间费用预算、其他经营预算等内容（见图 3.8）。经营预算与利润预算密切相关，它一方面为利润预算的编制提供基本依据，另一方面受利润预算的规范和制约。

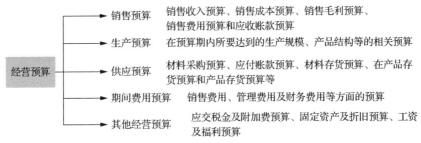

图 3.8　经营预算的基本内容

在市场经济条件下，企业的生产经营活动一般都是"以销定产"的，与此相适应，经营预算的编制也往往以销售预算的编制为起点。但对于"以产定销"的企业来说，经营预算的编制以生产预算的编制为起点。各项预算的编制要根据企业最高决策层提出的预算编制方针和预算目标，遵循科学的原则，按照一定的编制程序和方法进行。其中，在编制方法上，可以根据不同的预算项目，分别采用固定预算、弹性预算、滚动预算、零基预算、概率预算等方法进行编制；在编制责任单位的划分上，应采取与企业组织结构一致的划分方法，便于预算的执行、考核和责任落实。

1. 销售预算的编制

销售预算有广义和狭义之分，广义的销售预算包括销售收入预算、销售成本预算、销售毛利预算、销售费用预算、应收账款预算；狭义的销售预算则仅指销售收入预算和销售费用预算。

（1）销售收入预算

销售收入预算是整个销售预算编制的基础，预算的主要内容包括销售项目、销售数量、销售单价和销售收入，反映了企业预算期内的销售规模。

（2）销售成本预算

销售成本是计算销售毛利、销售利润的重要指标，预算的主要内容包括销售项目、销售数量、销售单位成本和销售总成本，反映了企业预算期内的销售成本水平。

（3）销售毛利预算

用销售收入减去销售成本，即可求得销售毛利。销售毛利是商业企业的一项主要指标，是产品销售收入扣除产品进价后的余额。在销售毛利预算确定之前，企业应检查销售毛利是否足以抵偿企业所需的产品流通费、销售税费及其他支出。

（4）销售费用预算

销售费用是在销售过程中发生的、为实现销售收入而支付的各项费用。编制销售费用预算之前，应编制销售收入预算，并依据销售方针、销售内容和销售费用率等事项测算各项销售费用。

（5）应收账款预算

应收账款是企业因销售产品或提供劳务而形成的债权。在市场经济条件下，只要有销售收入，就会有应收账款，应收账款预算是销售预算的重要内容。

2. 生产预算的编制

生产预算是对工业企业预算期内生产活动的总体安排，包括企业在预算期内所要达到的生产规模、产品结构等的相关预算。它主要依据销售预算所确定的产品销售量、销售结构，企业的生产能力、各种材料和人工消耗定额，产品价格水平、库存，以及企业经营目标等资料编制。生产预算涉及企业生产过程中的各个方面，是企业控制成本、考核生产部门业绩的主要依据。

生产预算涉及生产量预算、产值预算和生产成本预算 3 个方面，生产成本预算又分为直接材料预算、直接人工预算和制造费用预算 3 个部分，具体包括产品生产量预算、工业总产值预算、直接材料预算、直接人工预算、制造费用预算、产品成本预算等与生产活动有关的预算。

3. 供应预算的编制

供应预算涉及材料供应预算和产品供应预算两个方面，具体包括材料采购预算、应付账款预算、材料存货预算、在产品存货预算和产品存货预算等与供应活动有关的预算。

（1）材料采购预算

材料采购预算的主要内容是采购项目、采购数量和采购金额，反映了企业预算期内对材料采购活动的总体安排。

（2）应付账款预算

应付账款预算主要包括供货单位，业务内容，应付账款的增加、减少、结存等内容，反映了企业因材料采购活动而形成债务的增减变动情况。

（3）材料存货预算

材料存货预算是反映预算期内产品生产所需的各种材料供应、储存数量及成本的预算，主要依据直接材料预算、其他材料预算、材料储备定额、材料价格及产品生产预算等资料编制。

（4）在产品存货预算

在产品存货预算是反映预算期末正在生产过程中加工的、没有完工入库的那部分资金预算，主要依据产品资金定额及产品生产预算等资料编制。

（5）产品存货预算

产品存货预算是反映预算期内产品销售所需的各种产品供应、储存数量及成本的预算，主要依据产品销售量预算、产品生产预算、产品储备定额及产品价格等资料编制。它对压缩储备资金占用、确保销售活动的顺利进行具有重要作用。

4. 期间费用预算的编制

期间费用预算是对企业预算期内为组织和管理生产经营活动而发生的销售费用、管理费用及财务费用等方面支出的总体安排。与生产成本相比较，期间费用具有以下 4 个特点。

一是与产品生产的关系不同。期间费用的发生是为了满足给产品生产提供正常条件和进行综合管理的需要，它与产品生产本身并不直接相关；生产成本则是与产品生产直接相关的成本，需要直接计入或分配计入有关的产品成本。

二是与会计期间的关系不同。期间费用只与费用发生的当期有关，不影响或不分摊到其他会计期间；生产成本的当期完工部分转为当期产品成本，未完工部分则结转下期成本。

三是与会计报表的关系不同。期间费用直接列入当期利润表，抵减当期损益；已售产品的生产成本作为产品销售成本列入利润表，而未售产品成本和未完工产品成本都作为存货列入资产负债表。

四是配比原则不同。期间费用的高低与期间的长短成正比例变动，与经营期间相配比，在发生的当期作为当期费用转入当期损益；而生产成本则与一定的产品产量成正比例变动，与销售收入相配比，只有当产品销售出去之后，其发生的销售成本才能从当期销售收入中抵减。

现代企业（特别是大中型企业）采用先进的生产和管理技术，科研人员、技术专家、管理专家在员工中所占比重不断提高，人力资源成本不断提升，研发费用投入不断增加。同时，广告宣传、办公设施、利息支出等费用支出也呈不断提高趋势。这导致期间费用不仅绝对额不断攀升，而且占销售收入的比重也在不断提高。因此，做好期间费用预算工作，对于有效控制期间费用支出、提高经济效益具有非常重要的作用。

期间费用包括直接从企业当期产品销售收入中扣除的销售费用、管理费用和财务费用，俗称 3 项费用。

（1）管理费用预算

管理费用预算是企业预算期内为了维持基本组织经营能力，保证生产经营活动正常进行而发生的各项费用支出安排，主要包括企业董事会和行政管理部门在企业经营管理中发生的，或者应由企业统一负担的企业经费、工会经费、待业保险费、劳动保险费、董事会费、聘请中介机构费、咨询费、诉讼费、业务招待费、房产税、车船税、土地使用税、印花税、技术转让费、矿产资源补偿费、无形资产摊销、职工教育经费、研究与开发费、排污费、存货盘亏或盘盈、计提的坏账准备和存货跌价准备等费用。

（2）财务费用预算

财务费用预算是预算期内企业为了维持正常生产经营活动筹集资金而发生的费用安排，主要包括银行借款利息支出、汇兑损益、结算手续费等。

5. 其他经营预算的编制

企业在日常生产经营中除了有销售、生产、供应等活动外，还有诸如缴纳税金及附加费、工资发放、计提固定资产折旧、其他应收应付款等经营活动和事项；同时也要发生与生产经营无直接关系的营业外收入、营业外支出等财务收支活动。这些经营活动及财务收支对企业的收入、成本、利润、现金收支及财务状况均有重大影响，也必须通过编制预算进行规划和控制。

（1）应交税金及附加费预算的编制

应交税金及附加费预算是对企业预算期内发生的流转税、所得税、财产税、行为税、资源税和附加进行规划、安排的一种经营预算，包括增值税、消费税、城市维护建设税、所得税、资源税、房产税、土地使用税、印花税、车船税、教育费附加等税费。该预算由财务部门负责编制。

企业预算期内应交税金及附加费的总额按如下公式计算：

$$应交税（费）额=\sum 计税（费）依据×适用税（费）率（额）$$

（2）固定资产及折旧预算的编制

固定资产及折旧预算是对企业预算期内固定资产增减变动情况、保有情况和对固定资产折旧进行计提规划的预算。其中，固定资产预算由财务部门和工程部门联合编制，折旧预算由财务部门负责编制。

（3）工资及福利预算的编制

工资及福利预算是企业预算期内发放员工工资总额和计提职工福利费、工会经费、职工教育经费的预算。工资及福利预算是企业全面预算的有机组成部分，是调控企业工资总体水平的重要手段，也是企业编制直接人工预算和制造费用预算、销售费用预算、管理费用预算中有关工资和职工福利费等项目的重要依据。

（六）销售预测

销售预测是指在充分调查研究的基础上，预计市场对本企业产品在未来时期的需求趋势。它是在充分考虑未来各种影响因素的基础上，结合本企业的销售实绩，推测企业预定期内可以实现的销售量和销售额。在企业"以销定产"的情况下，企业的生产经营活动与产品的销售密切相关，因此，做好销售预测不仅是编制销售预算的需要，也是企业进行经营决策和安排生产经营活动的需要。

1. 销售预测需考虑的因素

（1）外界因素

- 需求动向。需求动向是外界因素中最重要的一项，如流行趋势、爱好变化、生活形态变化、人口流动等，均可成为影响产品（或服务）需求的质与量的因素，因此，企业必须对需求动向加以分析与预测。企业应尽量收集有关对象的市场资料、市场调查机构资料、购买动机调查等统计资料，以掌握市场的需求动向。

- 经济变动。经济因素是影响产品销售的重要因素，为了提高销售预测的准确性，企业应关注产品市场中的供求情况；要特别注意资源问题的未来发展，政府及财经界对经济政策的见解，以及基础工业、加工业生产规模，经济增长率等指标变动情况。

- 同业竞争动向。销售额的高低深受同业竞争对手的影响，古人云"知己知彼，百战不殆"，为了生存，企业必须掌握竞争对手在市场上的所有活动。例如，竞争对手的目标市场、产品价格策略、促销与服务措施等。

- 政府、消费者团体的动向。产品销售必须考虑政府的各种经济政策、方案措施以及消费者团体所提出的各种消费需求等。

（2）内部因素

- 营销策略，包括企业市场定位、产品政策、价格政策、渠道政策、广告及促销政策等变更对销售额产生的影响。

- 销售政策，包括变更管理内容、交易条件或付款条件、销售方法、价格政策、促销政策等事项对销售额所产生的影响。

- 销售人员，对产品销售的实现具有深远的影响。

- 生产状况，包括企业实际产品生产能力有多强，货源是否充足、能否满足销售需要，等等。

2. 销售预测的程序

销售预测是一项很复杂的工作，要使这一复杂工作有条不紊地进行，就必须遵循一定的程序。销售预测的基本程序如下。

（1）确定预测目标

销售预测以产品销售为中心，产品销售本身就是一个复杂的系统，有关的系统变量很多，如市场需求潜力、市场占有率、产品售价等。而对于这些变量进行长期预测还是短期预测，将影响预测资料和预测方法的选择。所以，确定预测目标是销售预测面临的主要问题。

（2）收集和分析资料

在预测目标确定以后，为满足预测工作的要求，必须收集与预测目标相关的资料，所收集资料的充足与可靠程度对预测结果的准确度具有重要的影响。所以，对收集的资料必须进行分析，并保证资料的针对性、真实性、完整性。

（3）选择预测方法

销售预测方法很多，可以归为两大类：定性预测法和定量预测法（见表 3.5）。各种预测方法都有它的适用范围和对所用资料的要求。

表 3.5 常采用的销售预测方法

预测方法	含义	具体的方法		
定性预测法	依靠预测人员的经验、知识及分析判断能力对企业经营活动进行预测	高级经理意见法		
		销售人员意见法		
		购买者期望法		
		德尔菲法		
定量预测法	应用数学模型或数理统计方法对各种数量资料进行科学预测	趋势预测法	简单平均法	
			移动平均法	
			指数平滑法	
		因果预测分析法	回归预测法	

① 定性预测法是依靠预测人员的经验、知识及分析判断能力，在充分考虑各种因素对企业经营活动的影响的前提下，对预测目标的性质和发展趋势进行预测的方法。一般来说，在销售预测中常用的定性预测法有高级经理意见法、销售人员意见法、购买者期望法和德尔菲法 4 种。

② 定量预测法是根据过去比较完备的统计资料，应用数学模型或数理统计方法对各种数量资料进行科学的加工处理，充分揭示有关变量之间的规律性联系，将其作为对未来事物发展趋势预测的依据的方法。用来进行销售预测的定量预测法可以按照不同类型分成趋势预测法和因果预测分析法两大类。

- 趋势预测法，又称时间序列预测法，是指将历史资料和数据按时间顺序排列成一组数字序列，针对经济现象的发展过程、方向和趋势，将时间顺序外推或延伸，利用变量与时间的相关关系，分析、预测未来数据的方法。趋势预测法主要包括简单平均法、移动平均法和指数平滑法。其中，移动平均法又包括简单移动平均法、加权移动平均法等。

- 因果预测分析法，是利用事物发展的因果关系来推测事物发展趋势的方法。它一般是根据所掌握的历史资料和数据，找出所要预测的变量与其相关变量之间的依存关系，来建立相应的因果预测的数学模型，最后通过该数学模型确定预测对象在预算期内的销售量或销售额。最常见的因果预测分析法是回归预测法，包括一元回归预测法和多元回归预测法。

所以，企业在获得资料后，要通过比较分析，选择合适的预测方法，以保证预测结果的准确度。在预测方法的选择中，有时会综合使用两种以上的方法。例如，将两种预测模型通过相加、相乘等形式的运算综合起来；有时可能几种方法都可以使用，并且不同方法可以相互验证预测结果。

（4）确定预测值

确定预测值是对预测目标所得到的结果的进一步确定。预测结果的确定包括使用所选的预测方法进行二次预测，对预测结果进行分析评价，最后确定预测值这一过程。因为预测是把过去事物发展的模式引申到未来，不管哪一种预测方法，均带有一定的假设性，所以预测结果难免会有一定误差。因此，在得到预测结果后，还必须对预测结果进行进一步分析，以对预测结果进行修正和调整。最后确定预测值，写出预测报告。

五、工具包 ↓

（一）市场调研的选题范围

市场调研作为营销决策的基础，涉及业务范围很广。根据企业中市场调研的业务范围，市场调研的选题主要涉及以下几个方面。

1. 行业与市场调研

行业与市场调研包括行业与竞争者分析（供应总量、市场份额、主要品牌、品牌忠诚度等）、市场分析（市场特点调研、市场需求规模与结构的衡量、销售分析）、市场趋势预测（相关因素排列、发展轨迹分析、未来环境变化等）、兼并与多元化调研。

2. 购买行为调研

购买行为调研包括消费者分布及特征调研、市场细分调研、品牌认知与偏好调研、购买欲望与行为调研、消费者满意度与忠诚度调研。其中市场细分调研着重收集关于产品的属性及其重要程度、品牌的知名度及受欢迎程度、产品使用方式、调研对象对产品的态度及购买欲望等信息。

3. 产品调研

产品调研包括概念构思与测试、品牌命名与测试、试销市场测试（新产品的市场接受情况及需求量的预调研）、现有产品市场测评、包装设计调研、竞争产品调研。

4. 定价调研

定价调研包括需求分析（包括市场潜力、销售潜力、销售预测等）、价格分析、价格弹性分析、竞争者价格分析、成本分析。

5. 分销调研

分销调研包括选址调研、渠道绩效调研、渠道覆盖面调研（主要流通环节、中间商类型、中间商品质、交易条件等）。

6. 促销调研

促销调研包括媒体选择测试、文案预测试、广告效果预测评、竞争性广告调研、公共形象调研、销售人员薪酬与绩效调研、促销效果测评。

（二）市场调研问卷设计

消费者的特征、购买行为和品牌偏好、消费者对产品的意见等都是调研方案中的调研内容。此时调研人员必须实际测量市场调研中涉及的概念，如"顾客忠诚""顾客满意""销售潜力""市场需求""品牌价值""品牌资产"等。如何测量这些概念是非常重要的，通常不是使用一个指标来测量，而是需要从多个维度用多个指标（或称操作性概念）对其进行测量。调研人员测量概念的方法会影响其对这些概念的解释，概念的测量结果会对营销战略和战术的制定产生影响。例如，品牌忠诚可以定义为消费者经常购买某品牌的产品，也可以定义为个人对某品牌的偏好。对"经常购买某品牌的产品"的测量是一种行为测量，可能会受到成本、便利性和可获得性的影响。而对"品牌偏好"的测量则是一种态度测量，可能会受到感知的品牌资产和品牌自尊的影响。消费者"最偏好的"品牌并不一定是这个消费者实际购买的品牌。

问卷是调研人员用来收集数据的工具，它通过精心设计的格式来展现调研人员期望被调查者回答的问题。因此，问卷的设计包括两个阶段的工作：一是选择量表来对概念进行测量，二是形成问卷。

1. 测量的概念及分类

测量是指调研人员对调研单位的某些属性或特征的数量或强度的度量，问卷是通过测量来收集信息的。测量可分为以下两类。

（1）对客观属性的测量

客观属性是可观察的有形特征，即物理特征，如年龄、收入、购买的数量、上次光顾的商店等。一般来说，对客观属性问题的回答是可以预知的，如对于性别的回答就是"男性"和"女性"，因此对客观属性的测量比较简单。

（2）对主观属性的测量

主观属性是不能够直接观察的无形特征，它存在于人们的头脑之中，如人们的态度、喜好等。

在这种情况下，调研人员必须开发出评分量表，让被调查者能够清楚区分选项的不同。例如，针对"我购物时总是货比三家？"这个问题，评分量表的选项形式可设计为"□非常不同意""□不同意""□不一定""□同意""□非常同意"。

2. 量表的概念、种类及选择

（1）量表的概念

测量是通过量表来实现的。量表是由反映某一概念的所有测量指标和备选答案构成的调查表。

例如，"对 A 产品的评价"就是一个概念，为了评价 A 产品，可以用"产品价格""产品质量""使用性能""包装"4 个测量指标从 4 个维度考察，对每一个指标再设计"非常好""较好""中等""较差""非常差"5 个备选答案。这样就构成了 A 产品评价量表（见表 3.6）。

表 3.6　A 产品评价量表

评价指标名称	非常好	较好	中等	较差	非常差
产品价格					
产品质量					
使用性能					
包装					

（2）量表的种类

无论是对客观属性的测量，还是对主观属性的测量都需要使用量表，量表可分为以下 4 种。

- 类别量表：又称名称量表或命名量表，指的是根据事物的某种属性，对事物进行分类的量表。如"您上次购买的品牌是什么？A. 长虹；B. 康佳；C. TCL；D. 海信；E. 创维；F. 其他"。
- 顺序量表：把事物按某种标准排序的量表。如"请在下列数字后依次给出您最喜欢的品牌、第二喜欢的品牌、第三喜欢的品牌……1.＿＿＿＿　2.＿＿＿＿　3.＿＿＿＿　4.＿＿＿＿　5.＿＿＿＿"。
- 等距量表：一种有相等单位但没有绝对零点的量表，因此它只能做加减运算，不能做乘除运算。如"基于您的体验，您对××公司隔夜快递服务的满意度如何？A. 很不满意；B. 略微不满意；C. 没有意见；D. 满意；E. 非常满意。"
- 比率量表：既有绝对零点又有相等单位的测量量表。如一定时期的购买数量、消费金额等。

（3）量表的选择

在实际工作中，选择何种量表非常重要。量表的选择需要考虑以下几个因素。

① 所需的信息量：量表水平越低，包含的信息量越少。类别量表→顺序量表→等距量表→比率量表，量表水平由低到高。其中，类别量表只能反映最低程度的信息，而比率量表则包含最多的信息，如要反映调查对象之间有多大差异，如消费金额差异等信息，需要用比率量表。

② 选择的统计分析方法：使用何种量表决定了统计分析方法的选择。低水平量表与低水平分析方法相对应，如百分比分析；高水平量表允许采用较复杂的统计方法，如相关性分析。

③ 调研对象的特征或回答能力：选择何种量表由调研对象的特征或回答能力决定。如"您对我们公司的产品满意吗？1. 满意；2. 不满意"。这种采用类别量表的回答形式显然不合适，可修改为下面这种等距量表的回答形式——请您用 10 分制对我们公司的产品进行打分，1 分代表很不满意，10 分代表很满意。

表 3.7 列出了在市场调研中部分常用概念的量表，供调研人员在选择量表时参考。

表 3.7　部分常用概念的量表

概念	量表答案选项
认知或占有	"是""否"选项，或根据实际调研问题从几个可选项中选出与自身情况相符的选项 如"您拥有下列哪一种厨房器具？（选出所使用选项）"

续表

概念	量表答案选项
品牌/商店形象	使用一系列两极形容词构建语义差别量表（4～7点） 如价格高→价格低
人口统计	标准认可统计问题（性别、年龄、收入等） 如"您的性别是：A. 男；B. 女""您的年龄是：A. 20岁及以下；B. 21～30岁；C. 31～40岁；D. 41～50岁；E. 51岁及以上"
使用频率	一段时间内（如上个月）的使用频率，可用选项描述（没有、偶尔、不经常、经常、频繁、非常频繁）或用具体数字表示 如"您叫西餐外卖的频率是多少？"
重要性	用选项描述（不重要、有点重要、重要、很重要、非常重要）或数字1～5排序 如"干洗店的可取服务对您来说有多重要？"
购买意向	用选项描述（不可能、有可能、可能、很有可能、非常有可能）或用百分比表示可能性 如"下次购买饼干时，您购买无糖饼干的可能性有多大？"
生活方式/意见	包含一系列关于生活方式的陈述的李克特量表（非常不同意、比较不同意、不确定、比较同意、非常同意，5个等级） 如"请给出您对以下陈述同意或不同意的程度：1. 我的行程表很满；2. 我的工作量很大"
表现或态度	用选项描述（差、一般、好、很好、优秀）、5级常用量表或-3到+3中心量表表示 如"请指出××餐馆在以下几个方面的表现如何？1. 菜品很丰富；2. 价格合理；3. 地理位置很方便（对您来说）"
记忆或认可	"是""否"，或选出列表中的选项 如"上个月您在哪里听到或看到××公司的广告？（选出选项）"
满意度	用选项描述（不满意、有点满意、满意、很满意、非常满意）或用满意度10点量表表示（1=非常不满意，10=非常满意） 如"请您用10分制对×××公司的满意度进行打分（1分表示很不满意，10分表示很满意）" 注意：如果被调查者表示既没有不满意也没有满意，则应该用对称量表（非常不满意、比较不满意、没有意见、比较满意、非常满意）

（三）工作分解结构法

在工作计划与控制管理过程中，工作分解结构（Work Breakdown Structure，WBS）法是经常采用的方法。工作结构分解和因数分解是一个原理，就是把一个项目按一定的原则分解成任务，再把任务分解成一项项工作，接着把一项项工作分配到每个人的日常活动中，直到分解不了为止，即项目→任务→工作→日常活动。WBS法以可交付成果为导向，对项目要素进行分组，它归纳和定义了项目的整个工作范围，每下降一层代表对项目工作的更详细定义。WBS法总是处于计划过程的中心，也是制订进度计划、资源需求、成本预算、风险管理计划和采购计划等的重要基础。

建立一个WBS需要4个步骤。

（1）确定项目目标，着眼于项目产生的产品、服务以及提供给客户的结果。

（2）准确确认项目所产生的产品、服务或结果（可交付成果或最终产品）。

（3）识别项目中的其他工作领域以确保覆盖所有工作，识别若干可交付成果的领域，描述中间输出或可交付成果。

（4）进一步细分步骤2和步骤3的每一项，使其形成有序的逻辑子分组，直到工作要素的复杂性和成本花费成为可计划和可控制的管理单元（工作包）。

下面以建造一个车库为例，步骤如下。

第一步，确定项目目标：建造一个能停放一辆车的车库，并美化现有场地，车库里外都应该有灯和水管。

第二步，准确确认特定的产品、服务或结果（可交付成果或最终产品）：车库和美化的场地。

第三步，确保其他工作范围的工作被识别。此项目需要达成如下项目管理职能：如编制施工计划、获得许可、签订分包合同。

至此，该项目的 WBS 如图 3.9 所示。第一级是总项目，第二级是进一步分解成的最终产品（车库和美化的场地），以及与项目相关的工作（如项目管理）。项目的总范围由第二级的三个部分工作之和来表示。

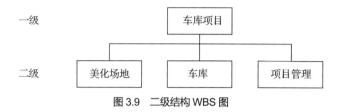

图 3.9　二级结构 WBS 图

第四步，进一步细化结构，直到其适合计划和控制，如图 3.10 所示。

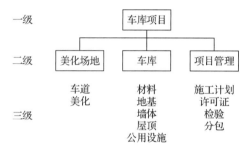

图 3.10　三级结构 WBS 图

WBS 法是一种用标准形式表示项目范围，并在项目团队内部、项目团队与利益相关者之间进行协调的巧妙的沟通工具。在计划阶段的最后，计划和进度计划被冻结或确定为"基线"，成为执行项目工作的基础。同时，WBS 法也将作为一条基线成为变更管理的关键机制之一。不包括在 WBS 中的工作需要通过正规的变更控制程序添加到 WBS 中。

下面是采用 WBS 法的另一个例子，集中于项目产出的产品或可交付成果。图 3.11 所示是飞机改装项目的 WBS 图，该项目拟将客用飞机改装为运输机，输出的产品是一架保证飞行性能良好的改装飞机、一个技术手册和一系列需要的备件。

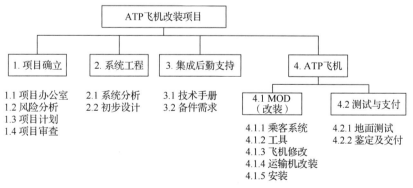

图 3.11　ATP 飞机改装项目 WBS 图

（四）五步概念生成法

产品的五步概念生成法主要包括 5 个步骤（见图 3.12）。

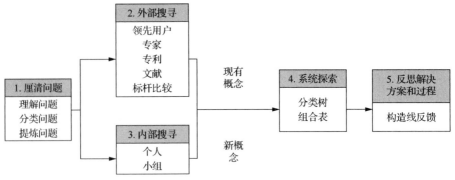

图 3.12　产品的五步概念生成法

1. 厘清问题

（1）理解、分类问题。在产品设计之初，企业总会遇到各种各样的问题，把这些问题按照一定的理解进行归纳、分类至关重要。例如，按照产品的功能分类。功能是对产品或技术系统特定工作能力的抽象描述，功能与用途、能力、性能等概念不尽相同。开发人员可以根据产品功能的各种特点将设计概念进行分类。再如，按照客户需求分类。客户需求是开发人员最应该关注的，也是设计成功的关键所在。客户需求并不是单一的、一成不变的，这就要求开发人员能够灵活、准确地把握。因此，合理地理解、分类问题，有助于开发人员的工作。

（2）提炼问题。提炼问题是在问题分类的基础上，对各种问题加以总结、概括，找出各种问题的交叉点，从而找出设计的关键点。

2. 外部搜寻

外部搜寻的目的是为提炼的关键问题寻找解决方法，外部搜寻通常有以下两种方法。

（1）运用已存在的解决方案。这种方法通常比开发一种新方案更快捷、更便宜，而且可以使开发人员将精力集中于关键的子问题或一些没有现成解决方案的子问题上。一些常规解决方案和几个新颖的解决方案组合在一起，就形成了一个新颖的全局解决方案。

（2）运用二手信息深入挖掘。外部研究通常贯穿概念生成的全过程。其本质上是二手信息的收集过程，通过广泛收集可能与问题有关的信息，可以扩大研究范围。然后，再将搜寻范围集中在有前景的方向，进行更深入的挖掘。

上述两种方法应该均衡使用，过度使用其中之一会使研究效率降低。外部搜寻可以更加有效地利用时间和资源。

3. 内部搜寻

内部搜寻是用个人和开发小组的知识和创造性来产生解决办法。这个步骤中生成的所有概念都是从开发小组成员已有的知识中产生的。

如何挖掘开发小组成员的潜力和创造力？遵循下面 4 个原则非常有用。

（1）不急于判断。

（2）形成许多观念。

（3）对似乎不可思议的想法也要接受。

（4）使用图形媒介和物理媒介。

4. 系统探索

系统探索的目的在于通过组织和系统化前面步骤中开发的大量解决方法，来研究开发的可能性。

5. 反思解决方案和过程

反思解决方案和过程，不仅有助于设计概念的完善，也为未来设计的发展做了很好的铺垫。

（五）商标注册流程

申请人申请商标可以自己向国家知识产权局商标局（以下简称"商标局"）提交文件，也可以通过商标代理组织申请。如果自行申请商标可以登录商标局的官网了解商标注册流程，申请之前必须根据《商标注册用商品和服务国际分类表》明确自己申请的商品和服务属于哪种类别。

提交申请书之后，商标局会对申请书内容进行形式审核，内容符合要求则会进入实质审查阶段，如果有部分不符合要求则会退回申请人要求限期补正。符合要求的，商标局会公开初步审定公告，在公示期内没有异议的会进行注册公告。在形式审核、实质审查、复审、审定公告、注册公告任一环节中出现问题，商标申请都有可能被驳回、注销、撤销、删除。申请人对评审环节的裁定结果有异议的，可以到法院起诉。

具体的商标注册流程主要包括以下几个步骤。

（1）准备。申请人就申请商标权，准备相关申请材料，主要包括收集实际使用的证据、查商标分类、办理商标查询。

（2）提交申请。提交前期准备的申请文件，如申请书、商标图样及证明文件，以及缴纳申请费。

（3）审查。商标权申请主要包括初审和实质审查两个阶段。初审较为简单，即由相关审核机构窗口办理人初步审核申请人提交的资料是否齐全完善。实质审查则根据《中华人民共和国商标法》相关规定，审核拟申请的商标是否符合相关要求：审核申请注册的商标是否符合法律对商标的要求（显著性、不违反禁止性条款），申请注册的商标是否与在先注册或申请的商标相同或近似。

（4）公告与异议。如果符合要求，就会予以公告。3个月内没有任何异议，就会核准拟申请的商标注册；若有人提出异议，商标局负责相关裁定。如果申请人不服商标局的裁定结果，可申请评审委员会复审，如还有异议，可到法院起诉。

（5）核准注册。公告期结束后，商标局将拟申请通过的商标进行登记，包括登记商标图样、注册人名称或姓名、地址，商品类别、名称，专用权的期限；向注册人颁发商标注册证书，并予以公告。

（六）专利及专利申请要点

专利是一种知识产权，是自然人对其智慧创造物依法享有的专有权利，具有财产的属性。我们申请专利既可以保护自己的发明成果，也可通过专利项目的生产、转让、投资、入股、合作、质押、经营、销售等获得经济效益。为了保证专利具有新颖性，在提出专利申请以前，申请人应当对申请内容进行保密。

1. 专利的分类

专利分类表是使各国专利文献得到统一分类的一种工具，对于专利检索至关重要。它的基本目的是作为各专利局以及其他使用者在确定专利申请的新颖性、创造性（包括对技术先进性和实用价值做出评价）而进行专利文献检索时使用的一种有效检索工具。

专利共包括8个部分：A部——人类生活必需（农、轻、医），B部——作业、运输，C部——化学、冶金，D部——纺织、造纸，E部——固定建筑物（建筑、采矿），F部——机械工程，G部——物理，H部——电学。一个完整的分类号由部、大类、小类、大组或小组的符号组合构成。例如，日常生活中用来处理草地或草坪的手动工具专利，其分类号可表示为A01B 1/00或A01B 1/24。

2. 专利申请的3个基础

- 新颖性——该发明或实用新型不属于现有技术，也没有任何单位或个人就同样的发明或实用新型在申请日以前向专利部门提出过申请，并记载在申请日以后公布的专利申请文件或公告的专利文件中。

- 创造性——与现有技术相比，该发明或实用新型具有突出的实质性特点和显著的进步。
- 实用性——该发明或实用新型能够制造或者使用，并且能够产生积极效果。

3. 不能授予专利权对象

《中华人民共和国专利法》第二十五条规定，对下列各项不授予专利权。

- 科学发现；
- 智力活动的规则和方法；
- 疾病的诊断和治疗方法；
- 动物和植物品种；
- 原子核变换方法以及用原子核变换方法获得的物质；
- 对平面印刷品的图案、色彩或者二者的结合作出的主要起标识作用的设计。

注：对前款第 4 项"动物和植物品种"所列产品的生产方法，可以依照本法规定授予专利权。

4. 专利申请时提交的文件及其撰写要点

发明和实用新型专利申请应提交的文件基本相同，即请求书、说明书、说明书附图、权利要求书、说明书摘要及摘要附图。外观设计专利申请应当提交申请书、外观设计的图片或照片，必要时应有简要说明。某些发明专利申请可以不提交说明书附图和摘要附图。

（1）发明名称的要求

- 不应含有非技术词语。例如人名、单位名称、商标、代号、型号等。
- 名称一般不超过 25 个字，经审查员同意可增加至 40 个字。
- 说明书的发明名称应当与请求书中的发明名称一致。
- 其发明主题和类型应当正确、全面、清晰。

（2）专利说明书应包括以下内容

① 技术领域，发明要求保护的是技术方案所直接应用的技术领域，而不是上位或者相邻的技术领域，也不是发明本身（不应写入发明的名称或者技术特征）。可参照国际专利分类表确定的直属技术领域。例如：一项关于挖掘机悬臂的发明，其改进之处是将背景技术中的长方形悬臂截面改为椭圆形截面。其技术领域可写成"本发明涉及一种挖掘机，特别是涉及一种挖掘机悬臂"，不宜写成"本发明涉及一种建筑机械"或"本发明涉及挖掘机悬臂的椭圆形截面"。

② 背景技术，要求仔细列举所能查阅到的一切直接相关的方法或装置；对于每一种直接相关的方法或装置，将其技术特征提炼出来；针对现有方法或装置的原理，尤其是技术特征所带来的结果进行批评，说明其不足的地方。

背景技术常见表达："××××（文件的名称及出处等）公开了一种××××装置（方法），它的原理是××××，该装置（方法）具有××××特征，该特征使这种装置（方法）具有××××缺点和不足"。

③ 发明内容

写明发明或者实用新型所要解决的技术问题以及解决其技术问题采用的技术方案，并对照现有技术写明发明或者实用新型的有益效果。

撰写技术问题及其解决方案时可参考以下语句。如所解决的技术问题可表述为"本发明的目的是克服现有技术中的××、××缺点，提供了一种××××装置方法）"或"本发明的目的是克服现有技术中的××、××缺点，提供了一种具有××××优点的××××装置（方法）"；如解决技术问题而采取的方案可表述为"为了解决上述技术问题，本发明是通过以下技术方案实现的"或"为了克服现有技术中××××缺点，达到××××目的，本发明是通过以下技术方案实现的"。

有益效果通常是指发明或者实用新型的效果。要说明独有的技术特征如何产生这些有益效果，使审查员清楚所提交的发明专利和现有技术到底有什么不同。对有益效果的描述，要做到以下几点：基于发明的目的及所给出的技术方案或者实用新型所具有的有益效果；本着实事求是的态度，有根有据地点出发明的有益效果；对比现有技术来阐述本发明或者实用新型所具有的有益效果；有益效果是由构成发明或者实用新型的技术特征带来的，或者是由所述的技术特征必然产生的，与发明或者实用新型的技术特征无关的有益效果不应写上。

④ 附图说明：说明书有附图的，对各幅附图作简略说明。

- 要求用黑色墨水绘制，线条应均匀清晰，不得涂改。
- 几幅图可以绘在一张纸上，但应保证各图独立，各图组合起来可以合成一幅完整的图，附图周围不能有框线。若有两幅或两幅以上时，应用阿拉伯数字顺序编号排列，如图1、图2等。
- 每个编号只能对应一幅图，不得对应多幅图，也就是不得出现图1a、图1b的表达。
- 附图有两幅或两幅以上时，应用阿拉伯数字编号。
- 在不同的图中，同一个零件用同一标记。
- 流程图、框图应当视为附图，并应在其框内给出必要的文字和符号，特殊情况下可以将照片贴在图纸上作为附图，如金相结构、组织细胞等。

⑤ 具体实施方式

详细写明申请人认为实现发明或者实用新型的优选方式；必要时，举例说明；有附图的，对照附图。

（3）权利要求书撰写

权利要求书是确定整个专利保护范围的文件，具体内容如下。

① 确定主题名称，如一种××××装置，一种××××方法等。

② 列出全部技术特征，需准确地描述这个专利文件所涉及的装置或方法的全部特征。

③ 选择最接近的对比文件或产品，一定是和要撰写的发明专利解决相同问题的对比文件或产品。

④ 技术特征的筛选，明确哪些是共有的技术特征，哪些是独有的技术特征。

⑤ 起草权利要求书。

（4）说明书摘要撰写

说明书摘要主要包括如下内容。

① 发明名称。

② 要解决的问题，可理解为有益效果。

③ 技术方案，需要保护的内容，即权利要求书。

④ 主要用途，可理解为技术领域。

此部分不能超过300字。

习惯的写作顺序一般是①④③②，可参考的语句："××××装置（方法）属于××××技术领域，该装置（方法）的主要原理是×××××，该装置（方法）可以×××××"。

（5）外观设计专利要求

如果申请的是外观设计专利，应提交图片或照片必要时应简要说明。

① 图片、照片的要求。

- 图片或照片尺寸不小于3cm×8 cm，也不得大于15 cm×22 cm。
- 图片最好用计算机绘制。
- 图片或照片中的产品的比例必须一致。

● 图片或照片中不得有不构成外观设计的指标线、虚线、中心线、尺寸标记等。

② 图片或照片的视图包括主视图、后视图、俯视图、仰视图、左视图、右视图和立体图；必要时可有组合状态、使用状态和变化状态参考图。应指明设计要点，当设计要点不涉及 6 个面时，可仅提供设计要点所涉及面的投影视图及立体图。

5. 专利申请操作

申请人在申请之前先查询自己的创意是否已被前人申请过专利，可以登录国家知识产权局专利业务办理系统进行检索，建议使用相关行业、相关技术的通用词汇或技术关键字进行检索；然后根据网页内提示单击专利申请界面（见图 3.13）了解相关的专利申请程序。可以下载客户端进行在线申请，下载后需要完成注册、调节系统并获取数字证书。

图 3.13 专利申请界面

接下来，根据所申请的专利类型单击对应板块进行申请书的填写和提交并及时关注回执。需要注意的是，根据专利侵权判定中的"全面覆盖"原则，主权利要求列举保护的项目明确、具体，申请书写得越精练、越少，保护范围可能越大。要写出其他欲侵权者无法绕过的关键技术保护要点，其他的非必要的、非关键性的技术特征也要写入从属权利要求。

小知识——专利申请收费标准（见表 3.8）

表 3.8 专利申请收费标准

单位：元

专利类型	发明专利	实用新型专利	外观设计专利
申请费	900+50（公布印刷费）	500	500
申请实质审查费	2500	—	—
复审费	1000	300	300
撤销请求费	30	20	20

续表

专利类型	发明专利	实用新型专利	外观设计专利
无效宣告请求费	3000	1500	1500
强制许可请求费	300	200	—
专利登记费（含专利文件印刷费、印花税）	255	205	205
第1年至第3年每年年费	900	600	600
第4年至第5年每年年费	1200	900	900
第6年年费	1200	1200	1200
第7年至第8年每年年费	2000	1200	1200
第9年年费	2000	2000	2000
第10年年费	4000	2000	2000
第11年至第12年每年年费	4000	—	—
第13年至第15年每年年费	6000	—	—
第16年至第20年每年年费	8000	—	—

最后，电子申请回执接收完成后，案件需要进行相关业务的处理，处理完成后，申请人可以收到专利申请受理通知书和缴纳申请费通知书。收到通知书后即可在网站上查询专利。

专利权需要申请获得后才能确权，专利权确权流程如图3.14所示。

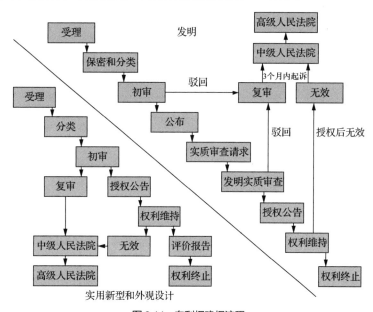

图3.14 专利权确权流程

（七）产品定价方法

产品定价方法是企业为了在目标市场实现定价目标，给产品制定基本价格和价格浮动范围所用的方法。任何企业都不能只凭直觉随意定价，而必须借助科学的、行之有效的定价方法。如前所述，影响产品价格的基本因素是产品成本、市场需求和市场竞争。因此，企业产品的定价方法主要有成本导向定价法、竞争导向定价法、顾客导向定价法及其他定价法（见表3.9）。

表 3.9　产品定价基本策略

定价法	具体策略	内容	
成本导向定价法	总成本加成定价法	在产品所有成本的基础上，加上一定比例的利润作为产品销售价格	
	目标收益定价法	据企业的投资总额、预期销量和投资回收期等确定价格	
	边际贡献定价法	产品价格大于边际成本	
	盈亏平衡定价法	在销售量既定的条件下，企业产品价格保障企业盈亏平衡	
竞争导向定价法	随行就市定价法	价格保持在市场平均水平	
	产品差别定价法	使用不同营销方法，使同质产品在消费者心目中树立起不同的形象，再据自身特点，选取低于或高于竞争者的价格	
	投标定价法	采用发包人招标、承包人投标的方式来选择承包者，确定最终承包价格	
顾客导向定价法	理解价值定价法	以消费者对产品价值的理解度为定价依据（运用各种营销策略和手段，影响消费者对产品价值的认知）	
	需求差异定价法	以消费者需求为依据，先强调适应消费者需求的不同特性，而将成本补偿放在次要的地位	
	逆向定价法	据消费者能够接受的最终销售价格，逆向推算出中间商的批发价和生产企业的出厂价格	
其他定价法	新产品定价法	撇脂定价法	产品上市之初价格定得高，短期内获取厚利
		渗透定价法	产品投放价格定得尽可能低，以获得最大销售量和最高市场占有率
		中庸定价法	即处于遏制和渗透之间的一种定价方法
	心理定价法	尾数定价	将尾数设为9，使消费者产生"价廉"错觉，促进销售
		整数定价	整数使消费者产生"便宜无好货"错觉
		招徕定价	零售商利用部分顾客求廉的心理，特意将几种商品的价格定得较低以吸引顾客
		品牌声望定价	一是提高产品形象；二是满足消费者地位欲望，适应消费者心理
	折扣定价法	现金折扣	
		数量折扣	给那些购买大量产品的消费者的一种折扣
		推广津贴	为扩大产品销路，向中间商提供促销津贴
		季节折扣	鼓励消费者淡季购买的一种折扣

1. 成本导向定价法

成本是企业生产和销售产品所耗费的各项费用之和，它是构成价格的基本要素。所谓成本导向定价法，就是以成本为基础，加上预期利润来制定价格的一种方法。它操作简单，简便易行，因此也是目前大多数工业企业采用的定价方法。

在实际应用过程中，常用的成本导向定价法有总成本加成定价法、边际贡献定价法和目标收益定价法。

（1）总成本加成定价法。总成本加成定价法是指在产品成本的基础上，加上一定比例的利润作为产品价格的一种方法。计算公式如下：

产品价格=产品成本×（1+成本加成率）+单位产品税金及附加

其中，产品价格为不含税价格（指不含增值税的价格）；作为加成基础的产品成本是由完全成本构成的，包括产品制造成本、管理费用、财务费用和销售费用；成本加成率就是企业的产品成本利润率，计算公式为：成本加成率=（预期利润÷产品成本总额）×100%；单位产品税金及附加是指企业按照应交增值税税额上缴的城建税和教育费附加。需要特别说明的是，由于在规模、投资、技术、管理、员工报酬等方面的差异，不同企业生产的相同产品在成本上有较大的差异。因此，总成本加成定价法所指的产品成本应该趋向于采用社会平均成本。

总成本加成定价法是一种最普遍的定价方法。它的适用范围是产品成本相对稳定、市场竞争不是很激烈的产品。在企业产品正常销售的情况下，可以采用此种产品定价方法。总成本加成定价法的优点是：简单易行，对买卖双方比较公平。此成定价法的缺点是：只从卖方、成本的角度考虑价格，忽视了市场需求和竞争。

（2）目标收益定价法

目标收益定价法又被称为投资收益率定价法。它是在成本的基础上，按照目标收益率的高低计算产品价格的方法。其计算步骤如下。

① 确定目标收益率。目标收益率可表现为投资收益、成本利润率、销售利润率、资金利润率等多种不同方式。

② 确定目标利润。由于目标收益率的表现形式的多样性，目标利润的计算也不同，其计算公式为：

$$目标利润=总投资额×目标投资利润率$$
$$目标利润=总成本×目标成本利润率$$
$$目标利润=销售收入×目标销售利润率$$
$$目标利润=资金平均占用率×目标资金利润率$$

③ 计算售价。计算公式为：

$$售价=（总成本+目标利润）/预计销售量$$

目标收益定价法的优点是可以保证企业既定目标利润的实现。这种方法一般是用于在市场上具有一定影响力的企业、市场占有率较高或具有垄断性质的企业。目标收益定价法的缺点是只从卖方的利益出发，没有考虑竞争因素和市场需求的情况。

（3）边际贡献定价法

边际贡献定价法是在产品单位变动成本的基础上，加上一定的边际贡献率来核定产品价格的一种方法。计算公式如下：

$$产品价格=产品单位变动成本÷（1-边际贡献率）=产品单位变动成本÷变动成本率$$

其中，边际贡献率=边际贡献÷产品价格；边际贡献=产品价格-产品变动成本-单位产品税金及附加。边际贡献定价法的内涵是，只要所定的产品价格高于产品的变动成本，企业即可获得对固定成本的边际贡献；而当企业获得的边际贡献总额超过固定成本总额时，企业就可以获得利润。

边际贡献定价法是企业应特别关注的一种产品定价方法。当企业生产能力过剩，而消费者又不愿意接受正常产品销售价格时，采用边际贡献定价法进行产品报价就会避免消费者的流失。有时，在市场竞争激烈的情况下，企业为了占领某个市场，也可以采用此定价方法。

（4）盈亏平衡定价法。这种方法是运用损益平衡原理实行的一种保本定价法。

其计算公式是：盈亏平衡点销售量=固定成本/（单位售价-单位变动成本）

$$盈亏平衡点销售额=固定成本/（1-单位变动成本率）$$

2. 竞争导向定价法

竞争导向定价法以竞争者的价格作为定价基础，以成本和需求为辅助因素进行产品定价，使本企业的产品价格与竞争者的价格接近或保持一定的距离。其特点是，只要竞争者价格不变，即使成本或需求发生变动，本企业的产品价格也不动；反之亦然。

（1）随行就市定价法。随行就市定价法是指企业将本行业的平均价格水平作为产品定价的标准。因为有些产品市场竞争激烈，成本计算比较复杂，需求弹性难以计算，而随行就市定价法则可反映本行业的集体智慧和市场供求情况，既能保证适当的利益，又能依照现有行情定价，也易于处理与同行间的关系。

（2）产品差别定价法。该方法采用不同的营销对策，使同质产品在消费者心目中树立起不同的产品形象，再根据自身特点，选取低于或高于竞争者的价格。一般情况下，为了争取主动地位或避免两败俱伤，针对竞争者的类似产品可以采取低价跟进的策略，即产品价格在同等水平下略低于竞争者的价格。需要注意的是，运用低价跟进策略，产品的质量必须可以和竞争者相抗衡。

（3）另外竞争导向定价法还包括投标定价法和拍卖定价法。其中投标定价法是指卖方在买方招标期限内，根据对竞争对手报价估计来制定相应竞争报价一种定价方法；拍卖定价法是在一个卖方和多个买方之间经过拍卖而确定价格的方法，由卖方预先发表公告，展出拍卖物品，买方预先看货，在规定时间内公开拍卖，由买方公开竞争叫价，一般在出售文物、旧货以及处理破产企业财务时使用此法较多。

3. 顾客导向定价法

顾客导向定价法依据消费者对产品价值的感受和对产品的需求程度来定价，而不是直接以成本为基础。顾客导向定价法主要包括理解价值定价法、需求差别定价法、逆向定价法等。

（1）理解价值定价法

理解价值定价法又称认知价值法，即根据消费者对产品价值的认识和理解来确定价格。产品的价格并不取决于企业的成本，而是取决于消费者对产品价值的理解和认识。所谓"理解价值"或"认知价值"，是指消费者在观念上的价值。因此，企业可以运用各种营销策略和手段，如优美的装修、高雅的环境和周到的服务，去影响消费者对产品的认识和感受，使之形成对企业有利的价值观念，然后再根据产品在消费者心目中的价值来定价。

消费者对产品价值的理解和感受，主要不是由产品成本来决定的。例如，同样一瓶啤酒，在超市的售价可能不超过 3 元，而在三星级酒店的售价可能为 10 元，在五星级酒店的售价则可能为 20 元。这就是环境气氛、服务等因素提高了产品的附加值，使消费者愿意支付高价格。理解价值定价法的关键是准确地估计消费者对本企业产品的理解价值，然后据以确定产品的价格。

（2）需求差别定价法

需求差别定价法根据消费者对产品需求强弱的不同，定出不同的价格。例如，若消费者对款式和品种的需求较强，则企业可将价格定得高些，反之则定得低一些。需求差别定价法可以分为以消费者为基础、以产品为基础、以地域为基础和以时间为基础等类型。

（3）逆向定价法

逆向定价法是指企业根据市场能够接受的价格来制定产品价格，即企业先了解市场环境，确定市场上可以销售出去的产品的零售价，在这个零售价的基础上，对各种中间费用和利润进行扣除，得到企业产品的出厂价，这个出厂价就可作为产品的定价。例如，市场皮鞋零售价为 100 元/双，减去 40% 的零售毛利 40 元、零售商成本 5 元、10% 的批发毛利 10 元，企业产品的出厂定价则为 45 元/双。

4. 其他定价法

（1）新产品定价方法

新产品定价方法一般有撇脂定价法、渗透定价法与中庸定价法 3 种。

① 撇脂定价法。"撇脂"是指如同从牛奶中提取油脂一样尽快获得高额利润，又称高位定价法。当新产品刚刚投放市场，类似产品还没有出现之前，为在最短时间内获得最大利润，企业通常采取这一定价方法。高位定价法可以尽快收回新产品的高额研制费用和生产初期的偏高成本，获得超额利润，为企业提供扩大再生产急需的资金。采用撇脂定价法需要满足 3 个基本条件。

- 新产品有很强的比较优势，是消费者急需的；
- 新产品价格需求弹性要小，消费者对价格不太敏感；

- 生产能力有限，竞争者不太可能在短期内向市场投放相似产品。

撇脂定价法易导致定价过高而不易尽快打开销路，高价带来的高利会迅速吸引竞争者；价格呈下降趋势，容易影响企业声誉。

② 渗透定价法。渗透定价法是指把新产品价格定得低一些，使新产品如同"水"一样，只在较低的表面上流动，但却能迅速蔓延开来，渗透到各个角落。许多企业在把新产品投入市场时，都会定一个保本、微利或者无利的价格，以便新产品能够迅速进入市场，取得在市场上的主动权，从而获取长期利润的最大化。

渗透定价法定价过低，不利于企业尽快收回投资和研究费用，甚至会导致企业发生亏损；企业回旋余地小，因为产品涨价时消费者一般很难接受；价格过低会降低产品形象，使消费者怀疑其质量；竞争者易产生报复行为，互相压价进而两败俱伤。

③ 中庸定价法。中庸定价法又称满意定价法，通常指用平均成本加上附加正常利润，使价格介于高位和低位之间。此种方法应用普遍，简单易行，可使企业收入稳定，产品销量平稳，避开价格之争的锋芒，是风险最小的一种定价方法。

如果产品本身无突出特点，企业具有一定信誉，也无意挑起同行之间的"价格战"，则应采用中庸定价法。但是，中庸定价法会给消费者一种产品平庸和没有特色的印象。

（2）心理定价法。心理定价法主要指在定价过程中利用消费者的心理制定价格。

心理定价法的主要方式有以下几种。

① 尾数定价。又称奇数定价，即利用消费者数字认知的某种心理，尽可能在数字上不进位，而保留零头，使消费者产生价格低廉和企业经过认真的成本核算才定的感觉，使消费者对企业产品及其定价产生信任感。

② 整数定价。对于那些无法明确显示其内在质量的产品，消费者往往通过其价格的高低来判断其质量的好坏。但是，在整数定价方法下，价格的高并不是绝对的高，而只是凭借整数价格来给消费者造成高价的印象。整数定价常常以偶数，特别是"0"作尾数。例如，精品店的服装可以定价为1000元，而不必定为998元。

③ 招徕定价。零售商利用部分消费者求廉的心理，特意将某几种产品的价格定得较低以吸引消费者。某些商店随机推出降价产品，每天、每时都有一种至二种产品降价出售，吸引消费者经常来采购价廉产品，同时也选购其他正常价格的产品。

④ 声望定价。所谓声望定价，是指企业利用消费者仰慕名牌产品或名店的声望所产生的某种心理来制定产品的价格，把价格定成整数或高价。质量不易鉴别的产品的定价适宜采用此法，因为消费者有崇尚名牌的心理，往往以价格判断质量，认为高价代表高质量。但价格也不能高得离谱，否则会使消费者不能接受。

（3）折扣定价法。折扣定价法是指对基本价格做出一定的让步，直接或间接降低价格，以争取消费者，提高销量。主要的折扣形式有数量折扣、现金折扣、推广折扣、季节折扣等。

（八）经营预算的编制程序

1. 销售预算的编制程序

第一，由企业销售部门对下一年度的销售数量、销售价格等预算内容进行预测。销售预测要在企业战略规划的指导下，结合预算目标，客观详细地分析企业外部环境和自身条件的优势和劣势；要在巩固、扩大现有市场占有份额和客户资源的基础上，充分考虑潜在市场和潜在客户的开发，并按产品、地区、客户等分类形成预算期的销售方案。

第二，由销售部门根据销售预测和企业下达的预算目标编制销售量、产成品存货、销售收入、货款回收、销售费用等销售预算草案。

第三，财务及生产、供应等相关部门对销售部门编制的销售预算草案进行传阅，并提出各自部门的修正意见。

第四，预算管理部门结合财务、生产、供应等部门的修正意见对销售预算草案进行审核，与企业的预算总目标进行衔接、平衡，并进一步提出修正意见。

第五，销售部门根据预算管理部门的修改意见，在与财务、生产等部门沟通、协调的基础上，编制修订销售预算草案，并经销售部门经理和企业分管总经理签字认可。

2. 生产预算的编制程序

在产品供过于求的市场经济条件下，企业必须首先根据市场需求量确定销售量，根据销售量确定生产量，然后依据生产量预算编制工业总产值预算，以及直接材料、直接人工和制造费用预算，最后依据已形成的生产预算资料，编制制造成本预算。

由于在一般情况下，企业的产品生产和产品销售不能做到"同步同量"，产品生产除了要满足销量外，还需要设置一定的存量，以保证能够按时、足量地向客户供货。因此，编制生产预算除了依据销售量外，还必须考虑预算期的期初、期末存货水平，以免存货太多形成积压或存货太少影响销售。生产预算的编制程序如图3.15所示。

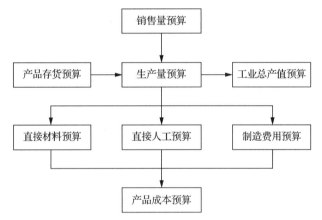

图 3.15 生产预算的编制程序

3. 供应预算的编制程序

在"以销定产"的情况下，企业是按照"销售—生产—供应"的顺序安排生产经营活动的。因此，企业只有在完成产品销售量、生产量、材料消耗量预算的基础上才能确定材料的采购量及材料、产品的储存量，同时还要在价值和供应时间上与销售预算、生产预算衔接起来。供应预算的具体编制程序如下。

第一，采购部门要根据企业的经营目标和产品生产安排对预算期的材料采购价格及供应情况进行预测。预测的材料采购价格是编制材料预算的重要依据，也是编制材料消耗预算、产品成本预算等预算的必备依据。

第二，采购部门和储运部门根据生产部门编制的各种材料消耗预算，以及材料预算价格、材料期初期末库存定额等资料编制材料采购预算和材料存货预算。

第三，采购部门根据材料采购预算和财务部门的资金安排，结合应付供应商的货款余额及企业的付款政策编制应付账款预算。

第四，储运部门根据销售部门和生产部门编制的产品销售量、生产量预算和产品期初期末库存定额等资料编制产品存货预算，生产部门根据产品资金定额等资料编制产品存货预算。

第五，财务、销售、生产等相关部门对采购及储运部门编制的供应预算草案提出各自部门的修正意见，经过一系列程序后将供应预算草案确定下来。

4. 期间费用预算的编制程序

由于 3 项期间费用之间没有项目上的关联性、金额上的衔接性和时间上的先后关系，因此，销售费用预算、管理费用预算和财务费用预算自成体系，分别由不同部门及其人员负责编制。

（1）销售费用预算由销售部门负责编制。在编制程序上首先需要划分固定费用和变动费用项目；然后针对不同项目的性质，分别采用零基预算法、变量预算法或百分比法进行测算，并与销售收入预算、现金预算以及企业总体预算目标相互配合和协调。

（2）管理费用预算由企业的各个管理部门负责编制，其基本编制程序如下。

首先，由财务部门将管理费用项目划分为固定费用和变动费用。

其次，将变动费用项目分解到各个管理部门进行编制，对固定费用则根据两种类型进行不同处理：一是与各部门直接相关的费用由归口管理部门核定分解后落实到各部门，如工资、福利、工会经费、待业保险费、劳动保险费等与员工数量有关的固定费用应首先由财务部或人力资源部核定每个部门的费用数额，然后分解到各个部门；二是与各部门不直接相关的费用由归口管理部门负责核定但不予分解，而是将总额留在归口管理部门或设置一个综合户专门填列此类费用，如税金、无形资产摊销、折旧费、矿产资源补偿费等。

最后，由财务部门或综合管理部门汇总编制整个企业的管理费用预算。

有的企业将与各部门不直接相关的固定费用也按部门的员工数量分解到各个部门中。笔者认为，此法不妥。理由是：固定费用属于不可控费用，无论是否分到部门，其总额都不会发生变化。如果将与部门不直接相关的费用强行分解到各部门则容易带来两个弊端：一是虚增了各个部门实际发生的费用数额；二是加大了部门费用基数，导致升降弹性变小，不利于反映各部门管理费用的实际控制效果。因此，将固定费用中的不直接相关费用按职能部门归口或设综合户管理的办法是比较妥当的。

（3）财务费用预算由财务部门负责编制。在编制程序上首先需要收集整理预算期各种借款的金额、利率，以及其他融资的资金成本、平均日存款额和存款利率等基础资料；然后通过分析、计算得出预算期的财务费用预算。

六、推荐阅读与自学　↓

[1] 清华大学职业能力发展研究中心. 青春无畏　创业无悔：大学生创业指导案例集[M]. 北京：化学工业出版社，2019.

[2] 郑聪玲. 市场调查与分析——项目、任务与案例[M]. 北京：中国人民大学出版社，2014.

[3] 马丽，何彩霞. 产品创新设计与实践[M]. 北京：中国水利水电出版社，2015.

[4] 张长胜. 企业全面预算管理[M]. 北京：北京大学出版社，2007.

[5] 王迁. 知识产权法教程 [M]. 7 版. 北京：中国人民大学出版社，2021.

第四章
生活中的商业决策

本章导学视频

人要有梦想。你的青春是最奢侈的资源。

——李书福

一、学习目标矩阵 ↓

本章从 3 个典型应用场景展开探索，带领大学生认识生活里商业项目的机会挖掘、策略营销与管理运营，通过行业调研与开发、营销战略梳理、基于专业方法的产品设计与融资准备演示模拟等活动，帮助大学生掌握营销战略规划逻辑、新产品联合分析法、融资基础、商业策划书撰写与演示等基本商业项目运营实践能力。本章的学习目标矩阵如表 4.1 所示。

表 4.1　学习目标矩阵

典型应用场景	项目任务	知识学习	技能胜任	工具应用
场景一　学校周边商业项目挖掘	项目任务一：营销调研	工业品及营销	调研力	三者分析法
	项目任务二：营销战略梳理	战略定位	分析力	波特五力竞争模型
场景二　智能硬件行业 NPI 代工创业	项目任务三：基于联合分析法的产品设计	产品概念	设计力	联合分析法
场景三　营销策略细化与经营视角的转变	项目任务四：商业计划书与融资文件准备	商业计划书融资准备	资源整合力	

 本章目标成果

1. 行业调研与开发策略
2. 营销战略
3. 产品设计
4. 商业计划书与融资文件准备

二、典型应用场景 ↓

场景一 学校周边商业项目挖掘

小金寒假与同学聚会时，听同学分享了其在大学城附近运营一家学生求职装店铺的经历，店铺专门为大学生定制求职服装，每个学期获利 9 万元左右。回校后，心动的小金与班上同学一起去学校周边考察后发现，学校周边或者商业街中奶茶店最多，于是决定考察奶茶行业状况。经过大量的前期可行性考察后，小金决定与几位同学合伙创业开设一家智能茶饮店，因为大多数的茶饮店都是菜单固定，口味搭配固定，缺乏个性与特色，于是团队决定设计一个 DIY 口味的智能茶饮店程序，供顾客根据自己的喜好选择奶茶口味。

团队一边研究程序，一边跑批发市场了解奶茶的原材料供应状况，考察是否有足够的智能化、大规模化生产 DIY 智能茶饮的条件。随着技术的进步，固体（粉状）奶茶、液体奶茶已经实现了智能化、大规模生产。同时市面上开始出现智能茶饮店方案提供商，专门为客户提供基于物联网的智能茶饮制作和基于互联网的数字化营销服务。在订单平台上，茶饮店整个供应链智能化，小程序、App 运营逐渐数字化，但这些基础性的变化并不能让小金与同学的茶饮店在众多的竞争者中脱颖而出，如何以"智能"的特色成为茶饮店中的新秀呢？团队开始探索具有特色的商业模式。

一次茶饮制作机器人考察调研激发了团队的创新灵感：为何不采用茶饮制作机器人替代人工制作茶饮呢？于是，团队提出了 3 个智能茶饮店特色卖点。

（1）口味个性化定制，满足年轻人的自由个性追求。

（2）用茶饮制作机器人替代人工制作茶饮。茶饮制作机器人运用机械臂制作茶饮，不同的茶采用不同的水温和制作时间，并懂得混合不同味道的果酱和调节冰及茶的分量。顾客可在一旁观看茶饮制作机器人冲调饮品（连手摇的动作，茶饮制作机器人也做得到），这种体验对于爱喝奶茶的年轻人来说十分新奇，所以能够引发众多顾客前来体验"打卡"。通过这种体验，顾客也更容易与品牌建立正向情感连接。

（3）顾客自己 DIY 茶饮的消费模式创新。DIY 茶饮模式，本质上是提供一种定制化的产品体验，根据顾客的需求来定制，从而把"买奶茶"变成一种新奇好玩的体验活动。

在确定整体智能茶饮店的特色卖点后，团队开始着手店铺地址选择、原材料供应、茶饮机器人采购等后续工作，并开始期待智能茶饮店的正式营业。让我们一起去学校周边考察挖掘一些适合我们且能胜任的商业项目吧。

场景二 智能硬件行业 NPI 代工创业

茂哥曾是一家大型制造企业的智能硬件工程师，在工作中茂哥接触了大量与自己工作性质相同或相似的智能硬件工程师。因工作需要，茂哥需经常到香港、珠海、澳门、台湾等地区参加行业科技会议或产品展会等。接触多了以后，茂哥发现这些地区的智能硬件公司，有一些是众筹起家的。这些智能硬件公司仅拥有 2 名软件工程师、2 名硬件工程师加 1 名营销人员就"搭起棚子"创业。得知这些创业公司创业的情况后，茂哥非常好奇，因为根据自己的行业经验，智能硬件公司不像互联网公司那样拥有较低的门槛，智能硬件产品设计包括工业设计、硬件设计、嵌入式软件设计和 App 设计。自己所在的传统硬件公司为了保证硬件产品的稳定性，研发流程比较长[一般会经历多次试产（100～500 台）和一次小批量产（1000～3000 台）]，如一台四轮汽车的开发周期是 4～5 年，摩托车的开发周期是 2～3 年，成本高且周期长。而互联网公司的产品形态主要是软件应用，因此互联网产品的主要特点是快速开发、快速发布、快速迭代。例如谷歌的产品基本每几个星期，甚至每几天就会有小的更新和迭代。

经过 6 个月的调查，茂哥发现，这些地区的硬件代工特别是新产品导入（New Product Introduction，NPI）很成熟。智能硬件公司不需要考虑太多供应链方面的问题，且由于性价比高的 NPI 外包公司较多，在量产之前直接外包就可以。很多 NPI 外包公司也提供产品设计服务。这些 NPI 外包公司和采用大量生产运营方式的代工厂不同，其选择的是轻资产、小而精的运营路线。这些 NPI 外包公司可能连实体工厂都没有，只负责生产用于大量生产前的产品。这部分市场目前虽然产量不大但毛利可观。因为大型工厂和中型工厂都不愿意接这种活，而小型工厂又因为管理层人员素质和产品质量低下，缺乏长远规划，无法应对这种爆发的需求。在国内专门做小而精的工厂还很少，茂哥坚信，在不久的将来这会是一个在通往金矿的河流中摆渡的行业，于是他号召了几位素质较高并与自己志同道合的合伙人开启了自己的 NPI 外包公司创业。

团队按照智能硬件产品的制造设计专业技术模块进行了清晰的流程划分与衔接。智能硬件主要包含嵌入式硬件（HW）、嵌入式软件（SW）、外观结构（ID），具体如图 4.1 所示。每次接到订单后，团队根据订单业务需求，并运用相关工具制订细化的流程与任务排期计划，以指导后续工作。在完成几个初始订单的时候，团队很快发现，由于 NPI 外包行业整体的空白，在租赁工厂生产线、寻找工人组织，尤其是降低物料成本上，几乎没有成熟做法可参考，大多数的资源都是团队成员不断走访厂家并商谈而获得的。同时与很多大中型工厂批量物料经济采购相比，团队的采购量太少，物料成本也因此高很多。于是负责互联网工作的成员小 A 的团队专门建立了一个数据库，存储分析大量的工厂信息、人工信息与物料商家管理信息，以支持每次订单在工厂租赁、人工抉择与物料商家选择等流程中的决策。

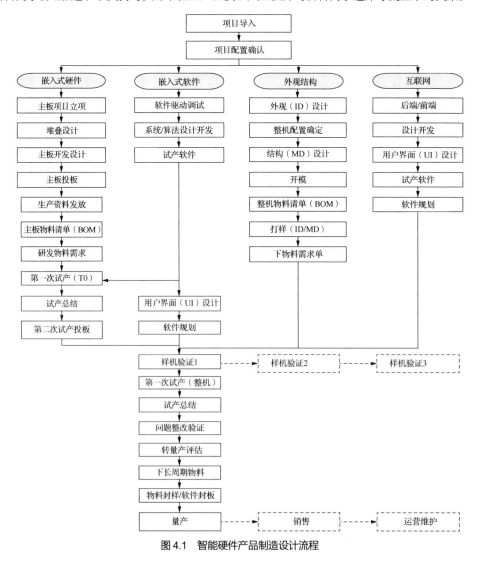

图 4.1　智能硬件产品制造设计流程

整个团队在初期几乎赚不到钱，只能勉强收回代工成本。团队成员在前半年里几乎没有收入，但可贵的是，团队成员做事认真负责，整个团队凝聚力和执行力都很强。

经过半年时间，团队小而精的 NPI 代工定位非常准确地填补了 NPI 代工市场的空白，虽然初期遭受了市场空白产业不成熟导致的高成本，但最后团队仍凭借整体高素质和技术优势获得了行业客户较高的评价，逐渐在行业中树立起良好的口碑。回首看，茂哥的 NPI 代工团队差不多花了 5 年时间才逐渐成长为 NPI 代工行业的"独角兽"。

场景三　营销策略细化与经营视角的转变

化学专业毕业的梁宇去年进入甲醛检测行业创业，已当父亲的梁宇希望通过自己的创业减少因为装修污染导致的一系列健康问题，尤其是降低少儿白血病发生的概率。于是梁宇开始着手了解、收集资料。在了解相关信息后，梁宇认为甲醛治理施工并不是很复杂，行业投入成本也并不高，大概 2 万元以内就可以搞定。治理一套面积为 100 平方米的甲醛超标房屋，平均收费为 3500～5000 元，但成本率却可以控制在 15% 以下，利润可观。

对行业信息有一定了解后，梁宇开始对比筛选各大厂家的药剂。通过一段时间的调研，梁宇了解到很多大型项目都做过甲醛治理，便逐渐肯定甲醛是可以通过科学的手段有效治理的，因此明确了自己的创业价值追求。于是梁宇带着 2 万元启动资金开始创业。

说干就干，从公司成立运营，制作各种宣传资料，到完成准备工作，用了一个多月的时间。第一个月的营业时间大概只有 10 天，营业额为 9000 多元，梁宇当时心想如果完整营业一个月大概有 2 万元的营业额。在第一个月，梁宇首先在当地儿童医院后门摆了个展位。那个展位后面是一条长长的巷子，巷子里开了几家母婴店，在小朋友就医结束后，有的家长都会带孩子过去逛一逛，而梁宇的展位恰恰正对着医院后门。当有家长走过来时，梁宇便现场演示检测原理，第一天摆展位时梁宇加了十几位家长的微信，第二天加了 20 多位家长的微信。其中一位家长开了家信息咨询公司，刚装修完办公室，共计 180 平方米，经过几次沟通，此项目以 6000 元的价格成交。

第二个月，梁宇开始在小区门口发传单，并与小区物业合作在小区摆展位，当月营业额却只有 1.2 万元。其间只做了一个公司单和几个小家庭单，梁宇心里开始焦虑。

第三个月，眼看生意依旧惨淡，梁宇内心无比焦虑。一天，他恰巧与前领导一起吃了顿饭，梁宇趁机吐了吐苦水。正所谓"当局者迷，旁观者清"，与前领导的一番谈话，惊醒了梁宇，前领导指出梁宇目前还是以一个打工者的角度在经营，缺乏远见和系统的营销模式规划，小打小闹只能养家糊口，要想做大必须做渠道、做模式、做平台，这是每个公司实现规模化的必经之路。

回去之后，梁宇一直在思考怎样才能以大公司、大品牌的心态经营自己的业务，并开始着手制定系统的营销方案（主要包括异业合作模式、客户群体及消费心理分析、渠道建设、平台推广和网络推广，以及销售话术和策略分析）。整体策略清晰后，业务开始步入正轨，当月营业额升至 2.5 万元。梁宇创业的信心又开始燃烧起来。

因为前期已经积累了一部分客户，四个月后梁宇开始收到客户转介绍的单子。同时，很多新房的业主要赶在春节前入住，需求集中爆发，梁宇快忙不过来了。于是梁宇找了一些朋友帮忙，同时请了些兼职帮手，节省了一笔固定人员的开销。

在第六个月业务没那么繁忙时，梁宇开始总结工作，包括对客户、推广方法、渠道以及价格的细分。例如对客户的细分，星期一到星期五小区推广效果比周六、周日两天的推广效果差多了。再如对客户消费心理的把握与分析，在免费检测甲醛促销活动中，梁宇曾经免费为十几家客户检测甲醛，但最后选择治理的却没几家，他发现客户环保的"主观意识"是成交的核心。有需求并重视的客户会主动消费，多花点钱也不在乎。

最后，服务、让利以及请客户转发信息，产生了裂变传播效应。梁宇一有空就会跑装修建材市场，与装修类联盟谈合作，与设计师谈合作，哪里有新楼盘就提前构建客户团购微信群。梁宇甚至为了运营好客户团购微信群参加了几个集中性质的新媒体运营培训课程。在新楼盘团购微信群方面，梁宇发现这个渠道的有效信息传播与管理非常关键，每次有新楼盘开盘，梁宇都会通过一些业主建立对应楼盘团购微信群，微信群里的业主有些是已经完成订单的客户，有些是具有潜在成交意向的观望客户。梁宇会根据客户需求分享对应楼盘现场检测处理视频信息，也会解读团购检测价格档次及服务体系，他经常利用红包与客户互动，很多完成订单的客户也会在群里夸赞梁宇团队工作细致。

第一年下来，团队还完成了几个大型工程，不断试错、不断总结积累经验。第二年团队接了更多大型工装项目的检测业务，有 3500 平方米的大集团、2500 平方米的咨询公司、2000 平方米的美容医院、1500 平方米的半导体公司，以及早教机构、瑜伽馆、儿童游乐园、税务局等，营业额达到50 多万元。随着管理不断正规化，梁宇也逐渐实现了自己的创业追求。

三、场景项目任务 ↓

请根据前文中的 3 个场景，以小组为单位，完成下面的项目任务。
项目任务一：营销调研
项目任务二：营销战略梳理
项目任务三：基于联合分析法的产品设计
项目任务四：商业计划书与融资文件准备

项目任务扫码获取

四、知识库 ↓

（一）工业品营销管理与战略梳理

1. 工业品营销

营销战略是对企业营销整体性、长期性、基本性问题的考量，是一种营销谋略；是企业根据整体战略规划，在综合考虑外部市场机会及内部资源能力状况等因素的基础上，选择目标细分市场，进行市场定位和选择相应的市场营销策略组合，并予以有效实施和控制的过程；也是业务单位在目标市场上达成各种营销目标时广泛遵循的原则。因此，营销战略的核心是选择、定位和原则，这是一个管理过程。因在第二章与第三章中探讨了很多消费品营销知识，在这一章中，重点讨论工业品营销管理与战略。

工业品营销的对象是企业、政府机构、特殊组织等，客体是工业品。工业品营销与传统消费品营销在市场结构、产品用途、购买行为、决策特征、产品特征等诸多方面存在较大的差异，具体内容如表 4.2 所示。

表 4.2　工业品营销与消费品营销的差别

具体方面	消费品营销	工业品营销
市场结构	市场分散，买主多且需求难明确	市场集中，买主少且需求明确
产品用途	个体、家庭等应用，直接消费	企业、大型组织生产
购买行为	简单的购买过程，感性、非专业购买	复杂的购买过程，专业、理性购买
决策特征	无程序或程序模糊，个体决策	程序明确、清晰，团队决策

续表

具体方面	消费品营销	工业品营销
产品特征	产品批量化、标准化	为客户定制，侧重服务、配送等
渠道特征	长，间接	短，直接
销售方式	强调广告，注重知名度与美誉度	强调人员促销，注重专业度
定价特征	不同折扣下的价格清单	竞争性谈判，强调成本分析

（1）工业品营销的需求是派生的。工业品是用于生产产品和服务的中间品，是直接成本的构成部分，是由下游需求派生的。

（2）工业品营销的购买关系是通过契约来约定和固化的。工业品的购买一般是企业间的法人化购买行为，以项目的形式存在，由专业人士和专业机构公开招标，通过谈判达成共识后形成合约。双方依据合约来规范购买过程中各自的权责。

（3）工业品营销的渠道特征是短和直接。考虑到存货成本最小化、产品的及时供货、产品的技术支持与售后维护、产品需要定制等多种因素，工业品营销的渠道更直接和更短。目标用户和生产企业都倾向于直接联系，以便建立较为稳定的信任关系，从而降低交易成本，形成整合优势。

（4）工业品营销呈现价格和非价格属性交融、技术和商务交融的特点。工业品营销不仅要考虑产品本身的价格，同时技术和售后服务也十分重要。

2. 工业品营销调研内容

工业品营销调研内容包括外部市场调研和内部梳理两个方面，具体调研内容如表4.3所示。

表 4.3　工业品营销调研内容

调研内容		具体内容
外部市场调研	营销环境	政治法律环境、经济环境、社会文化环境、技术环境、竞争环境
	行业经济	市场区域范围及规模大小、规模经济特征、行业进入壁垒与退出壁垒、对资源的需求程度、平均投资回收期、市场成熟程度、市场增长速度、行业中公司的数量及其规模、购买者的数量及其规模、分销渠道的种类及特征、技术革新的方向及速度、行业总体盈利水平等
	行业驱动因素	行业的全球化趋势、行业增长率的变化趋势、客户群、客户对产品使用方式的变化、产品与服务的革新、技术变革、营销变革、技术诀窍的扩散、行业中大公司的进入或退出、成本和效率的变化、客户偏好的变化、监管机构的影响力、政府政策的变化、行业不确定性和风险的降低、社会关注点、价值观和生活方式的变化等
	产品	目标客户对产品的需求现状及发展趋势、目标客户的购买特征、既有客户对产品的性能及质量等情况的反馈、国际产品的市场走势等
	价格	客户对产品价格的心理预期及承受能力、主要竞争同行的价格等
	服务	服务满意度调查、服务需求调查等
	营销渠道	行业内现有营销渠道的经营状况、资源及能力状况、地域分布、合作条件等；相关联行业营销渠道的经营状况、资源及能力状况、地域分布、合作条件等
内部梳理	企业资源	• 有形资源：企业的固定资产（厂房、设备等）、人力资源、财力资源等； • 无形资源：企业形象、企业口碑、组织文化、管理、知识产权、技术诀窍、专利、商标、交易秘诀、特别知识、销售网络、公共关系等
	企业能力	设计、生产、营销、交货，以及对产品起辅助作用的各种价值活动的能力

3. 营销战略梳理逻辑

一个企业的营销战略往往是企业家意志的体现，也是企业长期发展积累下来的成果，不是说改变就改变的。但是，对营销战略进行梳理和优化是可行且需要不断进行的。对营销战略进行梳理能使战略目标更加明确、战略路径更加清晰、战略实施措施更加具体。工业品营销战略梳理逻辑包含4部分内容：内部梳理、外部分析、战略定位和战略实施路径，如图4.2所示。

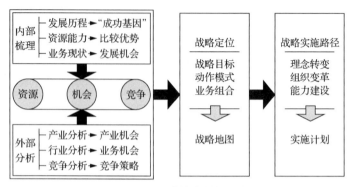

图4.2 工业品营销战略梳理逻辑

（1）内部梳理

营销战略的制定始于对外部市场的分析，而营销战略的梳理始于对企业的内部梳理。通过内部梳理，可以了解企业的发展历程，提炼企业的"成功基因"；梳理企业的资源及能力，分析企业的比较优势；评估企业的业务现状，寻找企业的发展机会。只有梳理、提炼出企业的资源能力和独特竞争力，才能有针对性地进行外部市场分析，寻找企业的外部市场机会。要内外部相结合，梳理出企业的营销战略。

① 梳理发展历程，提炼"成功基因"。企业的发展过程就是一个在未知领域不断探索的过程。一个企业能在竞争激烈的环境中生存发展，就一定有其独到的一面，也就是"成功基因"。梳理企业发展历程的目的在于寻找一个能够与企业特点相契合，并能不断促进其发展的特定"成功基因"，同时从企业发展历程中找到一个相对较优的模式来保持企业的发展能力，然后利用这个"成功基因"和模式，使企业在其生命周期的每个阶段都充分发挥自己的特色优势，延长自身生命周期，实现自身的可持续发展。

梳理企业的发展历程时，可以结合企业的生命周期考虑。企业的生命周期是指企业发展与成长的动态轨迹，通常包括初创期、成长期、成熟期和衰退期4个阶段。不同的企业存在着不同的生命周期，不同的生命周期有着不同的特征。尽管生命周期有共同的规律，但4个不同阶段的变化是不一样的，并且各自的发展轨迹也不同。针对不同的阶段，应采取不同的战略，以使企业的总体战略更具前瞻性、目标性和可操作性。

② 梳理资源能力，寻找比较优势。企业必须拥有自己独特的竞争力。独特的竞争力是企业相对于竞争对手所独有的，并且能引导企业持续获得比较优势。企业独特的竞争力来自企业的资源及能力。

◆ 企业资源。企业资源包括人、财、物、技术、信息等，可分为有形资源和无形资源两大类，有形资源主要包括企业的固定资产（厂房、设备等）、人力资源、财力资源等；无形资源包括企业的企业形象、企业口碑、组织文化、管理、知识产权、技术诀窍、专利、商标、交易秘诀、特别知识、销售网络、公共关系等。企业应从全局来把握资源的现实状况，包括把握资源的数量、质量、分配组合情况等。企业资源是构成企业实力的物质基础，其现状和变化趋势是制定营销策略的根本基础。可以从成本分析、资源利用的有效性分析以及企业财务分析来考察企业资源的使用效率及资源控制能力。

◆ 企业能力。企业能力分析是指对企业的关键性能力进行识别并进行有效性、竞争性及强度的分析，企业能力分析内容如表 4.4 所示。企业能力分析的目的是分析企业是否能抓住机会、满足需求、销售产品。企业价值链分析是企业能力分析的重要手段，是设计、生产、营销、交货以及对产品起辅助作用的各种价值活动的集合。

表 4.4　企业能力分析内容

企业能力分析		具体分析内容
（1）研发能力	企业研发成果分析	已有的研发成果分析，如新技术、新产品、专利等
	研发组合分析	企业处于技术研发、新产品开发、老产品改进、设备工艺技术改造的层次
	研发能力分析	企业研发队伍的现状和发展趋势
	科研经费分析	一般可按照总销售收入的百分比、竞争同行的研发经费状况以及实际需要来确定
（2）生产能力	加工工艺和流程	工艺技术选择、生产工艺流程设计、工厂设计、生产能力和工艺综合配套、生产控制和运输的安排等
	生产能力	产量预测、生产设施和设备计划、生产日程的安排等
	库存	原材料、在制品和产成品的合理比例
	劳动力	生产工作的分配、工作标准、绩效测定和激励方法等内容
	质量	质量的控制、样品、质量监测、质量保证和成本控制
（3）营销能力	营销战略	战略目标明确、战略定位科学、战略实施路径清晰
	营销策略	关系策略、价值策略、服务策略、风险策略、产品策略、品牌策略及渠道策略等得当，策略具有竞争力
	营销组织	组织架构适应营销战略和策略需要、组织运转高效、信息传递通畅、人力资源配置合理、营销人员能力满足需要
	营销绩效及过程管理	检验企业的营销绩效考核办法的合理性、能充分调动营销人员的积极性和主动性、营销过程管理的系统性
（4）组织能力	良性组织衡量：目标明确、组织有效、统一指挥、责权对等、分工合理、协作明确、信息通畅、有效沟通、管理幅度与管理层次有机结合、有利于人才成长和合理发挥作用、有良好的组织氛围等	

③ 梳理业务现状，探寻发展机会。梳理业务现状的目的是深入了解企业的业务构成、各业务板块的营销现状及未来的发展规划，分析各业务板块的市场表现和竞争能力，探寻企业的业务发展机会，从而根据可能的业务机会选择性分析外部市场。

（2）外部分析

外部分析是指结合企业内部的资源及能力现状，通过外部市场环境及竞争力量的分析，识别产业及行业的机会与威胁，寻找企业超越竞争对手的战略机会。如果企业能够利用环境条件制定和实施提高利润的战略，那么，一般认为企业在市场上存在着机会。外部分析主要包括三个方面：产业分析（寻找产业机会）；行业分析（寻找业务机会）；竞争分析（寻找竞争策略）。

① 产业分析。产业是由利益相互联系的、具有不同分工的各个相关行业所组成的业态的总称。产业分析是指对产业的市场结构、战略群体、生命周期等进行深入分析，为企业制定科学有效的战略规划提供依据。

◆ 产业的市场结构分析。可采用美国著名的战略管理学者波特提出的五力竞争模型进行分析，对企业的外部竞争环境形成充分的认识和理解，并描绘出企业竞争压力图，以更积极主动地面对竞争，寻找市场机会，制定竞争对策。在图 4.3 所示的企业竞争压力图中，来自潜在进入者的压力中等偏小，来自替代品开发的压力较大，来自现有竞争对手的压力非常大，来自客户讨还价能力的压力较小，来自供应商讨价还价能力的压力中等偏小，从企业实际竞争压力圈之外到最外环圈之间的空间代表了企业的生存空间。

◆ 战略群体分析。战略群体是指在一个产业内执行同样或相似战略并具有相似战略特征或地位的一组企业。波特认为，根据产品（或服务）的差异化程度、各地区交叉的程度、细分市场的数目、所使用的分销渠道、品牌的数量、营销的力度（如广告覆盖面、销售人员数量等）、纵向一体化的程度、产品的服务质量、技术领先程度（是技术领先者还是技术跟随者）、研究开发能力（生产过程或产品的革新程度）、成本定位（为降低成本所做的投资等）、能力的利用率、价格水平、装备水平、所有者结构、与政府及金融界等外部利益相关者的关系、组织的规模等特征变量，可以对战略群体进行划分，从而绘制出战略群体分析图，如图 4.4 所示。

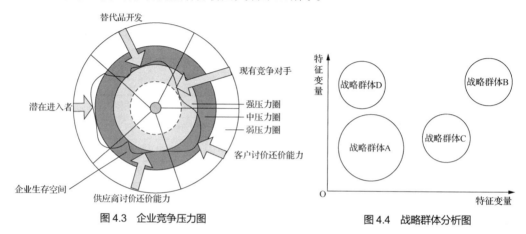

图 4.3 企业竞争压力图　　　　　　图 4.4 战略群体分析图

战略群体分析可以帮助企业确定环境中存在的机会和威胁。对企业而言，同一个战略群体中的其他企业是自身最直接的竞争同行，其次是相距最近的战略群体中的企业，而与本企业相距很远的战略群体中的企业，与自身的直接竞争程度很低。各个战略群体内部的竞争程度各不相同，服务的主要客户数量的增长率不同，其驱动因素和竞争力量也不相同。如果企业发现另一个战略群体的竞争形势对自己更有利，就可以考虑向其转移。但这种做法存在较大的机会成本，主要原因是在战略群体之间的转移存在转移壁垒。壁垒因素包括进入障碍和退出障碍。转移壁垒的高低可以用于评估一个特定战略群体的企业受到其他群体企业进入威胁的大小。如果转移壁垒较低，其他战略群体企业的进入威胁就较大，这在很大程度上限制了企业的价格和利润；如果转移壁垒较高，进入威胁就较小，这个受保护的战略群体中的企业就有机会提高价格，获得更多利润。

◆ 生命周期分析。生命周期分析是分析产业演变对竞争力量影响的重要方法，即通过对产品或业务线等事物进行不同阶段的划分，能够帮助决策者更正确地理解业务或者产品，因地制宜、因时制宜地使用正确的发展策略，在产品衰退前做出反应。

生命周期是一个动态的演进过程，产品生命周期一般要经历 5 个阶段，即研发期、引入期、成长期、成熟期和衰退期。企业需要想办法提高研发期和引进期的效率，加速成长的步伐，延长成熟期，减缓衰退的进程。

② 行业分析。行业和产业分析从宏观层面分析影响企业营销战略的因素，而行业分析从中观层面对行业经济的运行状况、产品生产和销售、技术、行业竞争力、市场竞争格局、行业政策等行业要素进行深入的分析，从而发现行业运行的内在经济规律，进而预测行业的发展趋势。

◆ 吸引力。吸引力分析是指在经济特征分析和主要机会、威胁分析的基础上，找出关键性的影响因素（如市场规模、增长潜力、获取回报的能力、成熟度、进入门槛、盈利能力、市场竞争强度、技术要求、周期性、规模经济、资金需求、环境影响、社会政治与法律因素等），并从中识别几个关键因素，然后根据每个关键因素的相对重要程度定出各自的权重，再对每个因素按其对企业某项业务的有利程度逐个评级，最后加权得出行业吸引力值的过程。经过分析、评判，可以把行业吸引力分为高、中、低 3 类。如果行业吸引力大，而且企业在这个领域有相当强的竞争力，那么一般来说，企业在这个行业里就有竞争优势；反过来则行业吸引力很小，企业在这个领域里没有太强的竞争能力，因此建议企业不要进入这个行业或回收投资后及时退出。

◆ 驱动因素。环境会发生变化，是因为一些重要的力量在推动行业内的成员（供应商、客户或其他参与方）改变他们的行动。驱动因素是指那些改变经济环境的基本因素。驱动因素分析的要点，一是辨认各种驱动因素，二是评估各种驱动因素的重要程度。驱动因素通常包括行业增长率、产品的使用方式、产品革新、技术变革、竞争结构、技术扩散、全球化、成本和效率、客户偏好、经济环境与不确定性和商业风险。虽然起作用的驱动因素有许多，但是主要的驱动因素一般只有 3～4 种，驱动因素是变革原因和变革方式的主要决定因素。

③ 竞争分析。梳理营销战略的一项核心任务是了解和分析竞争对手。在同一个产业或者行业里，企业的竞争对手可能很多，但企业不可能对每个竞争对手都一一进行分析。可以根据企业内部的业务现状分析、外部市场的产业战略群体分析和波特五力竞争模型，梳理出企业主要的现有竞争对手和潜在竞争对手，并对每个竞争对手全面了解和分析。

◆ 竞争分析的目的。竞争分析的目的包括了解每个竞争对手现在及将来可能采取的营销战略行动、各竞争对手对其他企业在一定范围内的营销战略行动倾向可能做出的反应、各竞争对手对可能的市场变化可能做出的反应。

◆ 竞争分析的内容。竞争分析内容主要包括竞争对手的营销目标、营销假设、现行营销战略、营销能力和竞争对手面对竞争的反应等 5 个方面内容，如图 4.5 所示。在长期的市场竞争中，大部分企业对竞争对手的营销目标、现行营销战略和营销能力都有一定了解，对竞争对手的营销假设却了解甚少。

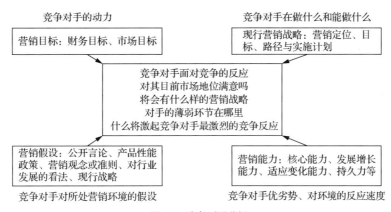

图 4.5 竞争对手分析

（3）战略定位

营销战略定位本质上是通过规划，制定企业发展的宗旨、目标，使企业的资源和能力与不断变化的营销环境相适应的过程。这种定位表现为制定一个长期性、全局性、方向性的动态营销发展规划。

定位的本意为"确定品牌在用户心中的位置"，需要企业做出取舍，以形成具有一致性的经营方向。通过对运营活动的取舍，企业能够确定自己的战略方向，并将模仿者阻挡在外。营销战略定位通常有两类，一是以客户为中心的营销战略定位，二是以竞争为中心的营销战略定位。

① 以用户为中心的营销战略定位。工业品营销的第一目的是创造价值、获取和维持客户。企业要在竞争激烈的市场中取胜，必须以客户为中心，从竞争对手那里赢得客户，进而通过风险化解、

服务提升、价值创造等来保持客户的不断增加，从而持续获得更多订单，创造更多利润。以客户为中心要求企业首先对客户进行深入的调查和分析，了解客户的需求和要求。不同行业、不同地域客户的需求和要求是不一样的，为了让客户满意，企业制定营销战略时必须对市场进行细分，从中选择最佳的细分市场，制定有针对性的营销战略，使自己比竞争对手更有针对性地、更具竞争力地为选定市场的客户服务。市场选择过程包括 3 个步骤：市场细分、选择目标市场和市场定位，如图 4.6 所示。

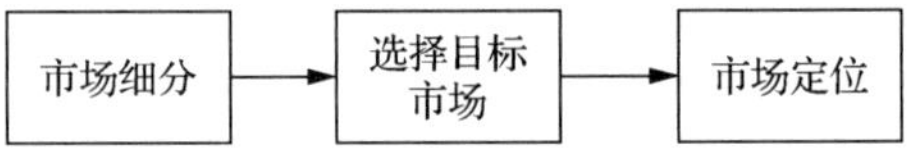

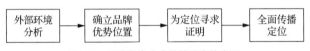

图 4.6　市场选择

② 以竞争为中心的营销战略定位。以竞争为中心的营销战略定位的本质是针对外部竞争对手，选择一套差异化的运营模式，形成一套独具特色的运营活动，以此创建价值独特的定位。战略定位的基点是：基于品类的定位，看重经济上的合理性；基于需求的定位，目的是满足某类独特客户群；基于接触途径的定位，主要看地理位置或客户规模。战略定位是针对竞争对手确立自身最具优势的位置，从而使自身产品胜于竞争对手，被客户优先选择。以竞争为中心的战略定位有 4 个步骤：外部环境分析、确立品牌优势位置、为定位寻求证明、全面传播定位，如图 4.7 所示。

图 4.7　以竞争为中心的战略定位步骤

（4）战略实施路径

战略制胜，不仅需要好的战略规划，更需要战略的有效实施。受愿景、人员、资源、管理等障碍因素的影响，只有少部分的企业能有效组织并实施其战略。战略实施是一个复杂而又令人困惑的问题，许多企业总感觉战略比较空泛，难以将其融入日常管理。下面从两个方面介绍战略实施路径的相关内容。

① 促进战略实施的因素。促进战略实施的因素归纳起来主要包括组织机构及其运行机制与战略实施相适应，各事业部和各职能部门之间的资源分配能使它们相互协调并为实施企业战略提供足够的支持，各级领导的素质和领导作风与战略实施要求其承担的角色相匹配，企业文化、经营理念与战略实施的要求相适应，企业成员清楚自己的战略信息及职责，控制系统及时、准确地反馈信息，绩效制度能够激励和促进战略的实施。

② 战略实施三大路径。战略的实施，首先要求企业必须转变观念，然后通过组织变革为战略实施提供组织保障。同时，企业还必须加强相关能力建设，为战略实施提供重要支撑。战略实施的三大路径为转变观念、组织变革与能力建设。

4. 工业品营销战略 3 维度检核

很多工业企业的战略是模糊的、隐形的，导致其制定策略的时候十分无助。为了正确解读工业企业的营销战略，可以通过 3 个维度来对营销战略进行检核。

（1）产业—行业—企业

这一维度的目的主要是梳理产业政策、分析行业环境与发展趋势、寻找企业在行业中的位置，即站在产业的高度审视行业趋势，在行业内寻找企业的竞争位置，在行业趋势的指导下开展企业营销活动。

（2）营销—生产—技术

这一维度主要是梳理、规划工业企业的内部资源，为营销战略的实施提供资源保障。营销、生产、技术是工业企业的三大重要系统，也是企业资源投入的 3 个环节，实现这 3 个环节的平衡是企业战略实施的重中之重。工业品营销是一个体系，营销的是企业的整体实力。企业必须按现阶段自身的状态，在营销、生产和技术 3 个方面合理分配有限的资源。

（3）产品—客户—区域

这一维度主要是梳理工业企业的营销系统资源，规划营销资源的配置，为营销战略的实施提供资源保障。工业企业营销资源配置不外乎 3 个方面：产品、客户和区域。在进行营销资源配置时，企业必须以某一个方面为主线。在营销层面，企业必须确定自身营销资源的分配是以产品为主线来配置，还是以客户为主线来配置，或者以区域为主线来配置。产品、客户、区域 3 个方面的优先次序直接影响营销组织机构的设计、管理流程、绩效管理等。它们也是营销体系设计的 3 个主要着手点，营销资源整合效率的高低也完全取决于这 3 个方面设计的合理性。工业品营销战略 3 维度检核的实施建议如表 4.5 所示。

表 4.5　工业品营销战略 3 维度检核的实施建议

维度	实施建议
产业—行业—企业	① 产业的发展阶段与政府的产业政策分别是什么？ ② 行业的发展趋势及影响因素有哪些？行业的竞争格局如何？ ③ 本企业在行业中处于什么位置？该采取什么样的竞争手段？必须强化什么样的核心竞争力
营销—生产—技术	① 现阶段竞争力主要来源于生产、技术、营销中的哪一个环节？ ② 现阶段企业营销、生产、技术这 3 个环节的资源状况分别是怎样的？相互之间是否平衡？ ③ 企业资源投入在营销、生产、技术这 3 个环节上的优先次序是什么
产品—客户—区域	① 企业应以产品、客户、区域中的哪一个为主线来配置资源？ ② 如果以产品为中心配置营销资源，企业应如何进一步聚焦行业以及选择区域？ ③ 如果以客户为中心配置营销资源，企业应如何进一步聚焦产品以及选择区域？ ④ 如果以区域为中心配置营销资源，企业应如何进一步聚焦行业以及选择产品

（二）产品策略

消费者购买的不仅是产品本身，更是产品提供给其的效用。

企业在 STP 战略的基础上，制定营销组合策略以达到企业的目标。产品是营销组合中最重要和最基本的要素之一。企业必须首先决定以什么样的产品满足目标市场的需求。产品策略的制定对其他几个营销组合因素的管理有直接影响，其是在一般理论的基础上运用相应的模型展开新产品的设计和管理，以提高产品策略的科学化程度。

1. 产品的概念

产品的概念不仅包含某种物质的形态和具体的用途，还包括提供给市场以满足需求的任何东西，如有形产品、服务、体验、事件、资产、组织、信息和创意。可以从以下 5 个层次认识产品的整体概念。

（1）核心产品：向消费者提供的基本效用或利益。

（2）形式产品：产品的基本形式，即核心产品借以实现的形式，或目标市场对某一需求的特定满足形式；形式产品由 5 个特征组成，即品质、式样、特征、品牌及包装。

（3）期望产品：消费者在购买该产品时，期望得到的与产品密切相关的一整套属性和条件。

（4）延伸产品：消费者购买形式产品和期望产品时，附带获得的各种利益的总和，包括产品说明书、保证、安装、维修、送货、技术培训等。

（5）潜在产品：现有产品包括所有附加产品在内的，可能发展成为未来最终产品的潜在状态的产品，展示了现有产品的可能演变趋势和前景。

2. 新产品开发过程

如果企业只注重技术、关注产品本身，而忽视市场和消费者需求的变化，则研发出来的产品将是缺乏市场生命力的。技术的不断发展、消费者需求的不断变化使产品生命周期越来越短。企业需要不断地研发符合市场需求的新产品以增强自身的竞争力，延长企业的生命周期，获得可持续发展。

新产品开发主要包括 5 个阶段（见图 4.8）。

第一阶段：识别机会。这一阶段的任务是界定未来产品要参与竞争的市场，并据此提出创意，明确与所提创意相关的市场机会。

第二阶段：设计阶段。当某一创意得到认可后，企业即要赋予其形式、属性和意义，将创意转化成为物质实体或概念实体。在设计阶段，营销人员要再次认识和理解所开发产品的细分市场，以探索如何在这些细分市场中定位这一产品，与研发人员合作确定产品应具有哪些属性才能在成本和性能间达到平衡。此阶段主要是开发和评价产品原型，制订初步的营销计划，并为选定的产品设计方案进行市场预测。

第三阶段：测试阶段。在这一阶段，企业要进行广告和产品测试、预测试及上市前测试。在此阶段，营销人员要评估产品引入市场后能否被接受。测试还可以为其后的产品商业化提供必要的诊断信息：原拟定的产品或营销计划合不合适；如不合适，需要怎样修改以提升其成功的可能性。

第四阶段：引入阶段。企业在产品引入时需要做以下工作：判断生产和营销计划是否协调；对产品设计进行适当的修改以适应大规模生产；管理分销渠道；对市场业绩进行持续监测以改进新产品引入战略等。

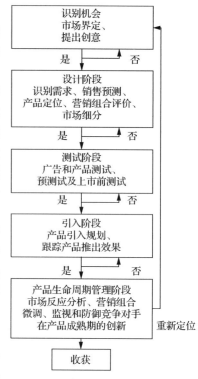

图 4.8 新产品开发的 5 个阶段

第五阶段：产品生命周期管理阶段。如果新产品在市场上发展顺利（按计划顺利发展），企业随后就应开始产品生命周期管理，以达到维持产品的销量增长与盈利能力的目的。此外，值得注意的是，新产品的上市会影响企业的资源利用和市场竞争格局。

新产品开发与管理有较高的成本和风险。事实证明，新产品的失败率非常高：据统计美国新产品的失败率约95%，欧洲约90%。开展了新产品开发全部活动的企业中约有73%取得了成功，而只从事其中部分活动的企业只有29%取得了成功。因此运用规范的方法进行新产品开发会提高成功率。

3. 基于联合分析法的产品设计过程

产品是一组属性的集合，即产品可表示为不同层次属性的组合。联合分析法是一种可以将所有属性结合起来进行评估的方法，它可以用来审视消费者/商家在各属性之间的权衡和取舍是否合理，确定能在市场上取得良好成绩的各层次属性的有效结合。联合分析法的适用情况包括确定哪些属性应当加入新产品，使产品能在已有竞争者的市场中取得最好成绩；确定哪些细分市场最有可能认为某一产品属性组合最有吸引力。在市场竞争激烈，企业之间联系紧密的当下，利用联合分析法进行产品和产品线的最终决策，是一种新型的市场定位操作，是一种有效的营销战略。联合分析法主要运用局部价值函数对所研究产品属性的重要性、各属性水平效用进行评价，最终计算出最优属性组合产品。运用联合分析法进行产品设计一般包括 3 个阶段（见图 4.9）。

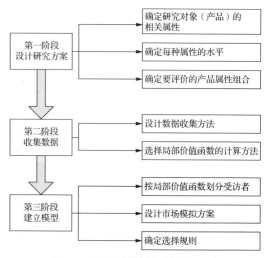

图 4.9 运用联合分析法进行产品设计

（1）设计研究方案

① 确定研究对象（产品）的相关属性。

运用联合分析法进行产品设计，首先要确定产品的相关属性。所确定的属性应该是能影响消费者偏好的突出属性，且对市场较为重要。在实践中，可以通过与管理层和工业专家讨论，分析二手数据，运用定性研究或试调查等方法识别和确定属性。具体方法有：找出目标消费者中的某些重点消费者展开调查；询问新产品开发小组正在考虑哪些产品特征和利益。实践证明，经验、管理直觉等定性研究是确定产品主要属性所必不可少的。典型的联合分析结果所包含的属性一般不超过 6 个，属性过多会加重消费者的负担，降低模型预测的精确性；属性太少，又会因为遗漏一些关键信息而降低模型的预测能力。

② 确定每种属性的水平。

在选择属性水平的过程中，应遵循以下标准。

• 为突出研究（联合分析）的现实意义，所选的属性水平应接近目前市场上现有产品的属性水平，既要考虑最高的属性水平，又要考虑最低的属性水平。确定属性水平时，既要考虑市场上的现实情况，又要考虑研究目的。如果采用的属性水平超出了市场的实际范围，则会降低评价工作的可信度，但会提高参数估计的精确程度。营销研究者必须在过多选择和过少选择中找到平衡点。

• 研究属性及其水平数量的多少。属性与属性水平的数量将决定分析过程中要估计的参数数量，也将影响受访者所要评价的组合数量。为减轻受访者的负担，同时保证参数估计的精确度，需要限制属性水平的数量。一般而言，在研究中每个属性常有 2～5 个水平。

• 为避免属性的权重出现偏重，应当确保每个属性具有同样多的属性水平。有些属性可能仅仅因为有较多的属性水平供消费者进行评价而显得更重要，因此，营销研究者应让各属性的水平相等，可以采用重新定义属性、合并属性或分解属性等方法。

③ 确定要评价的产品属性组合。

联合分析要求全面考虑产品的所有属性与属性水平，并采用正交设计的方法将这些属性与属性水平进行组合，生成一系列虚拟产品。

联合分析的产品模拟主要有两种方法：配对法和全轮廓法。配对法又称两项法，受访者每次评价一个属性对，直至所有的属性对全部被评价完为止。全轮廓法又叫多项法、多因子评价法。由全部属性的某个水平构成的一个组合叫作一个轮廓。

在实际运用中，并不需要对所有组合产品进行评价，并且这种做法在属性水平较多时实施难度也较大。因此，在配对法中，常用循环设计来减少组合数；在全轮廓法中，则采用正交设计等方法来减少组合数，这样还能反映主效应。采用正交设计方法的前提是不涉及属性间的交互效应。使用全轮廓法一般需要收集两组数据，用于计算属性水平的效用函数，用于检测估计可靠性与有效性的数据集。

营销中常运用的方法是全轮廓法。在具体研究中，可运用部分因子设计方案来减少消费者评价的产品数目，选择属性水平的正交组合来减少消费者必须评价的产品属性组合数目。

在某些情况下，正交设计方案会出现不现实的产品，即消费者认为这项研究中所用的某些属性彼此相关，如汽车的动力和单位油耗一般呈正相关关系，但正交设计方案可能会得出某种假设产品，使强动力与低油耗集于一体。如果在正交组合中出现诸如这样的不现实产品，可以用以下几种方法补救。一是将这些属性合并成一个新的属性，并为之确定一个新的属性水平范围。二是可用产品属性的其他组合方式来替代不现实的产品（也许这些组合方式是随意生成的，但不会与保留下来的组合方式重复）。虽然这种方法与正交性特点有矛盾之处，但如果在研究中只替换其中很少的几个产品属性组合（如低于 5%），不会显著影响效用函数的估测结果。三是用其他的正交组合，这种方法对专业性要求较高。

通过上述步骤，我们选出了消费者在购买某产品时考虑的最主要的 3 个属性来进行调研，分别是产品的价格、功能和颜色，同时赋予了每个属性 3 个属性水平，如表 4.6 所示。

表 4.6 相关属性及其水平

属性	水平		
价格	0～100 元（不含，下同）	100～300 元（不含，下同）	300 元及以上
功能	防水防震	轻便	容量大
颜色	冷色系	暖色系	多彩

利用 SPSS 软件中的 Orthogonal Design 正交设计，得到 9 个产品组合，由此设计出调研问卷，假设主要样本为 20～35 岁的大学生和白领人群的问卷（见表 4.7）。

表 4.7 调研问卷

尊敬的顾客：

您好！非常感谢您参与我们的有关××产品的调查问卷！请您对以下 9 组搭配进行评分。请按 1～9 打分，不能出现重复的分数，非常感谢！

电话：   邮箱：

产品组合	价格/元	功能	颜色	打分
1	≥300	容量大	冷色系	
2	0～100	轻便	多彩	
3	≥300	防水防震	多彩	
4	0～100	容量大	暖色系	
5	100～300	容量大	多彩	
6	≥300	轻便	暖色系	
7	100～300	轻便	冷色系	
8	100～300	防水防震	暖色系	
9	0～100	防水防震	冷色系	

（2）收集数据

① 设计数据收集方法。

请目标市场中的部分消费者对虚拟产品进行评价，通过打分、排序等方法调查消费者对虚拟产品的喜好、购买的可能性，获取目标市场中某一消费者样本对所选产品属性组合的评价数据。具体可以通过文字、图片或实物模型向消费者展示产品。其中，图片能使评价过程变得有意思，提高消费者的参与兴趣，而且对某些产品而言，图片要比文字更有优势。实物模型虽然最为理想、最直观，但成本较高，因此并不经常采用。决定采用哪种展示方式后，可通过以下几种方法来收集消费者的评价数据。

• 对产品属性组合进行成对比较评价：每次向受访者展示两种产品，要求其为这两种产品打分，比较一对产品很简单，但受访者往往被要求比较很多对产品。如假设有 16 种产品属性组合，受访者就必须进行 120 次成对比较，任务较重，会影响评价的准确性。

• 为各个产品属性组合排序。让受访者对所给产品进行排序，将最喜爱的列为第一名（按最喜爱到最不喜爱的顺序对产品进行排序）。必要时，受访者可先将全部产品划分为几组价值相近的产品，然后再在每一小组中进行内部排序，最后再做整体排序。

• 按一定尺度评价产品。运用这种方法是让受访者来评价每种产品（如用 0～100 评价），数字越大，表明偏好越强。受访者可以将一常数（如 100），分配给所有产品。这种方法的假设是受访者有能力表示他对某种产品的偏好比对其他产品的偏好强烈多少。此衡量指标的优势在于研究者可用包含哑变量的有序最小回归分析法来计算局部价值函数。

② 选择局部价值函数的计算方法。

局部价值函数的计算方法有以下几种。

- 混合式联合模型。首先获得受访者打分偏好数据，然后再将它与通过传统方法得到的缩减的数据结合。混合模型就是将两种方法结合起来：在打分阶段，让受访者先按某种偏好尺度分别评价每个属性的各个水平，然后再让其在各属性间分配一常数，来反映每个属性的相对重要性；接着再将这些重要性权数与每个属性水平的偏好得分相乘，即得到属性水平的初始局部价值。最后计算出调整后的局部价值函数。

- 自适应式联合分析法。自适应式联合分析法也是一种减轻受访者评价工作量的方法。运用此方法，首先用计算机程序以交互方式从受访者那里获得数据。受访者先简单按重要性为属性排序（一种简单的"自解释"），再用成对比较修正两个重要属性之间的对比结果。该程序选择要比较的各对产品属性组合，以保证受访者所反映的信息量最大化。

- 桥式设计法。这是一种用于处理众多产品属性的方法，用先进的设计方案，让受访者根据其中一部分产品属性和几个受访者共有的"桥式"属性来评价产品属性组合。该方法可将评价全部产品属性组合的负担分摊给若干受访者。

通过上述调研问卷的发放和回收处理，可以得到受访者对所设计的 9 个组合的评分，共 126 份有效问卷；基于此，借由数据分析，可进行诸多相关变量指标的计算。表 4.8 展示了部分受访者对每个产品组合的评分。

表 4.8　受访者对每个产品组合的评分

	样本序号	产品组合 1	产品组合 2	产品组合 3	产品组合 4	产品组合 5	产品组合 6	产品组合 7	产品组合 8	产品组合 9
1	1	5	1	6	2	5	7	8	9	3
2	2	7	3	1	4	2	5	8	6	9
3	3	1	4	2	8	9	3	5	6	7
4	4	2	7	4	3	1	8	9	5	6
5	5	4	6	9	2	8	1	3	7	5
6	6	3	2	5	1	4	9	7	6	8
7	7	6	5	3	7	8	2	4	1	9
8	8	8	7	5	3	6	4	9	2	1
9	9	2	6	9	1	3	5	4	8	7
10	10	2	7	8	9	3	6	5	4	1
11	11	5	9	8	7	4	3	6	2	1
12	12	5	8	1	4	6	3	2	7	9
13	13	6	1	4	3	9	2	5	7	8
14	14	7	9	5	6	1	8	2	3	4
15	15	7	6	4	9	3	1	8	2	5
16	16	5	9	1	2	6	4	7	3	8
17	17	1	2	9	5	7	3	4	8	6
18	18	2	9	1	8	7	4	6	5	3
19	19	8	1	3	9	2	5	4	6	7
20	20	8	3	5	7	9	6	4	1	2
21	21	6	7	1	4	9	3	8	5	2
22	22	7	9	1	3	5	4	2	6	8
23	23	3	6	4	7	9	1	2	8	5

将受访者对每个产品组合的评分录入 SPSS 软件（见图 4.10），运行该程序后即可得到统计结果，如图 4.11 所示。

实用程序

		实用程序估计	标准误差
价格	0～100	-0.012	0.197
	100～300	-0.055	0.197
	300以上	-0.067	0.197
功能	防水防震	-0.182	0.197
	轻便	0.115	0.197
	容量大	0.067	0.197
颜色	冷色系	0.022	0.197
	暖色系	0.178	0.197
	多彩	-0.200	0.197
（常数）		5.007	0.139

重要性值

价格	32.602
功能	34.394
颜色	33.004

注：平均重要性得分。

相关性①

	值	Sig.
Pearson 的 R	0.727	0.013
Kendall 的 tau	0.444	0.048

①已观测偏好和估计偏好之间的相关性。

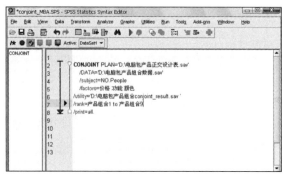

图 4.10 将数据录入 SPSS 软件　　　　图 4.11 分析结果

利用软件 SPSS 得到了每一位受访者对 9 个组合的效用评分，利用该评分可计算每个组合的市场占有率。

（3）建立模型

① 按局部价值函数划分受访者。把有相似局部价值函数的受访者分组，从而完成市场细分。

② 设计市场模拟方案。联合分析能被广泛应用的一个原因是，在研究中，一旦从有代表性的受访者样本处得到局部价值的估计值，就可以估计不同模拟市场条件下一种新产品获得成功的可能性。

③ 确定选择原则。为完成模拟设计，必须明确一种选择标准，以便将局部价值转换成受访者最可能选择的产品。常用的选择原则有以下 3 种。

- 效用最大化原则。

按此原则，假设每位受访者都会从产品中选择效用最大的产品，利用工具包"联合分析法（公式 4-5）"，根据效用得分，选出每位受访者对应的效用得分最高的产品组合作为该受访者的选择，然后统计每一个产品组合能得到多少位受访者的青睐，再除以总数得到市场占有率（见表 4.9）。

表 4.9 产品组合市场占有率（方法一）

项目	受访者编号…	受访者编号 120	受访者编号 121	受访者编号 122	受访者编号 123	受访者编号 124	受访者编号 125	受访者编号 126	不合格数	被选择个数	市场占有率
产品组合 1	…	8.33	4.33	4.67	7.33	2.67	4.33	7.33		15.00	13.40%
产品组合 2	…	6.33	3.33	3.67	4.33	3.67	3.33	4.33		10.00	8.90%
产品组合 3	…	6.00	4.00	2.67	2.67	6.33	4.00	2.67		5.00	4.50%

续表

项目	受访者编号…	受访者编号120	受访者编号121	受访者编号122	受访者编号123	受访者编号124	受访者编号125	受访者编号126	不合格数	被选择个数	市场占有率
产品组合4	…	4.00	8.00	7.67	6.67	7.33	8.00	6.67		17.00	15.20%
产品组合5	…	3.67	3.67	3.67	7.00	8.00	3.67	7.00		7.00	6.30%
产品组合6	…	2.67	6.67	6.67	6.00	2.00	6.67	6.00		15.00	13.40%
产品组合7	…	5.00	3.00	4.67	5.67	1.33	3.00	5.67		11.00	9.80%
产品组合8	…	0.33	7.33	6.67	3.33	8.67	7.33	3.33		14.00	12.50%
产品组合9	…	8.67	4.67	4.67	2.00	5.00	5.00	2.00		18.00	16.10%
									14.00	112.00	100%

在126组数据中，有14组数据的最大效用得分出现了2个以上的产品组合，出于对市场总容量为1的考虑，剔除该14名受访者的数据后再进行分析。使用该方法得到9个产品组合的市场占有率，如图4.12所示。

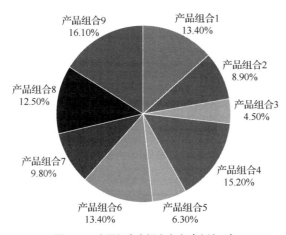

图4.12　产品组合市场占有率（方法一）

- 效用份额原则。

利用工具包"联合分析法（公式4-6）"，计算出每个产品组合的效用得分之和，再除以9个产品组合的效用得分总和，得到市场占有率（见表4.10）。

表4.10　产品组合市场占有率（方法二）

项目	受访者编号…	受访者编号120	受访者编号121	受访者编号122	受访者编号123	受访者编号124	受访者编号125	受访者编号126	效用和	市场占有率
产品组合1	…	8.33	4.33	4.67	7.33	2.67	4.33	7.33	650.55	11.50%
产品组合2	…	6.33	3.33	3.67	4.33	3.67	3.33	4.33	618.55	10.90%
产品组合3	…	6.00	4.00	2.67	2.67	6.33	4.00	2.67	591.22	10.40%
产品组合4	…	4.00	8.00	7.67	6.67	7.33	8.00	6.67	660.22	11.60%

续表

项目	受访者编号…	受访者编号120	受访者编号121	受访者编号122	受访者编号123	受访者编号124	受访者编号125	受访者编号126	效用和	市场占有率
产品组合5	…	3.67	3.67	3.67	7.00	8.00	3.67	7.00	607.28	10.70%
产品组合6	…	2.67	6.67	6.67	6.00	2.00	6.67	6.00	676.28	11.90%
产品组合7	…	5.00	3.00	4.67	567.00	1.33	3.00	5.67	641.22	11.30%
产品组合8	…	0.33	7.33	6.67	3.33	8.67	7.33	3.33	623.55	11.00%
产品组合9	…	8.67	4.67	4.67	2.00	5.00	5.00	2.00	609.28	10.70%
9个产品组合效用总和									5678.15	100%

使用该方法得到的9个产品组合的市场占有率如图4.13所示

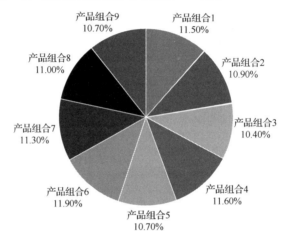

图4.13 产品组合市场占有率（方法二）

- 分对数选择原则。

利用工具包"联合分析法（公式4-7）"，得到的市场占有率如表4.11所示。

表4.11 产品组合市场占有率（方法三）

方法三	受访者编号…	受访者编号120	受访者编号121	受访者编号122	受访者编号123	受访者编号124	受访者编号125	受访者编号126	效用和	市场占有率
产品组合1	…	4146.41	75.94	106.69	1525.38	14.43	75.94	152.382	12623.9	10.30%
产品组合2	…	561.15	27.93	39.25	75.94	39.25	27.93	75.94	106494	8.70%
产品组合3	…	403.42	54.59	14.43	14.43	561.15	54.59	14.43	72731.88	5.90%
产品组合4	…	54.59	2980.95	2143.08	788.39	1525.38	2980.95	788.39	122372.9	10.00%
产品组合5	…	39.25	39.25	39.25	1096.63	2980.95	39.25	1096.63	88791.2	7.20%
产品组合6	…	14.43	788.39	788.39	403.42	7.38	788.39	403.42	161562.5	13.10%
产品组合7	…	148.41	20.08	406.69	290.03	3.78	20.08	290.03	188340.5	15.30%
产品组合8	…	1.39	1525.38	788.39	27.93	5825.49	1525.38	27.93	180484.8	14.70%
产品组合9	…	5825.49	106.69	106.69	7.38	148.41	106.69	7.38	182861.3	14.90%
9个产品组合效用总和									1116262.98	100%

对所有的受访者效用得分进行函数 $Y=EXP(X)$ 运行，得到新的效用得分，然后按照方法二计算市场占有率。使用该方法得到的 9 个产品组合的市场占有率如图 4.14 所示。

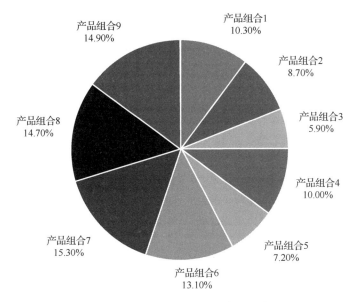

图 4.14　产品组合市场占有率（方法三）

选择原则的确定主要基于效用最大化原则、效用份额原则、分对数选择原则所预计的市场份额与实际市场份额的吻合程度。

通过以上案例的分析，企业可以明确联合分析的运用步骤，对于过程中所涉及的多样化方法，可按照实际情况进行选择。

（三）融资前准备

作为创业者，当你发现一个好项目时，就要开始准备寻找适合你的企业的投资者来投资。我们经常会听到或看到这样的情况：创业者本来有一个不错的项目，因为找的投资者不合适，造成了两种不良结果。一种是项目盈利了，双方却出现分歧，导致项目最后失败了；另一种是投资者的钱花完了，项目却还没开始赚钱，导致创业者赔上时间和精力，投资者赔上时间和资金。因此在融资前，企业要想找到合适的投资者，就得学会事先分析和选择投资者。

小案例

阿里巴巴的融资故事

1. 分析和选择目标投资公司

风险投资（Venture Capital，VC）是一个充满吸引力的行业，外界知道的都是动辄十倍、数十倍的投资回报。一些顶级 VC 机构，年收益率可能达到 35% 以上，但这只是光鲜的一面，成功的案例虽然很多，但是失败的案例更多，即便是盛极一时的明星创业公司，即便是知名 VC 机构，依然不能保证投资的高成功率，我国 VC 发展至今不过十五六年的时间，但在这短短的 10 多年里，不乏血和泪的教训。创业者只有对 VC 机构进行研究，真正了解 VC 机构的用意，才有可能从投资者手中拿到想要的款项。创业者可关注以下几个方面。

* 对自身项目前景有预期。创业者在进行项目融资前，一定要进行专业评估和充分的市场调研。只有根据风险评估结果，才能做出正确选择。

* 对投资机构进行全面评估。创业者应对投资机构进行全面评估，包括背景、实力、投资热情与信心、以往投资经历等关键因素，同时要选择志同道合的伯乐型投资机构。规范的、有经验的投

资机构对项目的发展是有利的，而片面思考的投融资合作往往存在巨大风险，这一点对于身处困境的中小企业尤为重要。

- 对于 VC 机构要保持谨慎态度。VC 机构首先考虑的是其自身利益，所以创业者在选择 VC 机构时要谨慎。
- 投融资不是简单的外部资金注入。由于进行投融资需要考虑未来双方的合作理念、合作方向是否一致，因此创业者务必要选择合适的投融资机构进行融资。

2. 了解投资者的性格

创业者在融资时不仅要选择和分析目标投资公司，还要了解投资者的性格。能否选择靠谱的投资者，关乎创业的成败。常见的投资者可分为以下 3 种类型。

第一种是较为情绪化的投资者。他们之所以投资是因为喜欢创业团队或者和创业者有私人关系，这样的投资者容易感情用事。

第二种是战略型的投资者。他们投资的目的是追求协同效应，即投资的首要目标并不是赚钱，而是获得研究或发展方面的市场进入资格，同时建立起供应商和客户之间的联系，当然，获得金钱方面的回报也是目标之一。

第三种是财务型的投资者。他们投资的唯一目的就是获得金钱回报。如果项目营业计划能够有效执行，其投资目的也就能达到；一旦判断企业经营不能令他们满意，他们就会及时抽离。

3. 撰写商业计划书

商业计划书（Business Plan，BP），意指阐述企业正在或将要做的事情的文书，通俗来讲就是企业的简历。商业计划书只有站在投资者的角度去撰写，讲述投资者最关心的问题，才更有吸引力。商业计划应从事、人、融资 3 个维度出发，同时在这 3 个维度上剖析投资者的关注点和想要厘清的问题，切忌假、大、空。商业计划书的核心意义如下。

（1）用真实的数据说话

无论创业项目多么独特，事实也往往藏在数据里。创业者对现有数据进行推理演算，总会找到一些线索来印证自己的创业想法，这样的线索将对获得融资提供很大的帮助，如从人口的年龄结构、运动偏好、收入结构等可靠的统计数据中推演出市场规模，增强结论的说服力。

（2）运用团队背书

项目要搭建核心团队。一个凝聚力极强的团队能够在投资者面前为企业加分。

首先，最重要的是确立共同创业目标和协作原则。如果不能就目标达成共识，则会给企业的发展种下祸根，最终导致分道扬镳，如此创业夭折。其次，要通过合理的股权和期权设计，使团队成员有主人翁意识和内驱力，自发地以企业利益为重，这不但使企业具有强大的凝聚力，同时还能降低管理成本、减少内耗。最后，核心团队成员能力需互补，包括专业和经验的互补。如果创始人认为自己无所不能，那么企业的命运就堪忧了。一家企业在成长过程中需要不断有契合企业战略发展的顶尖人才加盟，才可能保持领先的位置，否则因创始人而形成的成长天花板很快会制约企业发展。

（3）重点突出，内容细致

商业计划书内容要细致，尤其是有关市场营销和财务预算的部分。竞争对手自有其存在的理由和优势，因此尊重对手、研究对手和行业竞争情况尤其重要。企业应从小处入手，注重资金有效运用，在奔跑中调整姿态和策略。

4. 准备执行摘要

执行摘要是商业计划书的精华，缩略版的计划书，涵盖了计划的要点。因此执行摘要应真实、一目了然，要能够让投资者在最短的时间内评审计划并做出判断，判断项目是否值得投资。创业者在写执行摘要时，要写到点子上。执行摘要具体包括以下内容。

- 企业所处的行业、企业经营的性质和范围、创办新企业的思路。其中包括新思想的形成过程、企业目标和发展战略。
- 企业过去的背景、现状和经营范围。同时还要对企业以往的运营情况做出相对客观的评述，不要回避曾经出现的失误。对企业做比较中肯的分析，更能赢得投资者的信任，同时能让投资者更认同提交的商业计划书。
- 创业者的背景、经历、经验和特长等。投资者认为，创业者的素质对企业的成绩起着至关重要的作用。创业者在介绍自己时，要尽量突出优点并表明自己强烈的进取精神，这样能给投资者留下好印象。另外，把优点直观地写出来，会驱使创业者朝着这方面努力，做更好的自己。
- 企业的合伙人、已有的投资者。
- 迫在眉睫的问题。企业正在解决的最紧急、最重要的问题是什么？企业正在瞄准的机会是什么？
- 解决方案。企业解决每个疑难问题的方案是什么？如何抓住机遇？企业的市场在哪里？企业的客户是谁？企业的赚钱路径是什么？
- 潜在的力量。企业什么时候才能做到与别的企业不一样？
- 营销和销售战略。产品进入市场时采用的战略是什么？
- 竞争分析。企业的竞争对手是谁？企业与竞争对手各自的优势是什么？竞争对手对企业的发展有何影响？
- 财务预测。未来3～5年企业的财务目标是什么？实现这些目标的假定条件有哪些？
- 团队及管理。企业管理团队有哪些人？他们各自有什么特长？
- 现状和未来安排。企业现在的发展情况如何？近期将实现哪些重要目标？

执行摘要须简明、生动，要详细说明企业自身的独特之处及企业获取成功所需的市场因素。如果投资者足够熟悉整个项目，执行摘要有两页内容已足够。

5. 融资演示文件

一旦商业计划书或执行摘要被投资者认可了，投资者很快会要求会谈，以详细了解企业的真实情况。如果此次会谈令投资者满意，那么融资就有希望了。所以，从某种程度上来讲，这次会谈很重要，创业者需要进行融资演示，即向投资者讲解融资演示文件。

融资演示文件应该如何做并没有固定标准，团队可根据自己的喜好来完成，但主要内容大同小异，都是对执行摘要的丰富、完善，创业者需通过 PPT 的形式，将内容详细地讲给投资者听。因为时间有限，创业者在演示过程中须把握关键点，并留出时间来回答投资者的提问。一份好的融资演示文件是简练的、具有高度针对性的，包含的主要内容和建议的幻灯片页数如下。

- 企业价值定位（1页）；
- 企业背景的简单介绍（1页）；
- 企业管理团队的介绍（1页）；
- 企业产品或服务存在的一些问题（1～2页）；
- 对企业产品或服务的详细介绍（1～2页）；
- 企业客户的一些情况（1页）；
- 企业的商业模式（1页）；
- 企业对产品市场规模和竞争状况的分析（1～2页）；
- 企业的市场营销策略（1页）；

- 企业未来的发展规划（1页）；
- 企业的财务状况及预测（1页）；
- 企业对融资的一些需求（1页）。

五、工具包 ↓

（一）三者分析法

在工业品营销中，由于大多用户会理性购买，加之团队决策的特性，"买的人不用，用的人不买，不买、不用的人影响大"的状况常常发生。购买者、使用者和影响者三者常常是分开的。因此，要对用户做深度透视，就必须分析三者的主体特征、关注利益、担心的风险和关系权重，此方法称为"三者分析法"，如表 4.12 所示。

表 4.12　工业品用户透视——三者分析法

	购买者	使用者	影响者	
			内部	外部
主体特征				
关注利益				
担心的风险				
关系权重　决策				
既有关系				
对策措施				

◆　购买者是企业执行采购的部门及具体负责的人。其任务是依据采购要求，组织供应商的选择与考察，参与招投标、商务对接与谈判、合同签订与执行等的全过程。购买者大多关注价格和商务条款等影响采购成本的因素。

◆　使用者是产品的直接使用人，有时也是购买需求的提出者和参考者。根据企业的生产及实际需要，使用者会对产品的品种、性能、规格等提出具体要求或者参考建议。使用者关注产品的性能、使用舒适性、交货及时性、售后及时性等影响使用效率、效果的因素，担心"不好用、不能用"的陷阱。

◆　影响者是企业内部能够直接控制或者干预采购决策的部门及领导、企业外部间接影响购买决策的个人或团体。内部影响者关注的是采购的价值；外部影响者关注的是用户的满意度，担心企业公信度及影响力的降低。

用户不同、项目不同、情景不同，购买者、使用者、影响者的决策权重区别很大。只有在分析三者决策权重后，比较既有的关系所能提供的权重，然后分析应该采取的策略措施，企业才能大大提高营销策略实施的精准度。

（二）波特五力竞争模型

波特五力竞争模型是迈克尔·波特（Michael Porter）于 20 世纪 80 年代初提出的。他认为行业中存在着决定竞争规模和程度的五种力量，这五种力量综合起来影响着产业的吸引力及现有企业的竞争战略决策。五种力量分别为供应商的议价能力、购买者的议价能力、新进入者的威胁、替代品的威胁以及行业内现有竞争者的竞争能力（见图 4.15）。

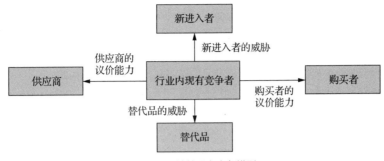

图 4.15 波特五力竞争模型

1. 供应商的议价能力

供应商方主要通过其提高投入要素价格与降低单位价值质量的能力，来影响行业中现有企业的盈利能力与产品竞争力。供应商力量的强弱主要取决于他们提供给企业的是什么投入要素。当供应商提供的投入要素的价值占据企业产品总成本的较大比例，其对企业产品生产过程非常重要或严重影响企业产品的质量时，供应商对于企业的议价能力就大大增强。一般来说，满足如下条件的供应商会具有比较强的议价能力。

（1）供应商具有比较稳固的市场地位而不受市场激烈竞争的困扰，其产品的买家很多，以致每一个买家都不可能成为供应商的重要客户。

（2）供应商的产品具有一定特色，以致买家难以转换或转换成本太高，或者很难找到可与供应商产品相竞争的替代品。

（3）供应商能够方便地实行前向联合或一体化，而买家难以进行后向联合或一体化。

2. 购买者的议价能力

购买者主要通过其压价或要求提供较高质量的产品或服务的能力，来影响行业中现有企业的盈利能力。一般来说，满足以下条件的购买者拥有较强的议价能力。

（1）购买者的总数较少，而每个购买者的购买量较大，占了企业销售量的很大比例。

（2）企业所在行业由大量规模相对较小的企业组成。

（3）购买者所购买的基本是标准化产品，其同时向多个企业购买产品在经济上也完全可行。

（4）购买者有能力实现后向一体化，而企业不可能实现前向一体化。

3. 新进入者的威胁

新进入者在给行业带来新生产能力、新资源的同时，也希望在已被现有企业瓜分的市场中赢得一席之地，这就有可能会与现有企业发生原材料与市场份额方面的竞争，最终导致行业中现有企业盈利水平降低，严重的话还有可能危及这些企业的生存。新进入者的威胁的严重程度取决于两个方面的因素，即进入新领域的障碍大小与预期现有企业对于新进入者的反应。

进入新领域的障碍主要包括规模经济、产品差异、资本需要、转换成本、销售渠道开拓、政府行为与政策、不受规模支配的成本劣势、自然资源、地理环境等方面，其中有些障碍是很难借助复制或仿造的方式来突破的。预期现有企业对于进入者的反应主要为采取报复行动的可能性大小，这取决于有关厂商的财力情况、报复记录、固定资产规模、行业增长速度等。总之，企业进入一个行业的可能性大小，取决于主观估计进入所能带来的潜在利益、所需付出的代价与所要承担的风险这三者的相对大小。

4. 替代品的威胁

两个处于不同行业中的企业，可能会由于所生产的产品互为替代品，从而产生相互竞争行为，这种源自替代品的竞争会以各种形式影响行业中现有企业的竞争；主要表现在以下几个方面。

127

（1）现有企业产品售价及获利潜力的提高，将因为存在方便购买者接受的替代品而受到限制。

（2）替代品生产者的侵入使得现有企业必须提高产品质量，或者通过降低成本来降低售价，或者使其产品具有特色，否则其销量与利润增长的目标就有可能无法实现。

（3）源自替代品生产者的竞争强度，受产品购买者转换成本高低的影响。

总之，替代品价格越低、质量越好、购买者转换成本越低，其所能产生的威胁就越强；而这种来自替代品生产者的竞争强度，可以具体通过考察替代品销售增长率、替代品厂家生产能力与盈利扩张情况来加以描述。

5. 行业内现有竞争者的竞争能力

大部分行业中的企业，相互之间都是紧密联系在一起的，作为企业整体战略一部分的竞争战略，其目标都在于使自己的企业获得相对于竞争者的优势，所以，在实施中就必然会产生冲突与对抗现象，这些冲突与对抗就构成了现有企业之间的竞争。现有企业之间的竞争常常表现在价格、广告、产品介绍、售后服务等方面，其竞争强度与许多因素有关。

一般来说，出现下述情况将意味着行业中现有企业之间竞争的加剧，即行业进入障碍较小，竞争者势均力敌，竞争对手较多，竞争参与者范围广泛；市场趋于成熟，产品需求增长缓慢；竞争者企图采用降价等手段促销；竞争者提供几乎相同的产品或服务，用户转换成本很低；一个战略行动如果取得成功，其收入相当可观；行业外部实力强大的企业在接收了行业中实力薄弱的企业后，发起进攻性行动，结果使得刚被接收的企业成为市场中的主要竞争者；退出障碍较大，即退出竞争要比继续参与竞争代价更高。（在这里，退出障碍主要受经济、战略、感情以及社会政治关系等方面的影响，具体包括资产的专用性、退出的固定费用、战略上的相互牵制、情绪上的难以接受、政府和社会的各种限制等）。

波特五力竞争模型将大量不同的因素汇集在一个简便的模型中，以此分析一个行业的基本竞争态势。从一定意义上说，它隶属于外部环境分析中的微观分析方法，用于竞争战略的分析，可以有效地分析竞争环境。波特五力竞争模型是一种对产业盈利能力和吸引力的静态断面扫描，说明的是该产业中的企业平均拥有的盈利空间，所以这是一个产业形势的衡量指标，而非企业能力的衡量指标。通常，这个模型也可用于创业能力分析，以揭示本企业在本产业或行业中具有多大的盈利空间。

（三）联合分析法

1. 联合分析法的基本思想

联合分析法的基本思想是通过假定虚拟对象具有某些特征，从而对现实的对象进行模拟，然后让消费者根据自己的喜好对这些虚拟对象进行评价，再采用数理统计方法将这些属性与属性水平的效用分离，从而对每一属性及属性水平的重要程度（相对重要性）做出量化评价，使评价结果与消费者的给分尽量保持一致，以分析研究消费者的选择行为。

基于此，联合分析法在新产品开发中，可以帮助营销者做到以下几点：①在消费者选择过程中确定所研究产品各属性的相对重要性；②确定消费者偏好度和满意度相对较高的属性组合产品；③根据消费者对产品各属性及其水平的偏好程度，进行市场细分研究；④为未来市场份额及发展提供预测等。

2. 联合分析法的特点

联合分析法主要运用局部价值函数对所研究产品属性的重要性、各属性水平效用进行评价，最终计算出最优属性组合的产品。传统的调查方法是让受访者对构成产品的每个属性都进行评估，这增加了评估的难度。而联合分析法则将整个工作转化成一系列的选择或等级评价，通过这些选择或等级评价，可以计算出每个属性及属性水平的相对重要性。具体来看，联合分析法用受访者对某些产品属性组合的总体偏好数据，将这些总体偏好分解为受访者附加在每个属性每种水平上的效用价值（局部价值）。

为了达到以上效果，在数据收集阶段，企业要采集受访者对某些产品属性组合的偏好数据。挑选出来的产品属性组合一般不包括那些在所有属性上都优于其他组合的产品属性组合（运用正交方法组合的产品）。受访者要对这些产品属性组合打分或进行排序，以表明对每个产品属性组合的偏好程度。在评价过程中，受访者必须在备选产品的各属性之间做出取舍判断：任何一个备选产品属性组合中某一属性可能具有受访者偏爱的水平，而另外一些属性水平可能不是受访者所偏好的。偏好数据使企业能获得局部价值函数，并可以用这种函数估计受访者对任何一种产品的偏好程度，包括那些受访者没有直接评价的产品。基于此，企业能够有效地确定产品设计备选方案对于受访者而言的价值，而不局限于受访者直接评价过的产品。同时，企业还能利用数值化的局部函数对其他各种要考虑的产品进行销售与市场份额的定量预测，估计非经济性产品属性的价格。

除此之外，联合分析法可以将研究成果转化成相关的市场模拟，并能将其运用于未来的营销策略制定。随着竞争者的进入、竞争状况的变化、企业营销策略的改变，市场结构也会发生变动。传统的研究方法是每当市场发生重大变动时，就需要进行调查，以研究消费者面对变化时的反应及影响消费者购买行为的策略。联合分析法可以将产品或现有产品的改变一起输入模拟模型，直到需要进行小规模研究来决定是否需要调整模型。

3. 联合分析法所涉及的统计术语

- 局部函数（Part-Worth Functions），也叫效用函数（Utility Functions），用于描述消费者赋予每个属性及其水平的效用。
- 相对重要性权数（Relative Importance Weights），其估计值用于表示在消费者做出选择时，属性影响的重要程度。
- 属性水平（Attribute Levels），表示属性所呈现的值。
- 全轮廓（Full Profiles），也叫完全轮廓（Complete Profiles），品牌（产品）的全轮廓是由全部属性的各个水平组合构成的（通过设计方案规定）。
- 配对表（Pairwise Tables），在配对表中，消费者每次评价两个属性，直到所有可能的属性组合（每两个属性）都被评价完毕为止。
- 循环设计（Cyclical Designs），用于减少配对比较数目的设计法。
- 正交表（Orthogonal Arrays），是一种设计表，可以减少全轮廓法中被评价的组合数目，而且能有效地估计所有主要的效用。
- 内部效度（Internal Validity），表示预测的效用与消费者评价之间的相关程度。

4. 联合分析法的基本原理

联合分析法是在已知受访者对某一产品整体评估结果的情况下，经过分解去估计其偏好结构的一种统计方法。其基本原理是，通过提供给受访者不同的产品属性组合，并请受访者根据自己的偏好，按意愿给产品属性组合打分或排序，然后运用数理统计方法对每一个属性水平赋值，使评价结果与受访者给分尽量保持一致，以此研究受访者的选择行为，从而寻找受访者可接受的某种产品的最佳属性组合。同时，可利用研究结果模拟市场，估计市场占有率和市场占有率的变化。

在联合分析中，产品/服务被称为"轮廓"（profiles），每一种轮廓是由描述该产品/服务重要特性的属性（attributes）以及与每一个属性的不同水平组合而成的。统计中会涉及因变量和自变量，因变量即受访者对某一轮廓的整体偏好评价；自变量是组成各轮廓的不同属性（因子）水平。为了达到研究目的，首先要估计不同属性水平的效用，再计算出属性的相对重要性和轮廓效用，以便定量测量受访者偏好，然后基于受访者的偏好采用最大效用模型、伯兰德雷-泰瑞-卢斯模型和Logit模型预测市场占有率。

5. 联合分析法的适用情境

联合分析法在营销研究中已运用约 50 年，是应用广泛的建模技术之一。联合分析法在确定新产品、竞争分析、定价、市场细分和产品定位中应用得最多；此外，还可应用于需求预测、产品定位和新投资决策。

但同时，联合分析法是一种较为复杂的方法，所以在选择时应谨慎。以下几点可以帮助营销决策人员在进行某项具体研究时判定是否运用联合分析法。

① 设计产品时，必须在提供给客户的各个产品属性和利益之间进行取舍。

② 能将产品分解成为若干可控的并对客户有意义的基本属性。

③ 现有产品可视为各个属性水平的组合，新产品可由这些基本的属性水平组合而成。

④ 可用文字或图片真实地描述该产品属性组合，否则就要用实际产品进行评价。

6. 联合分析法的局限

在联合分析法中，某种产品的总效用等于该产品各个属性的效用之和。因此，如果一种产品在某一属性上的效用值很高，这就会弥补其在其他属性上的不足。但在许多情况下，各属性的效用是无法互相弥补的。此外，这种方法的有效性还取决于这组产品属性是否完整。但如果涉及的属性太多则会增加客户评价各种产品属性组合的工作量（负担），从而有可能导致不准确的评价。一般情况下，使用联合分析法时可采用大约 16 个产品属性组合，涉及 5 个属性，每个属性有 3～4 个属性水平。

最后，市场份额模拟分析要假设客户在做出选择时会考虑所有备选产品。而实际上客户往往会剔除某些产品不做考虑。当然，有些联合分析法对这种情况进行了考虑，并在一定程度上解决了这个难题。

六、推荐阅读与自学 ↓

[1] 李洪道. 工业品营销管理实务[M]. 4 版. 北京：中华工商联合出版社，2015.

[2] 费鸿萍. 营销工程与应用：基于中国市场与企业运作的视角[M]. 上海：华东理工大学出版社，2012.

[3] 薛薇. SPSS 统计分析方法及应用[M]. 4 版. 北京：电子工业出版社，2017.

第三篇

大学生的商业决策竞赛

❖ **本篇概述**

学科交叉融合是学科创新发展及新学科产生的重要路径，亦是拔尖创新人才培养的重要模式。本篇主要从"认识竞赛""商业决策竞赛"两个方面切入，以五个场景展开学习，认知竞赛价值并参与实践。

学生可以在本篇中，融合"专业课程"与"商业决策"常规教学中的知识，通过商业竞赛实践对商业竞赛形成基本认知，在竞赛项目中对前两篇的知识进行复盘，主动推导、总结或者建构商业决策知识体系与能力特长。通过竞赛中实践的商业项目情境，挖掘并培养复合型学生的专业能力、商业决策能力与组织管理能力等方面的综合实力。

第五章
认识竞赛

本章导学视频

优胜劣汰，适者生存。

——达尔文

一、学习目标矩阵 ↓

本章从两个典型应用场景展开探索，带领大学生认知竞赛意义与主要的竞赛，了解竞赛在大学学习生涯中的独特价值，分析竞赛与能力要求概览，以指导大学生有意识地在竞赛过程中锻炼专业能力，并挖掘组织管理和运营潜能。本章主要通过大学生与竞赛、竞赛榜样分享会、竞赛与能力要求概览分析等项目任务，引导大学生了解竞赛的价值，并对竞赛的能力体系形成清晰的认知。本章的学习目标矩阵如表 5.1 所示。

表 5.1　学习目标矩阵

典型应用场景	项目任务	知识学习	技能胜任	工具应用
场景一　认知竞赛 场景二　主要的竞赛	项目任务一：大学生与竞赛	竞赛的价值与意义	认知能力	
	项目任务二：竞赛榜样分享会		主持与采访能力	
	项目任务三：竞赛与能力要求概览	团队沟通与协作，组织沟通	竞赛的通用能力（策划、创新、团队沟通与协作、财务、法律）	商业策划

 本章目标成果

1. 竞赛榜样分享心得报告
2. 竞赛与能力成长规划

二、典型应用场景 ↓

场景一 认知竞赛

大一上学期是文杰非常无助的阶段，过了高考关，类似"高考"这样清晰的目标没了。文杰不知道自己应该做什么，也不知道自己该朝哪个方向努力。文杰随大流加入各种社团，并在高中刻苦学习的惯性下继续认真对待大学的专业学习，但整个人仍迷茫、困惑。大一下学期，文杰单纯地认为转专业能提升竞争力改变迷茫的现状，他选报了热门度与难度最高的专业，但未通过面试。想成为优秀者，必须在选择的标准下尽量做到最好，转眼到大二评奖学金时，成绩能排上二等奖的文杰，综合测评加分后名次只能排到三等奖，也有成绩排名连三等都够不上的同学却因为综合测评加分而最终和文杰获得了同等级别的奖学金。

浏览了学校公示的奖学金获奖名单后，文杰发现，各位优秀学生在成绩排名、科研参与、社会服务、学科竞赛方面的能力都十分突出。文杰非常诚恳地向社团中一位获得奖学金的学长请教是否有必要参加一些竞赛。"作为一个学长，我觉得参加一些比赛和项目很有用，甚至可以说特别有用。如果你参加的是各种学科比赛或者知识竞赛，必须提前做好准备和规划。竞赛是锻炼机会，是提升理论实践能力、活动组织和交际能力的一种绝佳方式。只要时间安排合理，学习和竞赛都能兼顾，获得比赛证书、奖学金、心仪的工作都是水到渠成的。如果觉得大学什么都不做，躺着就赢了，那么毕业后就业的选择面就会非常窄。另外，竞赛也会让你结交很多朋友。总之，我觉得竞赛的回报肯定和你的付出成正比。"学长言道。

大二下学期，文杰逐渐明确了自己的目标和方向——就业。相较于想读研的同学，想直接就业的学生参与竞赛的侧重点是不同的，如大学生创业训练和创业实践类项目更适合准备就业的学生。方向一旦明晰，节奏也瞬间紧张起来，文杰为自己的阶段目标进行了清晰的规划，比如大三暑期要进某个企业实习。

文杰根据"能证明特定能力""性价比高""有含金量"3个选择标准选择适合自己的竞赛。

（1）能证明特定能力。此标准对标的是就业需求，因为在没有实习经历、没有项目经历的情况下，企业对竞赛经历的重视程度大于校园社团经历，特定的比赛获奖经历在一定程度上能反映特定的个人能力。

（2）性价比高。即投入回报率高，投入包括时间、精力、金钱，投入回报率高即投入不是最多但能拿奖，因为参与商业竞赛非常耗费时间和精力，在学业压力本身不轻的情况下建议选择2~4个参加。

（3）有含金量。尽量选择教育部门认可的比赛参加。

心中有了基本的参考标准后，在比赛选择方面，文杰通过翻阅公众号和咨询学长了解各时间段有哪些竞赛，再根据自身时间安排、比赛获奖概率、自身兴趣进行筛选后，文杰确定了一个专业竞赛和两个商业竞赛。确定竞赛后，文杰开始搭建自己的专业内团队和跨专业合作团队，学习如何做好一个队员、如何做好一个队长，学习如何平衡课外竞赛和专业学习，甚至在繁重的任务中摸索自己"多任务处理能力"的极限。

文杰学会根据比赛的含金量和难度进行合理分配，首先像"互联网＋"大赛、"挑战杯"等含金量较高而又与学科相关的竞赛，投入的时间和精力相对较多。文杰懂得要选择团队意识强、优势互补的队员，因为大多比赛都要求团队报名参加，所以靠谱的队员非常重要。除了要求队长综合协调能力要高，能够根据队员特点组建一支人才搭配合理的队伍外，团队成员也需要主动参与、优势互补、相互配合，这样才能取得不错的成绩。

大多数竞赛最后要求提交计划书、论文、PPT 等材料。对于评审老师来说，他们能看见的主要是最后呈现的材料成果，如果基本的支撑材料都没做好，评审老师也很难发现团队的优势。所以文杰与队员提前精心准备了需要提交的材料，如有些比赛需要的专利申请成果、调研数据报告等。得益于自己和队员的努力，在指导老师的帮助下，文杰团队成功地拿到了一个专业竞赛全国赛的三等奖，一个商业竞赛的省级一等奖。跟特别优秀的同学相比，文杰的成绩可能不值一提，但对于自己通过近一年的努力取得的成绩，文杰感到非常自豪。

大学和高中一样有期末考试，但是与高中不同的是，大学的排名不再单纯地只看成绩综合素质高的同学更受社会青睐。大学生综合素质测评是对大学生的德、智（包括能力）、体、美等方面进行的全面考核，一定程度上能分析大学生在学习、生活、实践等主要活动领域中反映出的素质信息。

对于大学生来说，竞赛获奖能够为个人提供多方面的价值：锻炼创新性思维、提升专业能力；提升团队合作能力；提升语言表达能力；为简历加分；考研复试加分；提升 PPT 等办公软件操作水平；接触更优秀的人，开阔眼界；获取专利、论文成果；助力获得奖学金等。

场景二　主要的竞赛

大学生参加竞赛的动机有很多：有些是对一些竞赛的内容感兴趣；有些是想要提升某一方面的能力，通过参加竞赛促使自己在这方面达到一定的程度；还有一些是为了综合素质测评加分，从而获得奖学金或者保研资格。不同学校对于不同比赛的重视程度不同，我们有必要了解学校在相关方面的政策，做到有的放矢。中国高等教育学会高校竞赛评估与管理体系研究专家工作组发布 2022 全国普通高校大学生竞赛分析报告：其中包括普通本科院校大学生竞赛榜单 13 个、高职院校大学生竞赛榜单 11 个、省份大学生竞赛榜单 3 个。观察本科院校，从学校分布类型看，理工类高校表现抢眼；从区域来看，东部地区优势明显。根据竞赛的特点，大学生学科竞赛主要分为以下 3 类。

《2023 全国普通高校大学生竞赛分析报告》竞赛目录

1. 学科理论型竞赛

这类竞赛大多为考试型竞赛，除了类似程序设计大赛的团队赛，一般为个人赛。这类竞赛非常看重学生的理论功底及综合基本功。想要在这类竞赛中取得较为出色的成绩，一般而言不太容易。由于竞赛注重基本功，因此获一等奖的选手大多来自综合实力不错的本科院校。这类竞赛基本上选择一个钻研即可，除非基础十分扎实，不建议跨专业参与，比如一些数学类竞赛对大学生来说就比较难。代表竞赛主要有丘成桐大学生数学竞赛、ACM-ICPC、CCPC、全国大学生周培源力学竞赛、全国大学生数学竞赛、全国大学生英语竞赛、"外研社杯"全国大学生英语系列赛（阅读、写作、演讲、辩论）、"中金所杯"全国大学生金融知识大赛等。

《2023 全国普通高校大学生竞赛分析报告》观察目录

2. 学科应用型竞赛

这类竞赛是短时间（一般为 3～4 天）作品赛，作品的形式可能是一篇学术报告（如数学建模），也可能是一个可以实现一些功能的作品（如电子设计、机械创新），甚至可能只是一张海报或者一份PPT。这类成果多为中小型成果，大多不能转化成产品，但是可以较好地反映大学生解决问题的能力。竞赛一般是团队赛，绝大多数参与过竞赛的本科生一般就参与这类竞赛，即用几天的时间完成一个作品，然后提交进行评审。这类竞赛对于大学生的基础有一定的要求，但是没有学科理论型竞赛要求苛刻。竞赛由于需要团队合作和具有开放性，因此也考察大学生的软实力水平，如文献查找、团队沟通、学术写作等能力。大学生在这类竞赛中如果取得不错成绩，也是对专业能力的证明，同时部分高校的加分政策甚至保研资格也和这类竞赛的成绩相关。

针对这类竞赛，大学生通常需要周期性准备，一般是大一准备，大二上学期第一次参加，经过一两次训练与总结，大三上学期能获得比较好的成绩。由于此类竞赛考查的知识比较全面，因此其对于知识的深度要求可能不如第一类竞赛高。最重要的是，组建一个靠谱的队伍，有一个好的队伍，基本上就成功了一半。

这类竞赛主要为工科类竞赛，因此获奖名单具有院校学科特点，电子设计大赛一般就是电子类强校，结构设计大赛一般是土木强校，光电类竞赛则是光学工程强校。对于基础中上，想好好学习专业知识的同学，参加这类竞赛是最适合不过了。代表竞赛主要包括全国大学生数学建模竞赛、美国大学生数学建模竞赛、全国大学生电子设计竞赛、全国大学生机械创新设计大赛、全国大学生结构设计竞赛等。

3. 创新创业及实践类竞赛

这类竞赛通常周期十分长，短则几个月，长则需要1~2年的准备时间。想要获得好的成绩，都需要尽早准备，并且需要花费大量的心血去做一些有实际意义的作品，这一点其是与第二类竞赛截然不同的地方。

这类竞赛应该是最能锻炼一个人的综合实力的竞赛了，最终作品可以被认为是一个课题组对这一两年获得的相关成果的一次展示，比如论文、专利、产品应用到实际的效果等。从0到1再到无穷大，每一步都需要付出较多的精力。如参加类似节能减排等申报类的竞赛，必须拿出比较好的成果来，才能在所有申报作品中脱颖而出。准备作品不是简单地想象，而应该去调研和分析社会上的痛点问题与需求，深入研究并解决。创新创业类竞赛也分为不同的赛道，有些是创意类，可以天马行空但是也需要脚踏实地；有些是初创类，更加看重潜力、生存能力和技术转化能力。

这类竞赛总的来说难度大、耗时长，是大学生提升其从校园到职场适应力的优质比赛。代表竞赛主要包括"挑战杯"全国大学生课外学术科技作品竞赛、"挑战杯"中国大学生创业计划竞赛、中国"互联网+"大学生创新创业大赛、全国大学生电子商务"创新、创意及创业"大赛、全国大学生节能减排社会实践与科技竞赛等。

三、场景项目任务 ↓

基于前文中的两个场景，根据你的年级、专业与学习情况等因素，完成下面的项目任务。

项目任务一：大学生与竞赛

项目任务二：竞赛榜样分享会

项目任务三：竞赛与能力要求概览

项目任务扫码获取

第六章
商业决策竞赛

本章导学视频

> 书不记，熟读可记；义不精，细思可精；惟有志不立，直是无着力处。
>
> ——朱熹

一、学习目标矩阵 ↓

本章从 3 个典型应用场景展开探索，带领大学生认识主要的商业竞赛及其参赛规则与要求。本章主要通过竞赛要点分析、团队搭建、项目主题选择、策划书撰写与商业路演模拟等项目任务，以商业策划能力培养为目标，带领大学生通过参加竞赛，提升团队管理与协作、商业计划书撰写、融资认知等相关核心能力。本章的学习目标矩阵如表 6.1 所示。

表 6.1　学习目标矩阵

典型应用场景	项目任务	知识学习	技能胜任	工具应用
场景一　中国"互联网+"大学生创新创业大赛	项目任务一：竞赛要点分析	竞赛介绍	分析能力	
	项目任务二：团队搭建	团队搭建	沟通与协作能力	
场景二　"挑战杯"中国大学生创业计划竞赛	项目任务三：项目主题选择	项目选择		
	项目任务四：策划书构思	商业策划书撰写	文字运用能力、逻辑思维能力	优秀商业策划书分析
场景三　全国大学生电子商务"创新、创意及创业"挑战赛	项目任务五：商业路演模拟	融资合同	答辩、演讲能力	

 本章目标成果

1. 竞赛要点分析与团队搭建
2. 竞赛项目商业策划书
3. 路演模拟及方案

二、典型应用场景 ↓

场景一 中国"互联网+"大学生创新创业大赛

中国"互联网+"大学生创新创业大赛由教育部与政府、各高校共同主办。大赛旨在深化高等教育综合改革，激发大学生的创造力，培养造就"大众创业、万众创新"的主力军；推动赛事成果转化，促进"互联网+"新业态形成，服务经济提质增效升级；以创新引领创业、创业带动就业，推动高校毕业生更高质量创业就业。

1. 大赛简介

- 中文名：中国"互联网+"大学生创新创业大赛。
- 外文名：China College Students' 'Internet+' Innovation and Entrepreneurship Competition。
- 简称："互联网+"大赛。

大赛设置主要包括高教主赛道、"青年红色筑梦之旅"赛道、职教赛道三个赛道（第九届竞赛则包括高教主赛道、"青年红色筑梦之旅"赛道、职教赛道、产业命题赛道和萌芽赛道。具体以当年文件为准）。高教主赛道分为中国大陆参赛项目、国际参赛项目两个类别，各类别设置本科生创意组、本科生初创组、本科生成长组三个组别；"青年红色筑梦之旅"赛道设置公益组、创意组、创业组三个组别；职教赛道分为创意组和创业组。

2. 大赛目的

每年大赛的目标和任务有细分，但大致为以下三个方面。

◆ 以赛促学，培养创新创业主力军。大赛旨在激发大学生的创造力，激励广大青年扎根中国大地了解国情民情，锤炼意志品质，开拓国际视野，在创新创业中增长智慧才干，把激昂的青春梦融入伟大的中国梦，努力成长为德才兼备的有为人才。

◆ 以赛促教，探索素质教育新途径。把大赛作为深化创新创业教育改革的重要抓手，引导各类学校主动服务国家战略和区域发展，深化人才培养综合改革，全面推进素质教育，切实提升学生的创新精神、创业意识和创新创业能力。推动人才培养范式深刻变革，形成新的人才质量观、教学质量观、质量文化观。

◆ 以赛促创，搭建产教融合新平台。推动赛事成果转化和产学研用紧密结合，促进"互联网+"新业态形成，服务经济高质量发展，努力形成高校毕业生更高质量创业就业的新局面。

3. 大赛赛道主要内容

大赛主要包括高教主赛道、"青年红色筑梦之旅"赛道和职教赛道，三个赛道各赛道内容各有侧重。

高教主赛道主要涉及"互联网"农业、"互联网"制造业、"互联网"信息技术服务、"互联网"文化创意服务等（参赛项目不只限于"互联网+"项目，"互联网+"只是时代背景）。近年大赛更鼓励在新工科、新文科、新医科、新农科领域展开内涵建设和创新创业。

"青年红色筑梦之旅"赛道要求参赛项目在推进革命老区、城乡社区经济社会发展等方面有创新性、实效性和可持续性。参加"青年红色筑梦之旅"赛道必须参加"青年红色筑梦之旅"活动。公益类项目与商业项目的核心区别是：公益类项目并非不盈利，但其强调获得的盈利主要用于扩大生产规模，更好地开展公益服务等；而商业项目的盈利，主要用于企业本身发展和股东分红。

职教赛道则以高职、中职、部分职教本科为主，以推进职业教育领域创新创业教育改革，组织学生开展就业型创业实践为核心。设计创新类以技术、工艺或商业模式创新为核心优势；商业类以商业运营潜力或实效为核心优势；工匠类以体现敬业、精益、专注、创新为内涵的工匠精神为核心优势。

4. 参赛流程

参赛流程包括校级初赛、省级复赛和全国总决赛三步。基本晋级流程如图 6.1 所示，具体以教育部及各省教育行政部门当年竞赛安排为准。

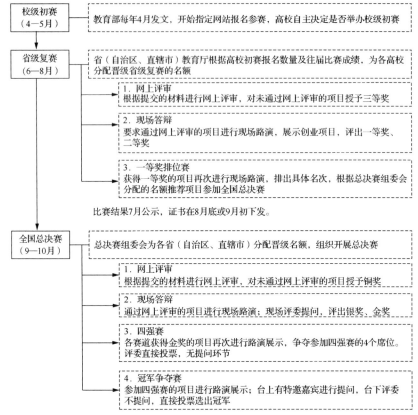

图 6.1 中国"互联网+"大学生创新创业大赛流程

5. 材料准备要点

（1）商业计划书

商业计划书分为 Word 版本和 PPT 版本。针对 PPT 版本：评委多数为投资人，习惯阅读 PPT 版本。供评委阅读的 PPT 版本可以详细一些，不同于用于路演展示的 PPT。针对 Word 版本：评委看完 PPT 版本后，会对一些有疑问的信息和细节，通过 Word 版本进行查阅。

材料准备要点建议：在只能提交一个版本的情况下，建议将商业计划书 PPT 版本和 Word 版本合成为一个 PDF 文件进行提交，并注意逻辑清晰和排版简洁。

（2）项目视频

视频是商业计划书的缩略版本，时长一般为 1～2 分钟，不宜太长。

（3）评委阅读

评委进入评审页面后，一般按以下顺序阅读：视频和基础信息、商业计划书 PPT 版本、商业计划书 Word 版本（主要用于定向寻找详细信息）。

场景二 "挑战杯"中国大学生创业计划竞赛

1. 大赛简介

"挑战杯"中国大学生创业计划竞赛是一项全国性的竞赛活动，简称"小挑"。"挑战杯"中国大学生创业计划竞赛是由共青团中央、中国科协、教育部、全国学联主办的大学生课外科技文化活动中一项具有导向性、示范性和群众性的创新创业竞赛活动，每两年举办一届。根据参赛对象，竞赛分普通高校、职业院校两类，设科技创新和未来产业、乡村振兴、城市治理和社会服务、生态环保和可持续发展、文化创意和区域合作 5 个组别。

2. 竞赛流程、形式与要求

（1）竞赛流程

登录"挑战杯"中国大学生创业计划竞赛报名官网报名。竞赛分校级初赛、省级复赛、全国决赛。校级初赛由各校组织，广泛发动学生参与，遴选参加省级复赛项目；省级复赛由各省（自治区、直辖市）组织，遴选参加全国决赛项目；全国决赛由全国组委会聘请专家根据项目社会价值、实践过程、创新意义、发展前景和团队协作等综合评定金奖、银奖、铜奖。大赛期间，会组织参赛项目参与交流展示活动。

（2）具体参赛形式和要求

- 以项目团队形式参赛，每个团队的成员原则上不超过 10 人，每个项目的指导教师原则上不超过 3 人。
- 对于跨校组队参赛的项目，各成员须事先协商明确唯一的项目申报单位。
- 每人（每个团队）限报 1 个项目。
- 在往届竞赛中获得省级以上金奖（特等奖）、银奖（一等奖）的项目，不可重复报名。

3. 奖项介绍

全国评审委员会对各省（自治区、直辖市）报送的参赛作品进行复审，评出参赛作品总数的 90% 左右进入决赛。竞赛决赛设金奖、银奖、铜奖，各等次奖分别约占进入决赛作品总数的 10%、20% 和 70%（具体参见当年各省竞赛章程）；各组参赛作品获奖比例原则上相同。全国评审委员会将在复赛、决赛阶段，针对已创业（甲类）与未创业（乙类）两类作品实行相同的评审规则；计算总分时，将视已创业作品的实际运营情况，在其实得总分的基础上给予 1%～5% 的加分。

专项赛事单独设置奖项。参加全国决赛的作品，确认资格有效的，由全国组织委员会向作者颁发证书，并视情况给予奖励。参加各省（自治区、直辖市）预赛的作品，确认资格有效而又未进入全国决赛的，由各省（自治区、直辖市）组织协调委员会向作者颁发证书。竞赛设 20 个左右的省级优秀组织奖和进入决赛高校数 30%左右的高校优秀组织奖，奖励在竞赛组织工作中表现突出的省份和高校。优秀组织奖的主要评选依据为网络报备作品的数量和进入决赛作品的质量。省级优秀组织奖由主办单位评定，报全国组织委员会确认。高校优秀组织奖由各省（自治区、直辖市）组织委员会提名，主办单位评定后报全国组织委员会确认。在符合"挑战杯"中国大学生创业计划竞赛章程有关规定的前提下，全国组织委员会可联合社会有关方面设立、评选专项奖。

场景三 **全国大学生电子商务"创新、创意及创业"挑战赛**

1. 大赛简介

全国大学生电子商务"创新、创意及创业"挑战赛（以下简称"三创赛"）是在 2009 年由教育部委托教育部高校电子商务类专业教学指导委员会主办的全国性在校大学生学科性竞赛。根据教育部、财政部文件精神，三创赛是激发大学生兴趣与潜能，培养大学生创新意识、创意思维、创业能力以及团队协同实战精神的学科性，深受全国广大师生信赖、支持的大赛。

2. 大赛目的和价值

大赛的目的是强化创新意识、引导创意思维、锻炼创业能力、倡导团队精神。三创赛一直秉持着"创新、创意及创业"的宗旨，致力于培养大学生的创新意识、创意思维和创业能力，为高校师生搭建一个将专业知识与社会实践相结合的平台，提供一个自由创造、自主运营的空间。大赛的价值是：大赛促进教学，大赛促进实践，大赛促进创造，大赛促进育人。

3. 大赛主题

大赛的主题基本如下（具体以当年文件为准）

（1）常规赛 9 类包括三农电子商务、工业电子商务、跨境电子商务、电子商务物流、互联网金融、移动电子商务、旅游电子商务、校园电子商务、其他类电子商务。

（2）实践赛 3 类，包括跨境电商实战赛、乡村振兴实践赛、产教融合（BUC）实战赛。

4. 组队方式

参赛选手有两种组队方式，即学生队和混合队。学生队是学生作为队长，队长和队员须全部为在校学生。混合队是高校教师作为队长，队员中学生数量必须多于教师。

参赛选手每人每年只能以一个团队的成员身份参加竞赛，一个团队有 3~5 名成员，其中一名为队长。可以跨校组队，以队长所在学校为该队报名学校。队员身份信息的真实性由队长负责。团队成员间提倡合理分工，学科交叉，优势结合。

一个团队可以有 0~2 名高校指导教师，0~2 名企业指导教师。

5. 报名方式

- 校赛注册：承办学校必须在官方网站上注册（由承办单位负责人或联系人注册），填写学校、负责人和联系人等信息；如果承办学校参加过往届比赛，注册时需重新查看学校、负责人和联系人等信息，若有变化请做修改。另外，注册时必须提交《第××届三创赛校赛备案申请书》并加盖学校公章。

- 参赛队伍报名：在确认本校已经注册为承办学校之后，参赛队伍到官方网站统一注册（由队长注册），以便规范管理和获得必要的服务；报名时首先选择所在省份及学校（已经注册并审核通过的）并填写参赛队员、高校指导教师情况、企业指导教师情况，参赛作品名可以在报名时间截止前确定。

三、场景项目任务 ↓

请根据前文中 3 个场景，以小组实践的项目或感兴趣的企业案例为例，完成下面的项目任务。

项目任务一：竞赛要点分析

项目任务二：团队搭建

项目任务三：项目主题选择

项目任务四：策划书构思

项目任务五：商业路演模拟

项目任务扫码获取

四、知识库 ↓

（一）团队沟通与协作

一项调查显示，58%的受访学生表示他们不喜欢小组作业；83%的受访学生表示，如果可以选择，他们有种种理由不参与团队工作。另一项调查也显示学生对团队工作抱有负面态度。甚至有人专门创造了"团队恐惧症"这个词，来描述人们对团队合作的抗拒。导致这种普遍性"团队恐惧症"的原因很多。

第一，人们往往觉得自己对团队的贡献比其他成员多。在 2013 年进行的一项调查显示，占比高达 97%的受访学生表示，他们曾经在完成小组作业时，独自一人承担了全部工作。团队成员中有人有这种"我是团队里唯一的贡献者"的想法，团队成员间很难形成良好的协作关系。

第二，团体中有一种人会对所有的工作袖手旁观，并将其全部推给队友。而他们这种消极怠工的态度会传染给其他成员，因为谁都不想被占便宜，所以其他成员也会减少付出。结果就是团队的整体工作效率降低。

第三，团队工作往往耗时极长且进展慢。成员有 1/3 的时间都被团队会议占据，这些会议既费脑力又费时间。更令人苦恼的是，成员有时候一天得参加好几个不同的会议。几个会议下来，成员会感到疲惫不堪。

成功的团队能令成员热爱团队工作，并且有所收获。而失败的团队，会让成员都厌恶参与其中，只看到团队的缺点和负面部分。若一个人加入了目标明确并能令他有所收获的团队，他就会因此改变对团队工作的态度。而对于实现团队目标，沟通恰恰有着至关重要的作用。

1. 团队的定义

所有的团队都是团体，但并非所有的团体都是团队。团队是专业化的团体，是一群技能互补的人作为一个互相依存的整体而行动，这些人因某个共同的使命做出同等承诺，通过协作完成这个使命。团队主要具有以下 4 个特征。

（1）合作级别高：一起工作的必要性

团队通常比一般的团体合作程度更高。一般的团体成员有时会互相对立，而非为了共同目标努力。团队的本质就是协作和相互依存，团队成员通常必须一起工作，否则他们都没办法实现自己的目标。若是团队成员各自为政，团队就丧失了协作的本质。

（2）技能多样性：寻找互补性

相比一般的团体，团队成员往往在技能上更为多样。通常，一般小型团体中成员的技能是随意组合的，导致部分成员的核心技能重复，团队成员需要技能互补而不是完全相同。

（3）身份认同强：像一个整体一样行动

团队通常比一般的团体有更为强烈的身份认同感。一般小型团体的身份体现往往很不明显，因为其没有统一的目标和归属，甚至没有正式的名字。

（4）时间和资源：对团队的承诺

人们为大多数小型团体所能付出的时间和资源都非常有限。但是团队经常需要成员贡献大量的资源和长期的时间。为了帮助团队取得成功，成员可能会投入大量时间来完善个人技能。

2. 建立有效的团队

高效团队的建立是创新创业成功的必要保障，明确创业项目的方向，找志同道合者、有创业激情和行动并且值得信赖的对象是首要任务。需要注意的是，人员不稳是创新创业失败的主要因素之一，良好的沟通能力对于成功的团队是必不可少的。关于选择成员和建立有效团队可以从以下几方面着重考虑：

（1）考虑团队成员的素质

优秀的成员是任何团队成功的基本条件。团队成功的基础是配置最佳的成员组合。团队能否成功的首要影响因素是成员的素质：技巧和能力、展现的态度以及具体行动。要注意，这里并没有强调成员的个性特质，因为并没有可靠证据表明有任何个性特质，如认真、外向、亲切等可能会对团队成功格外有帮助。

团队成员常见的恶劣态度和行为如表 6.2 所示。

表 6.2　团队成员常见的恶劣态度和行为

恶劣态度和行为	具体内容
自我中心主义	自以为无所不能，在沟通过程中流露出"事事以我为先"的态度，引发团队内部矛盾，破坏凝聚力

续表

恶劣态度和行为	具体内容
犬儒主义	犬儒主义者会预测团队的失败，不断对各种人和事提出批评，并且把负面能量扩散到整个团队，这种态度和行为是会传染的
语言/非语言侮辱	语言/非语言侮辱方面的恶劣行为有很多，如散播恶意谣言、拒绝一起工作、开不恰当的玩笑、随便朝人扔东西等，这些行为都会营造不利于团队合作的气氛。它会招致防御性沟通，妨碍团队营造成功所必需的合作、支持的沟通气氛

一个态度和行为恶劣的成员可能毁掉整个团队，因此在某些情况下团队必须清理自己最弱的部分，以保证整体效率，但团队必须谨慎采用这种举措。团队清理的主要目标成员是那些低效沟通者，尤其是没有意愿改变自己的人，以及那些破坏团队关系的自我中心主义者或犬儒主义者。即使一个成员知识渊博、技能出色，若是犬儒主义者，团队也可能需要将其清除，知识技能平庸但乐观进取的成员反而对团队更有价值。技能和知识有所欠缺的成员经过训练可以变得更有效率。

（2）考虑团队成员的选配

不同于一般的团体，团队更注重成员的选择和配置，而不是随机生成成员技能组合。谁能够成为团队的一员取决于每个人能为团队提供的技能和知识。在选择和发展团队成员的过程中可注意以下几点。

- 经验和问题解决能力：核心素质。一个团队要朝目标前进，经验和问题解决能力是核心素质。
- 文化多样性：拥有不同视角的成员。成员在文化背景上的差异能够带来知识和技能的高度互补，利于团队创造性地做出决策和解决问题。多样性应被视为团队的优势，而不是缺陷。团队在选择成员时，既要考虑其知识和技能上的互补性，也要关注其态度上的一致性。即便文化背景不同，团队里也不允许存在自我中心主义者和犬儒主义者；要选择一个超越彼此差异的宏伟目标；尊重所有成员，避免文化偏见；保持开放的沟通态度。团队应在决策过程中，积极寻求反馈，在问题出现时迅速解决它。
- 沟通效能：培养成员的沟通能力。成员经常会缺乏必要的沟通能力。团队沟通对团队效率非常关键，在表现良好的团队里，成员通常会展现较强的沟通能力。大家可在团队中建立特定的沟通机制。

（3）考虑培养团队意识

当内部成员和外部人士都明确意识到团队的身份时，团队就产生了。团队意识是团队建设的一个重要部分。建立团队意识，没有一蹴而就的途径，但有诸多可以使用的办法。培养团队意识的策略包括创造团队精神符号和使用团队内部语言。

- 团队精神符号：无言的纽带。培养团队意识的方式之一是创造"团队精神符号"。团队精神符号可以是团队的名称或标志，如一模一样或风格统一的服装也能作为团队精神符号。
- 团队内部语言：我们的语言。当团队成员习惯说"我们"和"我们的"，而不是"他"或"他们"时，就意味着团队已经建立起身份认同感和成员归属感。对团队领导者来说，使用团队内部语言尤为重要。团队内部语言强调互相依存，会避免具有个人色彩的词语，也会尽量减少针对某个人的指责和批评。当团队失败时，整个团队都会受到批评；而当团队成功时，大家会作为一个集体接受表扬。

（4）考虑团队角色的分配

当团队成员不确定自己应该扮演什么角色时，就会出现角色混乱和重叠的现象，这不利于团队工作。团队必须让每个成员都扮演自己最擅长和专属的角色，才不会出现角色混乱和重叠、浪费资源的现象。一个人在最初加入某个团队时，可能已经被指派了某个角色，但这个角色很可能并不适合他。很多情况下团队需要进行角色调整才能够更有效率。团队领导者的责任之一就是进行角色指派和分配。

（5）考虑个人责任制的建立

团队责任制关注每个成员对于团队目标的承担和应尽的义务。强调团队精神，失败时批评的是整个团队，成功时表扬的也是整个团队。同时团队建设也需要个人责任制，即为了使团队成功，每个成员的工作和表现都必须达到最低标准。

建立有效个人责任制的前提之一是营造合作的沟通气氛。团队成员既要互相监督对方行为是否有纰漏，对彼此进行描述性的反馈，也要关注彼此的进步，而不是一味批评和打击某个人。

（6）考虑构建系统化的管理决策机制

如果团队在进行决策和解决问题时没有系统化、结构化的管理流程，往往会浪费大量时间在无目的、无重点的讨论上，最后却收效甚微。高效团队通常会有系统化、结构化的决策和问题解决流程，而效率低下的团队通常缺乏这一点。要强调的是，团队领导者在确保为团队建立系统化流程方面能够发挥重要作用，包括团队在标准议程建立、决策共识和头脑风暴方面的流程和机制。

表 6.3 针对团队讨论程序和标准议程分别提供了有效决策和问题解决的建议。

表 6.3　有效决策和问题解决建议

有效决策	问题解决建议
讨论程序：系统化功能角度	分析问题、建立评价标准、收集备选方案、评估方案的正面结果以及评估方案的负面后果 5 个系统程序
标准议程：结构化团体讨论	<ul><li>问题界定：问题是什么</li><li>问题分析：原因和效果</li><li>方案准则：设定标准</li><li>方案建议：收集备选方案</li><li>方案评估和挑选：由准则决定</li><li>方案实施：贯彻始终</li></ul>

（二）创造性解决问题

创造性解决问题的能力是一种稀缺能力，如何才能拥有创造性解决问题的能力呢？下面给出一些参考建议。

第一，借用托马斯·爱迪生（Thomas Edison）对天才的观点，汗水比灵感更能铸就创造力。人们必须付出努力，才能找到创造性的方案，这意味着人们需要投入大量的时间和精力到工作任务中，而不是等着灵感从天上掉下来砸中脑袋。

第二，挑战会激发创造力。当人们对某样东西有需求或者需要解决某些问题时，就可能做出创造性的反应。挑战越大，问题越复杂，所需要的创造力就越强。

第三，创造力往往出自合作性环境，而不是竞争性环境。在竞争性环境中，思考"是用来规划、谋划和强制的，而不是用来解决问题和协作的"。

第四，创造力的发掘不是凭空想象也需要有合理的方法。创造性的方案是原创性的、实用性的。创造性解决问题和决策既要求想象力，也要求知识储备。有效的沟通者能够创造既实用又有效的解决方案。

第五，创造力要求有多种想法。想法多不能保证有有效的方案，但是想法越少，发现好点子的可能性就越低。

第六，创造力需要打破思维定式，到"盒子外面"思考。只有尝试不同的问题解决方法，才不会在某个思维死角止步不前。

要获得创造力，有的放矢的手段比漫无目的的工作更有成效。常见的创造性方法包括头脑风暴法、名义团体法、基于文字的框架化/再框架化管理以及统筹式解决问题。

1. 名义团体法

第二个创造性方法是名义团体法。在该方法下，团体成员先单独写下自己的想法，然后召开会议记录下大家各自的想法（通常记在所有人都能看到的黑板、白板或计算机屏幕上）。接下来大家逐一阐述自己的想法，但并不讨论各自想法的优劣。然后成员会选出自己喜欢的 5 个想法，按喜好顺序把它们写在卡片上。团体会算出这些想法对应的平均分，最终决策就是平均分最高的想法。

2. 基于文字的框架化/再框架化管理

当被告知某个企业战略有 70%的成功可能性时，大多数人都会支持该战略；但如果被告知它有 30%的失败可能性时，则大多数人会反对这一战略。产生这种差别的原因就在于问题以何种方式被框架化——也就是说，语言会塑造人们对选择的看法。

参照框架会将人们约束在思维定式里，使并非不可能解决的问题变得更加困难。这种心理僵局会阻碍创意的迸发。框架决定了人们能否注意到问题、如何理解和记忆问题以及如何评价和解决问题。

再框架化是一个创造性的过程，它会打破思维定式，根据其他参照框架来描述问题。例如，一个贩卖机老板在汽水贩卖机前放了一个上面写着"故障"的标志。消费者没有注意到这个标志，浪费了钱，然后向贩卖机老板投诉。老板不胜其烦，干脆把"故障"改成了"汽水 50 元一瓶"。之后没人再误把钱币投入机器了。这个问题被再框架化了。老板没有纠结于怎么让消费者了解机器发生了故障，而是更改了参照框架，让消费者不愿意把钱投进贩卖机。通过改变描述和定义选择的语言，人们的认知会发生巨大变化。当团体被狭隘或刻板的参照框架蒙蔽了双眼时，插入某些开放性的问题可以帮团体对问题进行再框架化，并寻求问题的解决方案。

3. 统筹式解决问题

决策经常会涉及利益冲突。统筹式解决问题是一种创造性解决利益冲突的方法，它会寻求让每个人都满意的解决方案。统筹式解决问题的方式主要有两种：做大馅饼和搭桥。

- 做大馅饼指通过增加资源来解决问题。面对稀缺资源时，团体里往往会出现严重的冲突和竞争，人人都想夺得最好的那块馅饼。但是团体有时候不得不接受资源稀缺的现实，认定资源没有增加的可能了。实际上，人们可以寻找新的方式获取新的资源。

- 搭桥是统筹式解决问题的第二种方式，即提供一个让所有人满意的新选项、新思路。

（三）商业计划书的内容

商业计划书的正文主要包括创业项目的主体（创业者或创业团队）、创业项目做什么、提供什么样的产品或服务，以及如何将商业计划书中介绍的想法落地、如何执行创业计划等。

1. 撰写商业计划书前应思考的内容

在写商业计划前，需要思考以下 4 点内容。

- 如何定位即将开始的项目？项目提供的是具体的产品、技术服务，还是解决方案？如果用一句话说明项目，该怎样表述？项目需要以产品/服务/解决方案和运营模式为中心，弄清楚为什么做、怎么做、做到哪里，前后衔接流畅，厘清逻辑主线。

- 客户到底是谁？要根据市场问题，研析市场痛点，逐步细分市场，聚焦目标客户。一定要对目标客户聚焦、聚焦、再聚焦，这样方能找准市场定位。

- 项目的商业模式如何设计？商业模式是一个项目的重点和难点，大家要多分析案例，找到合适的商业模式。

- 如果项目已经运营，有何成果？例如，完成了多少订单、拥有了多少客户数据，取得了什么荣誉、拥有了什么资质、创造了怎样的社会价值、解决了多少民生问题。

2. 商业计划书的主要内容

商业计划书正文要包含的内容可概括为以下 8 个要素：市场分析、竞争分析、产品/服务定位、盈利模式、管理机制、营销策略、资金规划、风险评估。

（1）市场分析（用数据说明市场的规模）

提出创业计划，势必得对整个市场有比较充分的了解。所以在这一部分，首先需要论证整体的市场规模有多大，是如何推算出的，以及这个市场未来将如何发展；其次需要考虑所要进入的市场是否有准入限制；再次需要描述这个市场这么大与目前业务有什么关系，哪部分是可攻克的目标市场，用多长时间可以得到多少市场占有率。常见的分析方式有波特五力竞争模型、PEST 分析法以及 SWOT 分析法。

建议：请用数据陈述，避免"假大空"的描述；通过权威第三方获取真实数据，并注明数据出处；描述清楚市场与你有什么关系，明确自己的目标市场以及预估市场占有率。

（2）竞争分析（展示做这件事的优势）

在这一部分，需要论述同在这一市场的竞争对手的具体情况，如谁是主要竞争对手，他们的产品如何，竞争对手是否可以超越，自己是否有竞争优势。

建议：从业务方向、产品、渠道、数据、技术等多维度进行比较分析；将竞争对手分为直接竞争对手和间接竞争对手，勿贬低、回避、忽视竞争对手；竞争优势介绍应言简意赅；解释如何持续地构建并保持竞争优势。

（3）产品/服务定位（产品介绍、用户画像）

分析完市场之后，就要有满足市场要求的产品定位，包括生产什么产品和提供什么服务。如果是技术导向的项目，在这部分还应该说明基础原理和关键技术，并做技术的可行性分析及后续研发计划等。

建议：突出产品设计的核心构思；突出产品能够运行的逻辑和原理；必要时需附上产品的辅助图片，帮助阅读者理解。

（4）盈利模式（怎么让这个项目盈利）

在盈利模式这一部分，需要阐述如何通过独特的商业模式来创造利润，以什么样的经营方式来生产，怎样让产品和服务在满足客户需要的同时带来利润；还要考虑如何打造经营优势，以及如何让客户选择你而不是竞争对手的产品或服务。

建议：盈利模式介绍应言简意赅；分阶段阐述短期怎么生存下来、中期怎么赚钱、长期怎么成为更有价值的企业；如果变现的路径比较长，最好有细致的说明或者提供参考案例。

（5）管理机制（如何保证企业正常运转）

有了产品定位和盈利模式，还必须有与之相对应的管理机制来保证经营的成功。这部分内容需阐述管理结构和管理方式，即企业管理层的职务和人员构成，以及决策、授权、激励和管理办法的确定。

建议：可以利用组织结构图来辅助说明，同时需要考虑管理层级及效能；需要充分展示重点职能岗位任职者与岗位的匹配度。

（6）营销策略

面对激烈的市场竞争，创业团队必须有可行有效的营销策略，包括营销的主要方式、根本特色、营销的计划、营销的目的等。

建议：合理使用理论依据，要为策划的观点寻找理论依据，防止理论堆砌；适当举例证明自己的观点，增强说服力；利用数据对照说明，而且各种数据都要有可靠的出处；运用图表来帮助理解，增强视觉效果。

（7）资金规划

资金规划是否清晰在某种程度上代表团队对项目运营方向是否清楚。这部分要写明资金的来源、资金总额分配比例、资金在运营各个环节的分配比例等。

建议：用图表展示，效果更直观；注意分配比例的合理性。

（8）风险评估

只有做好风险评估，才能在风险真正到来时更好地应对。这部分通常需要对市场状况变化风险、资金链风险、管理风险等进行评估。

建议：尽可能罗列可能存在的风险；对风险的危害程度做初步预估，并提出预防方案。

商业策划书的主体为以上 8 要素，在具体撰写过程中可根据项目实际情况完善和补充。现列出两份例文框架及一份完整的例文供参考，可扫码获取。

示例文件

商业策划书

（四）融资谈判

1. 认知谈判

与其迎合投资人喜好，不如寻找适合自己团队的投资人。在融资前，团队已经根据企业自身的生产经营状况、资金状况，以及企业未来经营发展需要，规划了企业未来的发展路径。融资的目的就是找到志同道合，并且能够在资金或经营方面提供帮助的投资人。融资谈判的任务是用准备好的谈话技巧来"说服"投资人。

（1）把对方当成志同道合的朋友

在创始人与投资人见面前，彼此是有着明确利益关系的双方。在融资前对投资人有过一些了解后，创始人应该将对方看作志同道合的朋友。当把对方当成朋友时，谈判时会更加真诚，这种心理力量就像一块正能量的磁石，吸引着同样真诚的人。一切合作与信任的基础就是真诚。

（2）准备好创业计划书

创始人在谈判的过程中需要在适当的时机，将详细的创业计划书分享给投资人。因为时间有限，无法让投资人看完长达几十页的创业计划书，所以需要将创业计划书中的一些关键信息，如团队成员、技术细节、商业模式等，用简单明了的话语讲给投资人听。

（3）如何与投资人谈条件

投资谈判涉及大量复杂晦涩的条款，后期又有各种突发情况需要处理。对于理性的投资人来说，充分沟通之后达成一致是很重要的，最怕创始人什么都答应，毫无意见。投资人提出的条件，一定是对自己有利而对创始人很苛刻的，因为很少有人会主动放弃自己的利益。但这不代表投资人完全无法接受任何条款的改动，大多数时候，投资人提出来的条件就是让创始人"还价"的。

（4）在商言商，有言在先

在商言商，有言在先，这一条是较为关键的。与投资人合作，坦率地表达自己的不同看法是非常重要的。如果认为无法达到条件，就明确说出来；如果不想按投资人的建议进入新领域，明确说出来，并说明理由；如果觉得估值太低，明确说出来；如果觉得分期投资不好，明确说出来。最终的条款一定是双方都认可的。最忌讳的就是在投资谈判的时候，对投资人提的要求创始人完全接受，等拿到资金后创始人又达不到期初要求，导致彼此失去信任。

（5）运用一些谈话技巧

一些谈话技巧在谈判时可发挥重要作用。例如，尽量采用一问一答式，不要投资人问一个问题，却回答了很多无关的内容；也不要投资人问了很多问题，只用一个答案解答。最好的方法是投资人问什么，创始人就答什么。另外，在向投资人提问时，要尽量留有空间。例如，不要问"您还有问题吗"，而是要问"您还有什么问题"。在投资人面前，不要直接询问有关对方企业的内幕消息，如"我可以了解下您成功的投资案例吗"或者"我可以查一下你们公司的资金来源吗"等等。如果对这些问题感兴趣，可在谈判结束之后，利用其他渠道进行了解。谈判结束时，一般都不会立刻有明确的结果，更多的是让创始人等消息，这个时候，千万不要问"您觉得我的项目获得您的投资的概率有多大"，更不要说"希望您尽快给我答复，因为还有很多家投资公司在约我见面"，否则谈判过程中的所有努力都可能白费。

2. 了解常见的谈判策略

创始人在获得风险投资的过程中，谈判是最重要的部分。投资意向书虽然只有两三页，但它包括了与融资相关的所有关键内容的概要，因此一旦签署，接下来的融资过程就会非常程序化。创始人在跟投资方谈判时，应尽量跟对方的决策者谈。决策者又称决策主体，既可以是个体，如公司的总经理；又可以是群体，如公司的董事会。在一个投资公司里，决策者会亲自参与重大战略决策。这些重大战略决策包括并购与资产剥离、资本投资，在何时、何地以何种方式进入市场，开拓或关闭业务。所以，在融资谈判时，如果能够与投资方的决策者进行谈判，胜算要大一些。

3. 掌握与运用融资谈判技巧

英国谈判学家马什说："所谓谈判，是指有关各方为了自身目的，就一项涉及各方利益的事务进行磋商，并通过调整各自提出的条件，最终达成一项各方较为满意的协议的过程。"简单来说，谈判就是运用具有说服力的语言，向对方说明自己的观点和意见。

谈判时可采取以下技巧。

（1）善于控制情绪

既然是谈判，创始人和投资人就有可能因为维护各自的利益而产生争执。如果对方的语言令人非常不快，甚至开始情绪失控，或者过多地使用肢体语言，创始人可提议休息一下，让自己平复心情之后再重返谈判桌。只有理性控制情绪，才能够掌控谈判的局面。

（2）用对方的谈话方式和他交流

在谈判时，创始人要少说多听。谈判过程中，创始人要学会用对方熟悉、惯用的谈话方式来表达自己的观点，这也许是最有效的谈话方式。创始人还可以准备一些合适的开放性话题，以此来拉近与对方的距离。

（3）不能轻易妥协

与投资人谈判时，创始人要先为自己设一条底线，一旦对方的要求触碰了底线，创始人要做的不是妥协，而是想办法解决；如果折中的办法双方都不满意，则要在坚守底线的基础上，给对方提供一些备选方案，保证双方的利益与合作。如果在谈判中发现无法以自己的方式得到自己想要的，可尝试提出交换条件。这些备选方案可以与时间、金钱、信息、权限有关，但创始人一定要清楚对方感兴趣的交换条件是什么。

（4）"传统"的谈判方式

如果在谈判中无法做到以上几点，创始人可以尝试一些"传统"的谈判方式，如表 6.4 所示。这些谈判方式虽然很"传统"，但它为一些有难度的谈判提供了思路。

表 6.4　"传统"的谈判方式

谈判对象：朋友	谈判对象：对手	谈判对象：一起解决问题的人
目标：达成一致	目标：胜利	目标：以有效和友善的方式取得有利的结果
自己让步，以保证双方关系和谐	要求对方让步，以此作为关系建立的条件	对事不对人
对人友善、对事宽容	态度明确、坚守底线	宽厚待人、严肃行事
信任	不信任	有所保留的信任
灵活改变立场	坚持己见	利益为重，面子为次
施与	胁迫	求同
表明底线	飘忽不定的底线	不要有明确的底线
为达成一致单方面受损	为达成一致要求对方让步	为双赢提供更多选择
答案只有一个：双方会接受的回答	答案只有一个：我方能接受的回答	有多种选择，不着急做决定
避免意气之争	赢得意气之争	以意气之外的客观标准实现目标

4. 谈判时需要注意的 3 个问题

只有做好了准备工作，才能在谈判中随机应变，灵活处理各种突发状况，从而避免谈判过程中利益冲突的激化。在谈判过程中，创始人需要注意以下 3 个问题。

（1）不要透露企业的现金状况

可以向对方清楚地介绍财务情况，包括每个月的开支，但是不能告诉对方企业的现金状况。一旦说出来，就丧失了谈判的主动权，这时如果投资人压低报价，就会非常被动。

（2）不要透露你正跟其他投资人谈合作

有的创始人在寻找融资时往往会瞄准好几家投资公司，除非企业十分抢手，否则不要让正跟你谈判的投资人知道你还在跟其他投资人接触。如果投资人知道了，这不仅不会让他们有压力，相反，他们可能还会说："如果你能让××领投，那我们就跟投。"这样会导致谈判中断。

（3）不要透露详细的股权结构和上轮融资的估值

如果把详细的股权结构和上轮融资的估值透露给投资人，投资人就会从中了解到自己可能从这个项目中赚到多少钱。企业的股权比例很重要，但是创始人要说得含蓄一点，不要透露太多信息。谈判的时候，说话要点到为止。要自然大方地把自己的底牌盖好，保持信息的不对称，不能让对方认为你不够自信或装腔作势。

5. 市场前景分析预测：凸显企业发展前景和盈利能力

企业有没有好的市场前景，是决定投资人投不投资的重要因素。哪怕企业其他指标都不错，只是前景堪忧，投资人也不会与其合作。这是 VC 行业的重要投资原则。对于投资公司来说，所投企业的发展前景关乎其日后能否盈利。所以，企业的发展前景和盈利能力，是决定双方能否合作的重要影响因素。

巴菲特认为，能否准确预测一个企业的发展前景和盈利能力，和该企业现阶段的经营是否稳定有很大关系。一个企业过去的经营稳定性越好，业务越简单，其现金流量就越容易计算。从 1982 年开始，他几乎每年在伯克希尔·哈撒韦企业年报中都要提到自己喜欢哪一类企业。他说，他最喜欢的企业必定要在经过实践检验的基础上具有"持续盈利能力"，而不是未来收益高。也就是说，如果对企业未来内在价值的预测比较保守，就不能过于乐观，而要做到这一点，首先就得根据真实的、经过合理调查的企业业绩，来计算长期平均收益，然后在此基础上分析、推断企业未来的持续盈利能力。

创始人在面对投资人的调查时，要做好以下准备。

（1）做好企业发展规划

创始人在为企业融资前，一定要为企业做好发展规划，包括制定企业近期、中期的发展规划和发展战略，以及分析发展规划的可行性。创始人在为企业融资前，应该厘清企业的产权关系、资产权属关系、关联企业间的关系，把企业业务清晰地展示在投资人面前，让投资人和债权人放心，让其认定企业是有很大的升值空间的。同时，创始人在为企业融资时除了考虑资金，还要考虑投资方在企业经营、企业发展方面对企业是否有所帮助，是否能提升企业的价值。企业融资是企业成长的过程，也是企业走向规范化的过程。企业一旦拥有了清晰的长期发展战略，就营造了一个资金愿意流入企业的经营格局。

（2）认清企业的 5 种结构

认清企业的具体结构，便于判断企业的实力。企业结构一般为以下 5 种。

- 股权结构。企业的股权结构要主次分明、主次合理。
- 高管结构。企业的高管结构不但要合理，还要优势互补、团结协作。
- 业务结构。企业的业务结构既要主营业务突出，又要包含新产品。
- 客户结构。企业的客户结构既不要太散，又不要太集中，客户要有实力。

- 供应商结构。企业的供应商结构既不要太散，又不要太集中，质量要有保证。

（3）经营好创业团队

对于投资公司来说，投资就是对团队的投资，其看好的企业必须有一个好的团队。为此，大部分投资公司对企业创业团队成员的要求是富有激情、和善诚信、专业敬业、善于学习。实际上，对于创业企业来说，团队的力量更重要，所以企业应经营好创业团队。

（4）具备两个优势、三个模式、四个指标

投资公司所看重的有"钱"景的企业需具备两个优势、三个模式、四个指标。

① 两个优势。企业要具备如下两个优势（见图 6.2）。第一，企业处于优势行业，这里所说的优势行业，是指具有广阔发展前景、有国家政策支持、市场成长空间巨大的行业。第二，企业在优势行业中具有核心竞争力。也就是说，企业的核心业务或主营业务要突出，核心竞争力要突出，要超越其他竞争者。

图 6.2　两个优势

② 三个模式。在选择优势行业中的优势企业后，投资公司还要看企业的三个模式（见图 6.3）。第一个模式是业务模式，是指企业提供什么产品或服务，业务流程如何实现，业务逻辑是否可行，技术是否可行，企业所拥有的资源是否足以支持企业的发展等；第二个模式是营销模式，是指企业如何推广自己的产品或服务，销售渠道、销售激励机制如何等；第三个模式是盈利模式，是指企业如何挣钱，通过什么方法或环节挣钱。

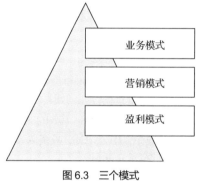

图 6.3　三个模式

③ 四个指标。四个指标包括营业收入、营业时间、净利润和销售增长率。由于 VC 的重要目标是使企业尽快上市，所以，投资人非常看重企业的盈利能力和成长性，创始人由此要更为关注企业的净利润和销售增长率这两个指标。

（五）融资合同的相关注意事项

融资合同与其他合同一样，具有法律约束力。由于投资人比创始人经历过更多类似的交易，也更了解各种条款和规则，所以，创始人需要仔细了解融资合同对企业未来的发展有怎样的影响。一般来说，融资合同要注意"量体裁衣"而不是"量衣裁体"，而且要具有实用性，不要只看厚度，有用才是最重要的。合同的作用就是防患于未然，然而由于行业、地域、股东背景等方面的差异，不同企业的融资合同可能涉及的问题千差万别。而且，投融资双方博弈的终极目的是"利益平衡"，而不是"形式严谨"，所以，投融资双方在签订合同时要"量体裁衣"，而不是"量衣裁体"。所谓"体"，是指双方各自的利益，所谓"衣"，是指合同中的条款。

合同不建议采用标准版本，而应该基于实际，列出一些差异化的条款。在业内，有些合同看上去很厚，但是仔细研读条款后就会发现，合同缺少很多实用的信息。这类合同导致的直接后果是一旦投融资双方出现矛盾，合同中的条款起不了任何作用，双方只能诉诸法院。

实际上，对于投融资双方来说，许多事情是双方在签订合作之初就要定下来的。企业发展到一定阶段往往会与投资人出现利益之争，这时再看最初的合同，会发现其存在诸多漏洞，无法制约双方的行为，如此双方只能对簿公堂。所以，投融资双方要想改变这种局面，就得在签订融资合同时注意如下事项。

1. 制定成熟条款

成熟条款是融资合同中最重要的一个条款，从法律上可以理解为有条件的回购权，指一部分股份归创始人所有，但投资人有回购权，条件就是创始人退出触发回购条件，会强制性地要求创始人将相应股权卖给投资人。

2. 限制转让条款

限制转让指创始人在企业上市前如果要转让自己的股权，需要经过投资人的书面同意，如果投资人不同意便不能转让。创业投资就像一条船，创始人是船长，投资人把货放在船上，货是投资人的，所以，船长在下船之前要经过投资人的同意。这跟正常的投资、持股不一样，这种模式可能需要创始人在股权分配上做比较大的让步。

3. 优先购买权

优先购买权指当一方卖股权时，另一方有优先购买的权利。这个权利是《中华人民共和国公司法》赋予所有有限责任公司股东的普遍性权利。例如，公司有 10 个股东，按照《中华人民共和国公司法》的规定，这 10 个股东相对第三人有优先购买权，如果加上这个条款，那么其中 1 个股东相对其他 9 个股东也有优先购买权。股权安排是创始人和投资人就项目达成一致意见后，双方在即将成立的公司中进行的权利分配上的博弈。对股权进行周到详细的安排是创始人和投资人需要慎重考虑的事项。

4. 共同出售权

共同出售权是保证投资人能够尽快转让股权的条款，即如果创始人想卖股权，投资人也可按比例出售自己的股权。如创始人找人买自己的股权，对方准备收购公司 20% 的股权，创始人手里有 40% 的股权，投资人手里有 10% 的股权，则创始人和投资人按照 4:1 的比例一起卖出 20% 的股权。这是为了保证在退出公司时，投资人享有其应有的权利。

5. 优先认购权

优先认购权与优先购买权唯一的区别就是股权的来源不同。优先购买权指的是在某投资人卖掉老股时，其余投资人拥有优先购买其股权的权利；优先认购权指的是发行新股时投资人有优先认购的权利。比较常见的优先认购权是按比例认购，如某投资人持股 20%，如果公司新发 1000 万股，可以优先认购 1000 万股的 20%，即 200 万股。这种安排最常见，也比较合理，有利于持股比例不被稀释。

6. 优先投资权

优先投资权主要用来保护天使投资人。如果被投资公司发生清算事件，且投资人未收回投资款，自清算之日起，创始人从事新项目，在该新项目进行第一次及后续融资时，创始人应提前向该投资人披露新项目的信息，投资人有权优先于其他人对该新项目进行投资，且创始人有义务促成投资人对这个项目的投资。

7. 信息权

作为股东，不管持股比例是多少，都有了解公司情况的权利。信息权包括一些定期的信息披露，主要是在董事会上披露财务问题，一般半年一次或一年一次。投资人通过董事会能了解公司关键的财务信息、发展规划、去年总结。投资人通常会要求审查月报、季报和年报，包括每个月不经审计的月度财务报表、每个季度不经审计的季度财务报表、每年经审计的年度财务报表等。

8. 检查权

检查权是指当投资人对公司发展情况有所怀疑时，有权利要求调查公司，创始人有义务回答投资人所问的问题。实际上，投资人可以要求注册会计师审公司的账，如果公司不同意，可以通过诉讼解决。

在做条款的陈述与保证时，越细致越好，如信息披露、员工协议、债权债务、资产无瑕疵、合法经营、有没有诉讼等一系列问题，都要写得清清楚楚。

五、工具包 ↓

（一）项目选择

常见的参赛项目主要通过以下三种方式获得。

第一类是自己或朋友符合市场需求的创业想法。例如，摩拜单车的创始人最初的想法是："我曾经想，如果自己是机器猫，想用单车的时候就从口袋里掏出来，不想用的时候又放回袋子里，那该多好啊。"这是创业初心。

第二类是在社会实践或教学实习活动中发现的市场痛点。例如，西北农林科技大学的学生田义在一次跟随老师下乡授课时，发现当地果农的苹果滞销严重，她就产生了创业助农的想法，成立了杨凌农加电子商务有限公司，切实解决了苹果滞销的问题，该项目也入围中国"互联网+"大学生创新创业大赛全国总决赛。

第三类是教师科研成果转化而来的科技创新项目。例如，安徽农业大学植保学院的"安徽省病虫害监测预警平台"，就是由丁克坚教授团队的科研项目成果转化而来的，其获得了"创青春"大学生创业大赛的国家银奖。

项目要具有可行性、创新性，要有前途。寻找创新项目时，不建议一开始就尝试颠覆式创新，可选择微创新。可通过36氪、创业邦、i黑马、IT桔子等媒体了解目前创业者在做的项目主题和内容，以及投资人在投资哪些项目。这些项目不可能都是完美的，必然存在一些问题，有改进余地。换句话说，可以通过创新将这些项目变得更好。具体来讲，可以通过查询资料选择适合做的项目，并分析它们现在存在的问题，提出创新解决方案。

（二）寻找团队成员与导师

1. 寻找团队成员

从参赛要求上说，一个团队一般5~8人，其中一人担任队长。可基于专业、兴趣和能力等组建团队，在组建的过程中注意专业能力优势互补。团队其他人的分工主要如下。

第一，团队需要一个技术成员。例如，团队做的是科技成果转化项目，在团队中安排一个专业知识水平高的成员是一个不错选择；又如要做一个App项目，此时计算机专业的高才生是技术主力。

第二，团队需要一个美编。PPT制作高手和精通photoshop等平面设计软件的人是值得邀请的对象，他能为项目路演PPT和商业计划书排版提供全面的设计支持。

第三，团队需要一个财会能手。缺乏财务管理知识是很多理工科团队的弱点，如果团队中有一个擅长制作财务报表、解决财务问题的成员，会让财务预算更加合理和出色。

第四，团队需要一个演讲能手。音质好、形象佳、气场足、思路清晰的成员不可或缺。

第五，也是最重要的，队长要有情怀、有气度。团队成员都是各个领域的佼佼者，拥有不同的个性。队长要智慧地把大家组成一个有战斗力的团队，让大家各施所长。

团队中不应当有不负责任何事情的成员，这会非常影响团队团结和其他成员的积极性。每个人要有明确的自己独立负责的部分，且各部分不相互重叠。另外，团队成员在做好自身工作外也要了解其他人负责的内容。

团队成员在面对面交流前要做足准备，在没办法面对面交流时，要学会通过邮件、QQ、微信交流，以降低沟通成本。

2．寻找导师

团队需要导师的专业指导，以把握选题、策划逻辑、调整参赛节奏。导师主要有以下 3 类。

第一类导师曾指导过的项目获得过全国金奖，但这类导师的数量实在太少，基本上屈指可数。这类导师一般会有自己的项目和想法。在不认识这类导师的情况下，可以直接拿着自己的项目方案去找导师洽谈。

第二类导师指导过很多学生。虽然其指导的项目没获过国家级大奖，但省级获奖数量还是比较多的。

第三类是任职不超过 5 年的新导师，这类导师会对项目上心，一般有较为新颖的项目供学生做。

（三）答辩准备

1．答辩内容组织顺序

答辩人必须拥有的一种品质就是自信。团队答辩可以按照项目策划内容展开。

（1）项目名称。向评委老师说明项目名称，标志着答辩正式开始。

（2）简要介绍项目的背景、选择此项目的原因及项目现阶段的发展情况。

（3）详细描述有关项目的具体内容，其中包括答辩人所持的观点看法、研究过程、实验数据、结果等。

（4）重点讲述此项目的研究对象、各团队成员承担的具体工作、解决方案、研究结果。

（5）侧重创新的部分。这部分要作为重中之重，这是评委老师比较感兴趣的地方。

（6）讲述结论、价值和展望。对研究结果进行分析，得出结论；介绍研究成果的理论价值、实用价值和经济价值；展望本项目的发展前景。

（7）自我评价。答辩人对团队的研究工作进行评价，要求客观、实事求是、态度谦虚；讲述通过参加项目，团队成员的专业水平、个人能力在哪些方面取得了哪些进步；同时说明研究的局限性、不足之处、心得体会。

2．答辩时要注意的问题

（1）克服紧张、不安、焦躁的情绪，相信自己一定可以顺利通过答辩。

（2）注意自身修养，有礼有节。无论是听评委老师提出问题，还是回答问题都要有礼貌。

（3）听明白题意，抓住问题的主旨，弄清评委老师出题的目的和意图，充分理解问题的根本所在，再作答，以免出现答非所问的现象。

（4）若对某一个问题确实没有搞清楚，要谦虚地向评委老师请教。尽量争取评委老师的提示，巧妙应对。用积极的态度面对遇到的困难，努力思考作答，不应自暴自弃。

（5）答辩时语速要快慢适中，不能过快或过慢。过快会让评委老师难以听清楚，过慢会让评委老师感觉答辩人对这个问题不熟悉。

（6）对没有把握的观点和看法，不要在答辩中提及。

（7）不论是自述，还是回答问题，都要注意掌握分寸。强调重点，略述枝节；对研究深入的地方要多讲，对研究不够深入的地方最好避开不讲或少讲。

（8）通常提问会依据先浅后深、先易后难的顺序。

（9）答辩人的答题时间一般会限制在一定的时间内，除非评委老师特别要求展开论述，否则不必论述得过于详细。答辩人最好直接回答主要内容和中心思想，去掉旁枝细节，简单干脆，切中要害。

（四）头脑风暴法

头脑风暴法是一种创造性解决问题的方法，由美国天联广告公司的亚历克斯·奥斯本（Alex Faickney Osborn,）于 1939 年首创。在该方法下，价值工程工作小组人员在正常、融洽和不受任何限制的气氛中以会议形式进行讨论，打破常规，积极思考，畅所欲言，充分发表看法。所谓头脑风暴（Brain-storming），最早是精神病理学用语，指精神病患者精神错乱的状态，如今转变为无限制地自由联想和讨论，其目的在于产生新观念或激发创新设想。

在群体决策中，由于群体成员心理相互影响，群体成员易屈于权威或大多数人意见，形成所谓的"群体思维"。群体思维削弱了群体的批判精神和创造力，降低了决策的质量。为了保证群体决策的创造性，提高决策质量，专家提出了一系列方法，头脑风暴法是其中较为典型的一个。

头脑风暴法要求成员组成一个小组，10～15 人最佳，最好由不同专业的人组成，以便从不同的视角看待问题。一般一次会议为 30～60 分钟。设置主持人 1 名，主持人要熟悉并掌握该方法的要点和操作要素，摸清主题现状和发展趋势；记录员 1～2 名，要求全程记录。参与者要有一定的训练基础，懂得该会议提倡的原则和方法。头脑风暴法的流程分为会前、会中和会后 3 个部分（见图 6.4）。

图 6.4　头脑风暴法的流程

（1）会前。会前确定参与者、主持人和课题主题及任务。

（2）会中。会中由主持人公布会议主题并介绍与主题相关的参考情况；让参与者们就会议主题，充分突破思维惯性，大胆进行联想；主持人控制好时间，力争在有限的时间内获得尽可能多的创意性设想。对于各种设想，参与者和主持人不做现场评判。

（3）会后。会后对会议中的所有设想进行评价和选择，整理出最佳方案。

头脑风暴法通常是标准议程中方案建议步骤的一部分。在方案的评估和挑选中，团队应该判断利用头脑风暴法所收集到的点子的质量。团体应该用之前在标准议程中建立起的准则来评估这些点子。此外，一项针对头脑风暴法的研究发现，收集点子并不是头脑风暴法的唯一价值，定期进行头脑风暴有利于增强组织文化，头脑风暴是创意发动机，是其他工作的"良好调剂品"。

在使用头脑风暴法时，应该把握以下几个原则。

（1）鼓励异想天开的点子。如果在进行头脑风暴之前就想着"一定要讲究实际"或"不能花太多钱"，那大家就会无话可说。应当把对现实的考虑留到头脑风暴之后再说。有些点子虽然乍看有些荒谬，但它们可能会激发另一个解决问题的好办法。荒谬的点子本身可能无法解决问题，但是它们至少会营造畅所欲言的轻松氛围，有利于大家发挥创造力。

（2）不要在头脑风暴中评价别人的想法。批评会抑制团体成员的积极性。团体成员需要自我监督，"永远不可能实现"和"它根本就不切实际"这类评语应该被制止。即便是"好主意"这样的积极评价也不应该出现，因为如果有人的想法没有得到此类肯定，该成员就会觉得自己得到了负面评价。

（3）不要解释想法或寻找详细说明。因为这会让头脑风暴流程变慢。可以在收集了一系列想法之后再逐一寻找详细说明。

（4）不要讨论跟任务无关的东西。如果头脑风暴过程中允许聊天，那么大家贡献的想法会显著减少。因为聊天经常会使主题偏离到无关的内容上去。如果有人打断了头脑风暴过程开始聊天，主持人要立刻制止。

（5）专注于主题。所有建议都必须跟主题相关，与主题无关的疯狂想法毫无用处。

（6）发散其他成员的思维。一个坏主意可能会带来一个好点子。一项研究表明，这个步骤要被推迟到自由发言阶段结束后进行，因为如果同时进行自由发言和思维发散，二者可能会发生冲突。

头脑风暴法如果操作得当，可以非常有效。具体实施过程中有以下几点注意事项。①恰当的头脑风暴形式应该是，先由一个人开始头脑风暴，然后再纳入整个团体。②在头脑风暴开始前几天将即将讨论的问题清晰告知团体成员，以便大家提前进行研究和思考解决方法。③成员的多样性会增强团体的创造力。因此，在团队成员的选择上需要有深层多样性，这样成员在同一话题上就会拥有互不重叠的知识。④成员还需要进行头脑风暴技巧培训，学习相关经验。

成员通过计算机和文件分享程序（如团体决策支持系统）进行头脑风暴的方式称为电子头脑风暴法，是收集创意的另一种方式。团体成员输入自己的想法，然后将其上传到某个文件分享程序中。如果成员担心被批评，也可以匿名操作。电子头脑风暴法有时会优于注重限制决策过程成员沟通讨论的名义团体法。但是大多数研究显示，对于小型团体来说，电子头脑风暴法不是进行头脑风暴的最有效途径。

（五）财务基础表格

前面分别讲解了财务预算科目、经营预算，以及基础的财务预算科目设计内容，很多团队对于财务报表撰写板块常常显得手足无措，在此提供有关销售、成本、所得税、现金流入和现金流出的财务基础科目表格，可参考使用，如表 6.5 和表 6.6 所示。

表 6.5　净收入表

项目		1	2	3	4	5	6	7	8	9	10	11	12	合计
销售	含税销售收入													
	增值税													
	销售净收入													
成本	原材料													
	（1）													
	（2）													
	（3）													
	包装费													
	工资和薪金													
	租金													
	促销费													
	保险费													
	维修费													
	水电费													
	电话费													
	宽带费													
	办公用品购置费													
	其他费用													
	折旧和摊销													
	总成本													

续表

项目		1	2	3	4	5	6	7	8	9	10	11	12	合计
附加税费														
利润														
所得税	企业所得税													
	个人所得税													
	其他													
净收入（税后）														

表 6.6 现金流表

项目		1	2	3	4	5	6	7	8	9	10	11	12	合计
月初现金（A）														
现金流入	现金销售收入													
	赊账销售收入贷款													
	企业主（股东）投资													
	现金流入合计（B）													
现金流出	现金采购													
	赊账采购													
	包装费													
	工资													
	租金													
	促销费													
	保险费													
	维修费													
	水电费													
	电话费													
	宽带费													
	办公用品购置费													
	贷款本息													
	税金													
	固定资产投资													
	无形资产													
	开办费及其他投资													
	其他													
	现金流出合计（C）													
月底现金（A+B-C）														

第四篇

大学生的创业决策

❖ **本篇概述**

创业是创业者通过发现和识别商业机会，组织各种资源提供产品或服务，以创造价值的过程。本篇是对商业决策基础知识和竞赛实践的升华，主要从"商业项目管理与评估""如何创办企业"两个方面切入，以 5 个典型应用场景帮助大学生了解商业项目评估与企业创办流程。

本篇要求大学生了解思维障碍，认识企业商业模式创新思维，培养大学生技术创新、组织创新及战略创新能力；大学生要能够理解创业的内涵，根据实际情境对商业项目进行评估与分析，选择合适的创业团队类型，并掌握企业注册的流程。

第七章
商业项目管理与评估

本章导学视频

动作可以慢，但战略一定要正确，看准了再跟上去。

——丁磊

本章从两个典型应用场景展开探索，带领大学生构建项目管理与评估的能力体系。本章主要通过项目可行性分析、项目跟踪与控制等项目任务，帮助大学生掌握商业项目管理与评估的关键内容与步骤。本章的学习目标矩阵如表7.1所示。

表7.1 学习目标矩阵

典型应用场景	项目任务	知识学习	技能胜任	工具应用
场景一 设计一个艺术创意社交网络平台	项目任务一：项目可行性分析	项目评估与可行性分析	分析、设计能力	
场景二 项目推进艰难的根源问题	项目任务二：项目跟踪与控制	项目评估主要步骤	分析、决策能力	刘易斯方法

 本章目标成果

项目可行性分析报告

二、典型应用场景 ↓

场景一 设计一个艺术创意社交网络平台

随着生活水平的不断提高，人们的精神文化消费需求急速增长，成都作为中国西部地区城市发展的领头羊，极具文化底蕴和创造力，其推出的许多政策为文化创意产业的发展提供了良好的制度环境。2021 年上半年数据显示，在新经济总量指数城市排名中，成都位列第二名。文旅与文创专业的王瑜，查阅近年来新媒体融合的文艺活动创意平台建设的相关文献后发现，近年来成都非常重视文化创意产业的发展，且重视运用科技支撑文旅产业，但在新媒体融合、人才引进、社群构建等方面的实力较薄弱。目前成都新媒体融合的文艺活动创意平台的建设及其研究则是寥寥无几。据此，王瑜决定根据自己的特长，积极寻找团队成员，构思并搭建"Artime-成都艺术创意社交"平台；通过平台利用科技及新媒体融合打造数字技术创意平台，加强社群建设，增强社群成员心理认同感；通过科技融合支撑，壮大文化旅游产业，提升文旅成果转化能力；通过平台营销实现文旅及其产品的商业价值。

在"Artime-成都艺术创意社交"平台内容的设计中，规划的平台主要包括微信小程序、平台网页。平台内容主要分为文艺空间、文艺市集、数字云展、艺术学苑和文艺社群。其中文艺空间将按照产业类型进行划分，且设置"最近文艺资讯"板块和购买渠道，为用户提供最新、最便捷的展览服务。文艺市集为相关成都文化衍生品、艺术品、图书等的售卖平台，以推动成都文化经济发展。数字云展突破时空限制，利用数字技术，让用户足不出户观展览。艺术学苑设置的主要目的是提升用户的艺术审美力，解构艺术事件，让用户更好地感知艺术，了解艺术，认知艺术。而文艺社群的作用在于支持用户进行艺术讨论，增强用户的心理认同感，方便用户聆听来自每个艺术空间的不同声音。此外，"Artime-成都艺术创意社交"平台还利用新媒体矩阵进行推广运营，以提高平台曝光度。"Artime-成都艺术创意社交"平台也在线下联名举行艺术类活动，提高其品牌知名度。

因为涉及小程序、网页等媒体平台和渠道的技术开发，同时由于目前艺术社交平台少、盈利模式不清晰等问题，团队在撰写计划书的过程中，认真思考了项目技术可行性、市场营销方面可行性、政策支持可行性、社会评价可行性、财务可行性等内容。团队带着项目可行性问题，通过市场问卷调查、专家咨询、访谈等多种方法收集并分析了相关资料，比较了多种艺术社交平台的开发方案，根据现有方案进一步全面论证，编制了项目论证报告、技术可行性报告、经济可行性报告等文件，然后制订了相应的项目资金筹措计划、实施进度计划以及项目申请计划书并提交到市社科项目处。2023 年 1 月，团队成功收到文创立项通知，获得 2 万元的启动资金，加上 2 万元自筹资金，团队带着 4 万元支撑资金开启了项目。

场景二 项目推进艰难的根源问题

毕业于计算机相关专业的刘列是某信息技术公司软件开发部的项目经理，6 个月前刘列被派往甲方集团公司现场组织开发财务系统，并担任项目经理。刘列已经领导开发过好几家公司的财务系统，并且其开发成果已经形成较为成熟的财务软件产品，所以刘列认为此次只需要适当做一些二次开发工作，并根据客户需求做少量的功能开发工作。刘列满怀信心地带着项目团队进驻了甲方集团公司，刘列和项目团队在技术上已经历过多次考验，他们用 3 个月的时间就完成系统开发，使项目很快进入了验收阶段。可是，甲方集团公司分管财务的陈总认为，一个这么复杂的财务系统只用了短短 3 个月的时间就完成开发，这在集团公司的 IT 项目中还是首例，似乎不太可能。他拒绝在验收书上签字，要求财务部刘经理和业务人员认真审核集团公司总部及各子公司在财务管理上的业务需求，并严格测试相关系统的功能。

财务部刘经理和相关人员经过认真审核和测试，发现系统开发基本准确，但实施起来比较困难，因为业务流程变更较大。这样一来，集团公司的陈总认为系统没有考虑集团公司领导对财务系统的需求，并针对实施较困难的现状，要求项目团队从集团公司总部开始，逐步地向子公司推动系统的使用。

刘列答应了陈总的要求，开始在集团公司总部推动财务系统的使用。可是 2 个月过去了，连系统都没有安装成功。集团公司信息中心的人员无法顺利地购买服务器，因为这个项目没有列入信息部门的规划；财务部人员说系统在集团公司总部都用不了，何必再推广。面对项目的成功推动问题，刘列一筹莫展。眼看半年就要过去了，项目似乎没有终了之日，更不用说给自己公司带来效益的问题。

刘列与团队认真分析了他们在项目的整体管理中所做的工作，发现项目主要存在以下问题：①没有仔细分析项目的关系人，导致项目关系人关系管理失败；②项目缺乏甲方集团公司信息部门的支持，导致难以推进；③项目计划沟通不够，缺乏对甲方集团公司财务系统需求和财务工作模式的深度调研，导致实施困难；④自己作为项目的承建方承担的责任过重。

于是，刘列安排助理与销售部门负责此项目的营销人员进行了一次细致的沟通，全面识别并分析项目重要相关人员，并获取客户的产品和服务需求信息。同时团队花了一个月的时间根据甲方集团公司的需求对财务系统工作模式进行了相应的调整。之后，刘列申请并取得公司领导的支持，通过公司领导与甲方集团公司的陈总接触，取得陈总的支持，再由陈总推动项目在集团公司总部的实施，取得集团公司总部与子公司财务部和信息部门的支持。最后，刘列提出与甲方集团公司进行谈判，鉴于项目实施的复杂性，建议将其分为两个子项目，子项目验收后支付部分费用；后续子项目的实施由甲方集团公司主导，请甲方集团公司的财务部刘经理的团队全力配合，完成系统的培训和完善工作。

三、场景项目任务 ↓

请根据前面两个场景，以小组为单位，完成以下项目任务。

项目任务一：项目可行性分析
项目任务二：项目跟踪与控制

项目任务扫码获取

四、知识库 ↓

（一）项目评估的流程和方法

项目评估是指依据一套标准对项目的目标、运作过程及其结果、影响等进行系统、客观、公正的评价，以促进项目的改进，为决策者提供项目扩大还是缩小、推广还是放弃的信息建议。项目评估其实是一个汇集信息并做出解释的过程。在这个过程中，要试图解决指定的、有关项目实施过程和效果的一系列问题。

1. 项目评估的分类

项目评估按照项目执行阶段的时间顺序，可以分为前期评估、中期评估和后期评估；按照评估者的来源，可以分为内部评估和外部评估；按照所要评估的问题，可以分为项目理论评估、过程评估、结果评估、经济学评估等。

项目理论评估、过程评估、结果评估、经济学评估的含义如下。

① 项目理论评估。是指每个项目都应以合理的设计为基础，依据项目目的、目标和活动，提出有效的工作构想，形成一系列假设和预期。项目理论评估是项目初期（项目的设计和计划阶段）最基本的工作。

② 过程评估。过程评估可简单地理解为在某个项目活动正在进行时对该活动的评估，也为结构评估。这种评估特别注重对具体的项目活动进行说明和记录，如做了些什么、数量多少、为谁做、什么时候做、由谁实施等。过程评估着重比较项目计划与实际活动之间的差距，监测项目在多大程度上按计划实施，与项目的执行与控制相联系。

③ 结果评估。结果评估就是对项目产生的长期影响进行评估，如评价水利项目对环境的长远影响等。

④ 经济学评估。无论应用在何种领域，经济学评估均有两个特点。第一，经济学评估权衡了投入和产出，也称成本和结果。第二，由于资源的稀缺性，经济学评估本身所强调的是选择性。这种选择性是由许多标准决定的，有时这些标准是明显的，但常常是隐含的。经济学评估就是寻找一套有用的方法来选择和确定如何使用有限的资源。因此经济学评估是对不同行动过程的成本和结果的比较分析，任何一种经济学评估的基本任务都是识别、测量、估价和比较不同行动方案的机会成本。常用的经济学评估方法有 3 种：成本—最小化分析、成本—效益分析、成本—效果分析。

2. 项目评估流程

项目评估的流程基本相同，主要包括计划与准备、组织与实施、得出评估报告三大步骤（见图 7.1）。

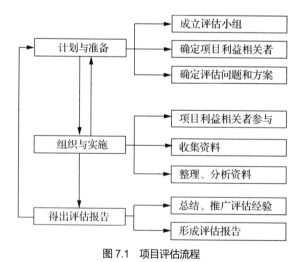

图 7.1 项目评估流程

（1）计划与准备

评估的计划与准备主要包括 4 个方面的内容：成立评估小组、确定项目利益相关者、确定评估问题和方案。

① 成立评估小组。评估实践证明，在进行项目评估之前，确保有一个富有经验的、受过培训且具有适当资格的小组为评估过程做准备，是十分必要的。评估小组成员一般包括评估专家、决策制定者及项目利益相关者。一般而言，可接受的评估小组的最小规模是 4 个成员（包括小组领导者），最大规模是 9 个成员。所有小组成员必须接受有关评估方法的培训。总的来说，评估小组应该在评

估组织所处的项目生命周期阶段具有一定的经验。在任何特定的项目生命周期阶段，评估小组至少应有两名成员具有这方面的工作经验。

② 确定项目利益相关者。项目利益相关者是指其利益直接受项目绩效状况影响的个体、群体和组织（如决策权威直接作用的个体、群体和组织，资助者和主办方，管理者和人事部门，客户或潜在的受益者）。

项目利益相关者分析通常包括以下几个步骤。

编写项目利益相关者列表。

编写项目利益相关者的完整信息表格。

展开利益相关者的分析，主要指对项目成功的重要性影响分析。

识别会影响项目设计和成功的风险和假设。

需要注意的是，评估涉及所有项目利益相关者是不现实的。在进行评估的过程中，相关人员需要尽可能咨询更多的项目利益相关者，优化决策。

③ 确定评估问题和方案。评估问题是由评估者、评估主办方以及其他项目利益相关者所规定的一系列问题方案对策是在问题确定之后的产物。问题界定了评估调查的范围。评估者通过运用能够使用的方法获得答案。一套合适的评估问题是整个评估过程的核心，如表 7.2 所示。

表 7.2 项目评估问题

序号	项目评估问题的种类	具体内容
1	活动需求的问题	活动需求问题的本质与范围、需求人群的特征、人群的需求、项目活动的形式、项目活动的规模、需求时间
2	概念化或设计的问题	项目的目标、项目活动的内容、项目最佳实现渠道、项目组织、项目必需的资源
3	执行过程的问题	执行过程中是否针对需求，项目母体组织、项目团队以及个体的功能是否得到了充分的发挥
4	结果的问题	项目的目的和目标是否实现，项目活动对项目利益相关者的影响，项目活动对项目利益相关者是否有负面影响，项目活动是否实现创新，希望改善的问题或者情况是否改善
5	经费和效率的问题	资源是否被充分利用、成本是否合理，是否还有其他方法能帮助降低成本并获得同样的结果

对项目评估而言，最具挑战性的一点就是没有"通用"方法。每项评估都有其独一无二的特点。因此，进行评估设计时，一方面必须考虑项目利益相关者的相互影响，另一方面必须考虑评估者的方法、技术和概念的全面运用。好的评估设计既能适应评估环境，又能找到解决问题的可信和有效的方法，最终达到优化项目的目的。简略的项目评估方案如图 7.2 所示。

图 7.2 简略的项目评估方案

（2）组织与实施

准备工作完成后，需展开如下工作。

① 项目利益相关者参与。评估从鼓励项目利益相关者参与评估开始。项目评估必须确保项目利益相关者参与评估，以确保他们的观点是被尊重并考虑的。如果项目利益相关者不参与其中，评估可能无法明确项目的目标、运作过程和成果等重要因素。

② 全面收集资料。评估者应努力收集能够全面反映项目的资料，保障评估结果的可信度。影响

资料可靠性的因素包括指标，资料的来源、质量及数量等。

③ 整理、分析资料。整理、分析资料是指将项目评估活动中得到的资料进行归纳、总结，分析影响项目评估的各种因素。分析资料应注意对项目利益相关者的价值观与判断标准的把握。

（3）得出评估报告

项目评估活动最终会以一份评估报告的形式呈现。主要包括以下两步。

① 总结、推广评估经验。

总结、推广评估经验应注意以下要点。

- 反馈。反馈是发生在项目各方之间的交流。给出和收到反馈可以在项目利益相关者之间建立信任的氛围，也可以通过让有关人员了解评估是如何进行的，保证项目不偏离方向。项目利益相关者的反馈是评估的组成部分，尤其是对确保评估结果的使用而言。

- 随访。随访是指在评估过程中项目利益相关者收到评估结果以后，给他们在技术上和感情上的支持。积极的随访是必要的，它提醒项目利益相关者对评估结果的预期利用。

- 推广。推广是指就评估活动中得到的经验和教训及时、准确和持续地与相关人士交流的过程。不管怎样进行交流，推广的目的是取得完全公开和公正的报告。

② 形成评估报告。评估报告的内容应该包括评估报告概要、项目简介、评估程序与方法、主要发现、结论和建议及附录等。评估报告一般分为内部报告和正式报告。内部报告是正式报告的基础，应做到用语直率、尖锐，坦言不足，分析风险和可行性。相关人员在将内部报告中出现的典型问题解决的基础上可公开发布正式报告。

3. 项目评估的主要方法

在项目评估中，评估者可以用一系列定性和定量的方法。各种类别的项目评估方法是不一样的，在此我们主要介绍针对评估项目社会影响所采用的常用方法。

（1）定性方法

① 常用方法。项目社会影响评估中常用的定性方法包括个人深入访谈、小组集中讨论、非参与式观察与参与式观察等。通过访谈、观察等活动收集的资料主要为文字形式的。

② 定性方法的适用条件。

- 收集目标人群的意见，产生假设，提供评估依据。

- 理解目标人群的复杂行为。

- 设计定量评估的一个步骤，探索行为分类、确定目标人群、辅助问卷设计等。

- 辅助理解定量评估的结果，解释原因。

③ 定性资料的整理、分析和报告的撰写。用定性方法评估项目社会影响时收集到的资料常常是一大堆笔记、录音、照片、录像等，从这些原始记录中发现隐含的问题需要评估者对这些资料进行整理、归纳、分类后，做进一步分析。

- 审查补充。看资料是否完整、明确，这一步需要在调查完成后及时进行，以免时间久了以后有遗漏、错误。

- 熟悉并理解原始资料。反复阅读笔记，听录音，看录像、照片等。

- 为了让资料条理化和系统化，需要对资料进行分类。目标人群往往具有各种属性，如性别、年龄、民族、职业、收入、文化程度等，评估的问题也涉及多个层面。

（2）定量方法

评估项目社会影响时常用的定量方法包括问卷法和量表法，收集的资料主要为数据，以便进行计算及统计分析。开展定量研究主要是为了了解某现象/事物存在的客观事实及一事物与另一事物之间的量化关系。

① 常用方法。

• 问卷法。原意是"一种为统计或调查用的问题单",是通过由一系列问题构成的调查表收集资料以测量人的行为和态度的心理学研究方法之一。一般的问卷包括问卷首页、开场白、各类问题、填表说明四部分。

• 量表法（测验法）。量表法可以看作问卷法的特例。量表是一种测量工具，有多种类型，通过调查对象对量表中一系列问题的回答，来测量他们的某种状态、能力或对某些知识的掌握程度。

② 定量方法的适用条件。

• 变量是数量或可以量化的指标。

• 评估者能估计问题和答案的范围，问题是目标人群熟悉、能够回答的。

• 评估者预获得对某现象的精确测量结果。

• 预获得评估事物之间量化的关系。

③ 收集资料时应该注意的问题。

• 涉及的调查问卷一定要在试调查之后再用于正式调查。

• 调查员要经过培训，不管他们是专业人员还是非专业人员。

• 调查中要有专人作为调查指导员，及时检查问卷的完成质量，如发现问题（如回答不完整、不合逻辑等）要及时重新访问。

• 一般需要对 3%~5% 的调查对象进行重新调查，计算一致率，从而确定调查资料的可靠性。

在对具体项目的评估过程中，评估者可根据项目的目的、评估问题的类型及目标人群的实际情况等选择合适的评估方法，可以把定性方法和定量方法结合运用。

（二）项目可行性分析

1. 项目可行性分析概述

项目可行性分析，即项目前期的分析论证，是指通过对拟建项目在技术上的先进性、适用性，经济上的合理性、营利性，以及实施上的可能性和风险性进行全面、科学的综合分析，为项目的投资决策提供客观依据的一种技术经济性质的分析活动。在项目前期对项目进行的可行性分析，其作用主要体现在"依据性"上：项目论证结果可以作为确定项目是否实施的依据，可以作为筹措资金、向银行贷款的依据，可以作为编制计划、设计、采购、施工及机构设置与配套、资源配置的依据，还可以作为防范风险、提高项目实施效率的重要保证。

项目可行性分析，通常应围绕市场需求、工艺技术、财务经济效果 3 个主要方面展开，市场需求是前提，工艺技术是手段，财务经济效果是核心。一般投资项目可行性分析主要包括对市场营销方面的可行性、技术可行性、政策支持可行性、组织管理的可行性、社会生态方面的可行性、财务可行性和经济可行性的分析。可行性分析的基本内容就其经济性而言一般可概括为三大部分：一是产品的市场调查和预测分析（也叫市场分析），这是可行性分析的先决条件和前提，它决定了项目投资建设的必要性，是项目能否成立的重要依据。二是物质技术方案和建设条件，从资源投入、厂址、技术、设备和生产组织等问题入手，这是可行性分析的技术基础，它决定了建设项目在技术上的可行性。三是对经济效果的分析和评价，说明项目在经济上的"合理性"和"有益性"，它是决定项目可否投资的关键，因此也是项目可行性分析的核心部分。可行性分析一般就是从以上三个方面对建设项目进行分析，并进一步考虑项目的环境与社会影响效果两大因素后，做出科学决策。

此外，在项目可行性分析的过程中，也应进行必要的敏感因素分析，以应对市场上出现的风险情况，制订相应的应对变化情况的方案，如图 7.3 所示。

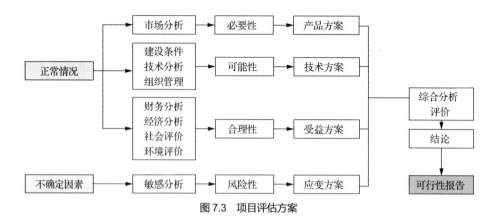

图 7.3 项目评估方案

2. 一般工业新建项目可行性分析的主要内容

一般工业新建项目的可行性分析通常应包括以下 10 个方面的内容与要求。

① 综述项目概况、可行性分析主要结论概要和存在问题与建议的总论。此部分要求阐明在论证过程中对推荐方案曾有的重要争论问题及不同的意见和观点，并对建设项目的主要技术经济指标列表说明；说明建设项目提出的背景、投资环境、项目投资的必要性和经济意义，以及项目投资对国民经济的作用和重要性；提出或说明项目调查研究的主要依据、工作范围和要求；说明项目的历史发展概况、项目建议书及有关审批文件。

② 产品的市场需求和拟建规模分析。此部分要说明国内外市场的近期需求情况；对国内现有工厂生产能力进行估计；进行销售预测、价格分析，阐明产品竞争能力及其进入国际市场的前景；说明建设项目的规模，并进行产品选择方案和发展方向的技术经济比较和分析。

③ 所需原材料、燃料及公用基础等资源情况。例如，经国家正式批准的资源储量、成分及有关开采、利用条件的评述，所需原料、辅助材料、燃料的种类、数量、质量及其来源和供应的可能性，有毒、有害及危险品的种类、数量、储运条件和材料实验情况，所需公用基础资源情况（水、电、气等的数量）、供应方式和供应条件、外部协作条件等情况。

④ 建厂条件和厂址方案。这包括厂址，厂区与原材料产地和产品市场的距离，厂址周边的条件；根据建设项目的生产技术要求，在指定的建设地区内，对厂区的地理位置、气象、水文、地质、地形条件和社会经济现状进行调查研究，收集的基础资料，了解到的交通运输及水、电、气、热的现状和发展趋势；厂区面积、占地范围、厂区总体布置方案、建设条件、地价、拆迁及其他工程费用情况；对厂址进行的多方案技术经济分析和比较，以及对此提出的选择意见。

⑤ 项目工程技术方案。企业需要在选定的建设地区内进行总图和交通运输设计，并做多方案比选，确定项目的构成范围和主要单项工程（车间）的组成，对厂内外主体工程和公用辅助工程方案做比较论证；估算项目土建工程总量；选择土建工程布置方案（包括场地、主要建筑物和构筑物与室外工程的规划）；对采用技术和工艺方案的论证，含技术来源、工艺路线和生产方法，以及主要设备选型方案和技术工艺的比较；论证引进技术、设备的必要性，并对其来源国家进行比较选择；设备的国外分开交付或与外商合作制造方案的设想；最后应附上工艺流程图等。

⑥ 环境保护与劳动安全和社会影响效果分析。

• 在环境影响分析方面，做有关拟建项目"三废"（废气、废水、废渣）种类、成分和数量的现状调查，并对环境影响进行预测；说明治理方案选择和回收利用的情况；对环境影响做预评价。

• 在劳动安全方面，应阐明劳动保护与安全卫生；说明城市规划及防震、防洪、防空、文物保护等的相关要求及相应的措施方案。

- 对项目社会影响的分析，主要看有无不利的后果，具体应从项目对所在地社会经济发展有无推动作用和不利影响的角度考虑。

⑦ 生产组织、劳动定员和人员培训。这包括对项目建成后全厂生产管理体制、机构设置和方案的选择论证，工程技术和管理人员的素质与数量的要求，劳动定员的配备方案，人员培训的规划和费用估算。

⑧ 有关项目实施计划和进度的要求。这是指要按照勘察设计、设备制造、工程施工、安装、试生产所需时间和进度要求，选择整个工程项目实施方案和制定总进度安排，并用条线图和网络图等来表述最佳实施方案的选择。

⑨ 关于经济效果的分析与评价。这包括对各项基建费用、流动资金和项目总投资的估算，项目资金来源和包括贷款计划的筹措方式，企业生产成本估算，项目财务效益分析、国民经济效益分析和不确定性分析。

⑩ 有关分析评价的结论与建议。这包括对诸如新产品开发一类的新建项目建设方案做综合分析评价与方案选择；运用各项数据，从技术、经济、社会、财务等方面，论述建设项目的可行性，推荐一个以上可行方案，提供决策参考，指出其中存在的问题；最后得出结论性意见和改进的建议。

3. 新产品开发项目及其可行性分析的原理与要求

一般而言，新产品开发项目是指由制造业和加工业等工业性项目组成的以基础研究和应用研究成果为基础，采用新原理、新结构、新工艺和新材料，在一定区域范围内首次出现的项目。新产品开发项目可行性分析的关键环节在于把握好对新产品本身先进性、实用性的分析，以及对所采用新技术可靠性的分析。评估者在对项目进行深入、细致的技术经济分析论证的基础上，对多种方案进行比较和优选。

（1）新产品开发项目可行性分析的基本思路

评估者首先考虑的应是用户的喜好，产品需满足用户的各方面要求；其次应考虑环境影响，产品生产和使用过程应使用较少的资源；最后应考虑生产能力和装配的设计及生产程序与装配步骤，不能把设计功能和生产功能分裂开来，要用最低的成本生产高质量的产品。

（2）新产品开发项目可行性分析的内容与要求

按国家有关规定，新产品开发项目可行性分析的基本内容可概括为三大部分：①产品的市场调查和预测研究，这是可行性分析的先决条件，它决定了项目的必要性，是项目能否成立的最重要的依据；②技术方案和建设条件，从资源投入、厂址、技术、设备和生产组织等问题入手的分析，这是可行性分析的技术基础，它决定了项目在技术上的可行性；③对经济效果的分析和评价，说明项目在经济上的合理有益性，它是决定是否投资项目的关键，也是项目可行性分析的核心部分。

五、工具包　↓

（一）项目管理方法——刘易斯方法

项目管理的正确方法往往都是类似的，把几个模型的优点结合起来，往往就会形成一个合适的项目管理方法。

一种方法能适用于所有项目吗？答案是"是，又不是"。说"是"，是因为所谓项目管理，是指用规范的思考过程（思路）去完成一项工作，这种规范的思考过程适用于任何类型的项目，它可以是进行脑外科手术、做饭、开发硬件与软件、建立一个发电站拦水坝。说"不是"，是因为不同项目使用的工具不同。对于那些特别小的项目而言，做一个关键路径进度表几乎是在浪费时间，但有的项目缺了这样的表就是不可想象的。所以，我们需要选择那些适合自己项目的方法。

总有人认为，规范的项目管理技术只适用于大型项目。这是因为他们把这个思考过程与准备文件混为一谈了。例如，我们正在准备一顿饭，也仍然要经过这些思考过程，只是完全没必要为此准备一大堆文字报告。

刘易斯方法包括五大过程组：启动、计划、执行、控制和结束。这个模型已经被许多项目经理实践过，并成为很多组织机构项目管理系统的基础。项目管理在实施的过程中常常需要注意四个项目约束条件——PCTS，P 是指技术与功能方面的质量要求，C 是指工作中的劳动力成本，T 是指项目规定的时间，S 是指工作的范围与规模。刘易斯是一个实用的、有价值的方法，能帮助项目经理避开很多导致项目失败的、意想不到的陷阱，甚至还可以用来解决一些日常琐碎的、困扰项目的细节问题。这个模型可以用图 7.4 所示的流程图来表示。模型中第 6 步是用图 7.5 来表示的，因为模型的第 6 步包含许多分步骤。

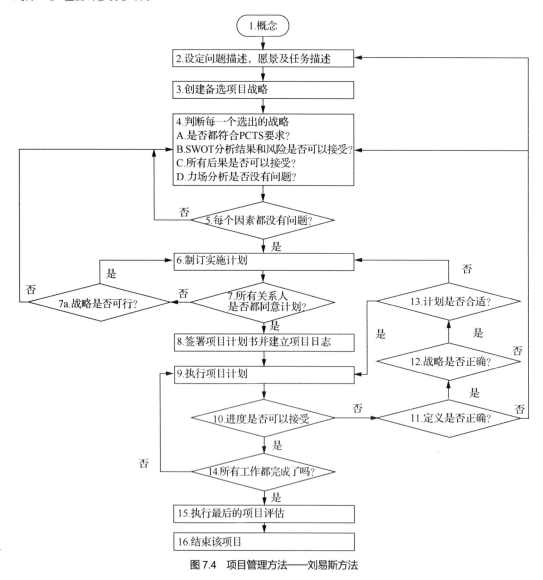

图7.4 项目管理方法——刘易斯方法

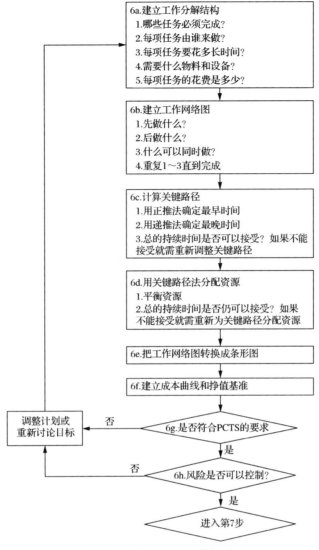

图 7.5 扩展的刘易斯方法第 6 步

（二）项目管理与六西格玛

六西格玛主要用于解决流程或者产品中可接受的错误量。其指导思想是，将错误量控制在一定范围内。如果用一条正态分布曲线来表示流程或产品的合格程度，会发现，在均值两边正负 3 个标准差的范围内，包含了全部变量的 99.74%。这就是说，抽取的样本中，只有 0.26% 会落在这个范围之外。如果仅仅考虑在均值一端的情况，那就只有 0.13% 的样本值是不被接受的（假定质量高于均值的产品是可以接受的），如图 7.6 所示。

如果画一条正态分布曲线，并把均值两边正负 6 个标准差作为正常范围，那么，不符合要求的样本个数便会减少至百万分之 3.4。六西格玛体系要求把产品质量目标设定在这一水平。项目管理为组织提供手段，帮助其达到六西格玛体系的质量水准。具体可参见推荐阅读的书籍。

据估计，项目中返工数量占 5%～40%。这意味着，许多项目还没有达到三西格玛的水平。如果把低于均值 1 个标准差范围作为可容许的范围，那么就会有 84% 的样本值符合要求，或者说，有 16% 的样本值不符合要求。所以如果我们的返工数量超过 0.13%，那么我们甚至还没有达到一西格玛的水平。

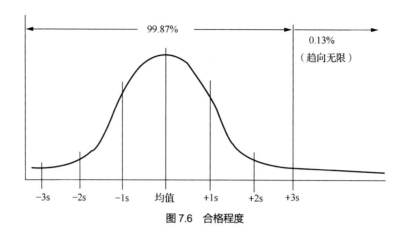

图7.6 合格程度

六、推荐阅读与自学 ↓

[1] 刘易斯. 项目计划、进度与控制[M]. 石泉，杨磊，译. 北京：机械工业出版社，2012.

[2] 戚安邦. 项目论证与评估[M]. 3版. 北京：机械工业出版社，2018.

[3] 王勇. 投资项目可行性分析[M]. 2版. 北京：电子工业出版社，2012.

[4] 缪宇泓. 六西格玛实施指南：方法、工具和案例[M]. 北京：电子工业出版社，2021.

第八章
如何创办企业

本章导学视频

> 所谓创新，就是赋予资源以新的创造财富能力的行为。
>
> ——彼得·德鲁克

一、学习目标矩阵 ↓

本章从 3 个典型应用场景展开探索，带领大学生了解企业商业模式逐渐确立的过程。主要通过商业模式创新识别、企业选址分析与企业注册登记实践或预演等项目任务，帮助大学生掌握商业模式创新、选址与团队管理、企业创办流程等知识体系与能力。本章的学习目标矩阵如表 8.1 所示。

表 8.1　学习目标矩阵

典型应用场景	项目任务	知识学习	技能胜任	工具应用
场景一　阿里巴巴的商业模式启航	项目任务一：商业模式创新识别	商业模式创新	创新力，分析力	
场景二　大疆创新之路	项目任务二：企业选址分析	选址	调研力，分析力	
场景三　比亚迪——进击的新能源霸主	项目任务三：企业注册登记实践或预演	《中华人民共和国公司法》	实践运用力	企业创办流程

 本章目标成果

1. 企业选址分析报告
2. 企业注册登记（真实注册或预演方案）

二、典型应用场景 ↓

场景一 阿里巴巴的商业模式启航

马云，浙江杭州人，曾任阿里巴巴总裁兼首席执行官。1995 年，"杭州英语最棒"的马云受浙江省交通厅委托到美国催讨欠债，结果是钱没要到一分，却发现了一个"宝库"——在西雅图，对计算机一窍不通的马云第一次知道了互联网。马云当时就意识到互联网是一座金矿，开始设想回国建立一个公司，把国内的企业资料收集起来放到网上向全世界发布。他立即决定和西雅图的朋友合作，一个全球首创的 B2B 电子商务模式就这样诞生了，他们将其命名为"中国黄页"。

回国当晚，马云对 24 个同事、学生、朋友开始了激情演讲，大谈互联网的奇妙。1995 年 4 月，31 岁的马云创建了"海博网络"，产品就是"中国黄页"。1996 年 3 月，因为与杭州电信实力悬殊的竞争，最后马云不得已和杭州电信合作，但后因经营观念不同，马云和杭州电信分道扬镳。1997 年，马云带着 8 个团队成员，参与开发了外经贸部的官方站点及后来的网上中国商品交易市场。在这个过程中，马云的 B2B 思路渐渐清晰——"用电子商务为中小企业服务"，连网站名他都想好了——阿里巴巴。1999 年，35 岁的马云决心南归杭州创业，团队成员不仅全部放弃其他机会跟随马云，而且人数还发展壮大为 18 人，这也就是传说中的阿里巴巴"十八罗汉"。究竟是什么把原来的人留下来，还凝聚了更多的力量？马云这样解释："这是因为我们之间的一种信任、互补，我讲话多一点，他们干活干得多一点；虽然我们吵架吵得多，错误犯得多，但是我们互相信赖。"

1999 年 2 月，阿里巴巴团队在马云的家中召开第一次全体会议，马云说："我们要办的是一家电子商务公司，我们的愿景有 3 个。第一，我们要建立一家生存 102 年的公司；第二，我们要建立一家为中国中小企业服务的电子商务公司；第三，我们要建立世界上最大的电子商务公司，要让它进入全球网站排名前十。"其他 17 位创业成员或坐或站，神情肃穆地围绕着慷慨激昂的马云。

实际上，在创业初期，阿里巴巴团队就初步确定了阿里巴巴的商业模式，正如苹果公司的产品生态链商业模式早已确立。企业早期商业模式不一定是最佳的，但其直接决定了企业是否能在激烈的竞争中取胜，随着市场环境、客户需求和技术的变化，优秀的企业也会不断根据自身核心竞争能力与盈利模式优化其商业模式。

场景二 大疆创新之路

"我们的经历证明，初出茅庐的年轻人只要踏实做事，就能够取得成功。我们相信，那些回归常识、尊重奋斗的人，终将洞见时代机遇，并最终改变世界。"大疆创新创始人、CEO 汪滔介绍说。大疆创新花了 10 年时间从 0 到 1，到达行业的顶峰，开启了全球飞行成像的新时代，展现了改变世界的无限可能。

位于深圳市南山区的威新软件科技园是一个不起眼的科技园，但是大疆创新就坐落在科技园内。进入大疆创新的展厅，精灵 Phantom 系列、御 Mavic Air、晓 Spark、悟 Inspire 等产品有序排列，让人仿佛置身于未来空间。

"公司初创团队只有 3 个人，包括汪滔在内，都是初出茅庐的大学生，他们出发点很单纯，就是做自己想做的事情。"大疆创新公关总监谢阗告诉记者，大疆创新与其他许多公司的不同之处在于，公司开始创立时，并没有考虑过赚钱。

技术创新是大疆创新的生命线。以梦想为动力，依托精湛的技术实力和高端人才聚集，大疆创新不断进行商用自主飞行控制系统研发，填补了国内外多项技术空白，并推出了飞行控制系统、云台系统、多旋翼飞行器、小型多旋翼一体机等系列产品。这些产品均获得了市场的认可。而且几乎每一次大疆创新无人机系列的迭代和升级都是从 0 开始的，技术架构方案完全不同。例如，大疆创新的精灵 3 和精灵 3SE，虽然在外观上相似，但后者的架构完全颠覆了前者。

人才是大疆创新发展的核心力量。谢阗表示，大疆创新对人才有自己的定义，那就是必须具备真知灼见。所谓真知灼见，就是在看问题时不跟随、不盲从，能够独立思考，透过现象看到问题的本质，并提出解决问题的方法。

为了积极吸收、培养和发展人才，大疆创新提供了一个扁平化的管理机制和平台。在这个平台上，研发资源的分配靠个体的努力。每个人用自己的创造力和解决问题的能力公平竞争，而且研发预算没有上限。

从 2013 年开始，大疆创新主办了高校机器人大赛——RoboMasters。在前 3 届比赛中，大疆创新投入了 2 亿多元，并且从中招募了 20 名人才。

如今，大疆创新已经从起初的 3 人创业团队，成长为行业中具有品牌影响力的大型企业，客户遍布全球百余个国家和地区，其在全球无人机市场中拥有超过 70% 的市场份额。

场景三　比亚迪——进击的新能源霸主

在近几年的世界汽车行业中，似乎谁都无法忽视比亚迪这个中国品牌。比亚迪新能源汽车销量持续领先高性能、高价值的"王朝"系列车广受追捧，汇集大批忠实客户；从产品研发到营销传播，比亚迪持续创新，不断带来惊喜；"从治污到治堵"，其新能源整体解决方案惠及全球。如今比亚迪已经成为全球瞩目的新能源霸主。

回顾比亚迪的发展历史，它从一家民营电池供应商成长为全球新能源明星企业，实现了从原始设备制造商（Original Equipment Manufacturer，OEM）到原始设计制造商（Original Design Manufacturer，ODM）再到原始品牌制造商（Original Brand Manufacturer，OBM）的成功转型，比亚迪的每一步都让我们看到中国品牌锐意兴革的创造力和坚持不懈的梦想力。正因如此，也许它的销量会被超越，它的模式会被模仿，但它却不会止步，创新和品牌已成为它持续发展的核心驱动力，这种开拓进取的内生力量才是比亚迪最大的法宝。

1. 比亚迪的主要业务

比亚迪从事以二次充电电池业务，手机、计算机零部件生产及组装业务为主的 IT 业务，以及生产并销售传统燃油汽车及新能源汽车在内的汽车业务，同时还利用自身技术优势积极发展太阳能电站、储能电站、LED 照明及电动叉车在内的其他新能源产品。

销量的持续攀升、品牌实力的进一步提升、各领域的全面突破，成就了比亚迪非凡的 2016 年，强化了其新能源汽车领军者的地位，也使比亚迪驶入高速发展的快车道。2016 年，比亚迪乘用车全年销量近 50 万台，其中新能源汽车销量约 10 万台，加上商用车，比亚迪 2016 年新能源汽车的全球总销量约为 11.4 万台，同比增长约 70%，居全球首位。

2. 比亚迪发展历程——王传福的"电池"情缘

民营企业的发展史同时也是掌舵人的事业传奇史。比亚迪成立之初的主营产品是镍镉电池，这要从创始人王传福与"电池"的不解情缘说起。1983 年，王传福考入了中南矿冶学院（后更名为中南大学）冶金物理化学系，4 年后，又以优异成绩考上中国科学院北京有色金属研究总院研究生，并由此开始了改变他一生的电池研究。1990 年，王传福硕士毕业后留在该院工作，由于工作努力和表现好，2 年后被破格提拔为研究室副主任。1993 年，北京有色金属研究总院在深圳成立了比格电池有限公司，年仅 27 岁的王传福再次被破格任命为公司总经理。在比格电池有限公司的工作经历不仅给予了王传福一定的企业经营和电池生产经验，还让他发现了自己热爱的电池领域蕴藏的巨大商业机会——当时刚刚开始流行"大哥大"，每部 2 万～3 万元的高价并没有吓退消费人群，欲买者反而络绎不绝。王传福敏锐地意识到，手提电话的发展对充电电池的需求会与日俱增。创业的念头因此萌芽。1995 年 2 月，王传福辞职，揣着借来的 250 万元，带着 20 多个员工，创立了比亚迪。

虽然市场前景广阔，但当时电池行业的竞争也不小，并且国内很多企业和创业者甚至不惜花大价钱引进号称"国际领先水平"的各色生产线。科研人员出身的王传福却始终坚持自主开发研制。与此同时，王传福在工艺、原料、质量控制等方面投入大量精力，他还直接介入供应商的材料开发环节，利用比亚迪强大的科研能力，与供应商共同制订降低成本的方案。例如，镍镉电池需用大量的负极制造材料钴，如果进口国外性能较好的钴，成本极高。比亚迪与深圳某公司合作，明确国内外钴的品质差距，制定了提高国产钴品质的详细办法，终于使国产钴达到了国际品质要求，同时相较于进口钴，国产钴的成本降低了 40%。由于负极材料应用广泛，比亚迪仅此一项，一年就可以节省数千万元。这成为比亚迪产品性价比优于同行的秘诀。

1995 年下半年，王传福试着将比亚迪的新产品送给我国台湾地区最大的无线电话制造商大霸电子股份有限公司（以下简称"大霸"）试用，产品优秀的性能和低廉的价格引起了大霸的浓厚兴趣。当年年底，大霸将给三洋的订单转给了王传福。1997 年，金融风暴席卷东南亚，全球电池产品价格暴跌。老牌日系电池厂商大多处于亏损边缘，比亚迪却凭借其低成本的优势逆势而上，先后接到了飞利浦、松下、索尼，甚至通用的大额采购订单。这使得比亚迪从一个创业之初的小角色，成长为年销售额近 1 亿元的中型企业。王传福只用了 3 年时间，便抢占了镍镉电池全球近 40% 的市场份额，比亚迪成为当时镍镉电池市场当之无愧的老大。

在镍镉电池领域站稳脚跟之后，王传福紧接着开始突破第二个技术大关。他顶着国内同行的怀疑和嘲笑，开始研发蓄电池市场的核心技术产品——镍氢电池和锂电池。王传福投入了大量资金购买设备、网罗人才、建立中央研究部，并成立了比亚迪锂离子电池公司。凭借他专业的眼光和巨大的决心，比亚迪不仅成功开发镍氢电池和锂电池，并且很快成为继三洋、索尼、松下之后的另一国际电池巨头。比亚迪的生产规模渐渐达到了日产镍镉电池 150 万只，锂离子电池 30 万只，镍氢电池 30 万只。2000 年，比亚迪成为摩托罗拉的第一个中国锂离子电池供应商；2002 年，成为诺基亚的第一个中国锂离子电池供应商。后来，爱立信、京瓷、飞利浦、波导、TCL、康佳、伟易达、松下……陆续成为比亚迪的忠实客户。短短几年，比亚迪一跃成为全球第二大电池供应商，占据了全球市场份额的近 15%。2002 年 7 月 31 日，比亚迪在香港主板成功上市。

3. 比亚迪内部利益价值整合策略

比亚迪从一家仅有员工 20 人左右的小企业，发展为集 IT、汽车及新能源三大产业群的高新技术民营企业，必有其过人之处。在经济高速运转的商业环境下，企业经营目标不再简单地遵从传统的"股东至上"，核心企业在经营中更加关注利益相关者的需求，从而实现与利益相关者的价值整合、共赢共享。比亚迪通过企业重组、管理层持股、引入战略投资者等方式，不断优化其内部利益相关者结构和资本基础，实现了企业价值的快速提升。

（1）企业重组

比亚迪的前身——比亚迪实业最初由 3 家法人于 1995 年以现金出资 450 万元成立，公司在中小板上市之前经历了数次股权转让和增资扩股。比亚迪股份构成虽变化多次，但王传福一直是公司的实际控制人，持股比例始终保持在 20%~40%。集中化的股权结构有利于提高公司的决策效率，如王传福做出的收购秦川汽车组建汽车公司的决策对比亚迪业务拓展和公司发展具有推动作用。比亚迪从 IT、电池制造的单一化生产模式扩展为多元化业务模式，高性能环保汽车提升了比亚迪的品牌形象，并为其带来了丰厚的营业收入。股权资金的持续支持可以缓解公司的资金压力，同时实现公司内部利益相关者价值的快速提升。

（2）管理层持股

管理层和技术人员是公司发展的关键因素，给予其股权激励，可以增强他们的责任感、工作热情和敬业精神，从而提升公司的经营效率。比亚迪的业务范围决定了它主要依靠技术推动业务发展，技术人才和管理人才是公司的核心资源，给予其一定份额的股权，与其分享公司创造的价值，可以有效降低企业核心技术人员的流动性，吸引和保留优秀的管理人才和业务骨干。2007年，比亚迪电子在香港主板上市前，将其全部已发行股份中9%的普通股作为激励股份，赠与其高级管理人员和主要业务骨干，使他们也成为企业的内部利益相关者，从而与股东一起成为公司的利益共同体，弱化他们的短期化行为，有利于提升公司的价值创造能力和竞争力。

（3）引入战略投资者

战略投资者的引入可以为公司带来大量的资金、先进的技术和管理经验，促进产品结构的调整升级，使战略投资者与公司之间产生协同效应。2008年，比亚迪成功吸引巴菲特旗下附属公司中美能源以每股8港元的价格认购比亚迪2.25亿股，交易总金额约为18亿港元，占比亚迪股份的9.89%，其成为比亚迪的第三大股东并获得一个董事席位，以战略投资者的身份参与比亚迪的治理。巴菲特的战略投资给比亚迪带来了显著的品牌效应，加之资本市场对其估值的提高，比亚迪2009年业绩较2008年有大幅度的提升，股价迅速增长。特别是在2010年比亚迪主营业务收入大幅下降、利润缩减、瑞信等投资机构给予比亚迪"逊于大市"的投资评级、各方投资者纷纷减持比亚迪股份的情形下，巴菲特仍看好比亚迪，对比亚迪的品牌价值给予高度认可。巴菲特的战略性投资提升了比亚迪在全球资本市场和产品市场的形象，促进了比亚迪新能源汽车及其他新能源产品在海外市场的推广。

4. 比亚迪新能源汽车的竞争战略分析

（1）成本领先战略

比亚迪使其成本低于同行业的其他生产商主要得益于垂直整合的经营模式。由于比亚迪在电池方面有着丰富经验，其也把此经验移植到新能源汽车中来。同时比亚迪模仿其他成功汽车企业，但是它又不局限于单纯模仿，而是从不同品牌的汽车中吸取客户喜欢的元素，将其整合到自己的产品上来并加以创新，使产品更贴近消费者需求。

（2）技术领先战略

从目前我国纯电动汽车的电池技术来看，比亚迪作为传统的电池生产企业，其锂电池生产技术水平在全球处于领先水平。拥有先进的新能源汽车电池生产技术是比亚迪新能源汽车保持竞争优势的核心关键。其中最突出的一点表现在比亚迪的车用磷酸铁锂电池规模化生产技术遥遥领先于同类企业，磷酸铁锂材料和磷酸铁锂电池是未来新能源汽车行业发展的最主要方向，掌握生产技术的企业将有潜力成为未来的行业明星。

（3）差异化战略

除了贯彻执行成本领先战略外，比亚迪还将差异化战略融入其新能源汽车发展战略。2010年9月，比亚迪纯电动大客车K9在湖南长沙的比亚迪工厂下线。在K9诞生之前，深圳市人民政府就已经明确将向比亚迪公司采购纯电动大客车。迄今为止，已经有超过3000辆比亚迪纯电动大客车通过政府采购渠道在深圳的各条马路上行驶。

曾经比亚迪不过是一家小小的电池生产商，如今却摇身一变成为全球新能源汽车销量第一的知名汽车品牌，从OEM转型为OBM，晋升为未来一代车企典范。比亚迪的品牌发展史，大致可以分为3个阶段：电池与IT阶段、传统汽车阶段、电动车和新能源阶段。3个阶段节点分明、业务突出、战略明确、模式鲜明，每一次升级都是全方位突破性的跨越。中国的制造业转型升级已经到了关键性的时刻，曾经依靠人口红利和规模效应取胜的OEM模式已经完全不能适应全球经济发展需要，中国迫切需要实力强大的自主品牌提升国际竞争力。

三、场景项目任务 ↓

请根据前面 3 个场景，以小组为单位，完成以下项目任务。

项目任务一：商业模式创新识别

项目任务二：企业选址分析

项目任务三：企业注册登记实践或预演

项目任务扫码获取

四、知识库 ↓

（一）商业模式创新

1. 商业模式的分类

在第二章中介绍了商业模式是企业价值创造的基本逻辑，即企业在一定的价值链或价值网络中如何向顾客提供产品和服务并获取利润，通俗地说，就是企业如何赚钱。受到行业技术资源特点、目标市场顾客需求特征、企业运营能力的差异和企业领袖风格等多个因素的影响，不同企业所采用的商业模式千差万别，各具特色，但是总有一些商业模式具有某种相似性和共同性，一般可将商业模式归纳为四大类。

（1）基于最佳产品和服务的模式

基于最佳产品和服务的模式是指企业的产品和服务在满足顾客的核心需求的前提下，相对于竞争对手更具竞争力，它包含 3 种形式：一是提供满足顾客需求且价格更低的产品和服务；二是提供相对于竞争对手更大程度地满足顾客需求的产品和服务；三是相对于竞争对手而言，提供具有更高性价比的产品和服务及其组合。

采用这种商业模式的企业，必须通过各种经营创新活动或者技术进步来不断地优化成本结构，或者通过持续开发新产品、提高满足顾客需求的程度来增加顾客价值。

（2）基于需求解决方案的模式

基于需求解决方案的模式是建立在满足顾客某一组需求而不是单一需求之上的，将多种产品和服务很好地集成在一起，给目标顾客提供最完备的解决方案，即系统化价值。例如，在这种商业模式下，汽车行业公司从销售传统的产品，转变为提供产品以及包括融资、保险、咨询和管理在内的全方位服务，这种服务不同于传统产品销售中的伴随服务，而是可以盈利的服务组合。

采用这种模式的企业，为了满足顾客的需求，就必须对顾客需求进行全面分析，以本企业的核心产品和服务为基础来设计、整合其他相关产品和服务，全面提升顾客价值。

（3）基于产品和服务的系统锁定模式

采用这种模式的企业在向顾客提供某种产品和服务时，与相关产品和服务的提供商进行了产品和服务的"特殊联盟"，通过企业间产品和服务的相互嵌入与渗透，进一步共同锁定顾客，阻止其他竞争对手参与竞争。例如，微软公司与英特尔公司已有超过 20 年的合作历史，自微软公司推出视窗以来，两家企业就逐步建立了战略同盟关系，Windows 操作系统和 Intel 芯片通过技术标准、结构与接口设计，使 PC 和便携机在微处理器和操作系统之间进行了多项嵌入，共同锁定了 PC 厂商和最终顾客。

（4）基于价值网络的系统锁定模式

当有多个企业同时为满足一组顾客需求而共同提供产品和服务时，就出现了第四种商业模式——基于价值网络的系统锁定模式。在这种模式下，模式主体企业的产品和服务是围绕顾客需求设计的，并由此出发与其他网络成员构建协作和关联关系，这样就可以保证更多的价值网络成员企业围绕顾客需求，提供更加全面的产品和增值服务，成员企业由于价值的相互渗透和嵌入获得了更大的协同增益，整个价值网络更能提升顾客价值。由于获得了更大价值，顾客也可能更加依赖这个价值网络，从而更大程度地被锁定在这个价值网络中。例如，美国通用电气在杰克·韦尔奇的带领下，构建了庞大的价值网络——包括从医疗诊断设备到维护服务再到建立针对医院的教育培训中心，开设从技术培训到管理培训的项目，甚至通用电气事业部还可以为顾客提供金融服务来帮助顾客实现更大的价值。顾客被锁定在通用电气旗下不同的事业部编织的价值网络中。

在实践中，商业模式并没有如此严格的界限，实际上许多企业可能采用多种或混合模式。伴随竞争的加剧，面向顾客需求的解决方案和系统锁定模式越来越成为企业竞争的利器。

2. 商业模式创新的含义及规则

商业模式创新是指企业价值创造基本逻辑的创新变化，即把新的商业模式引入社会生产体系，并为顾客和企业自身创造价值。通俗地说，商业模式创新就是指企业以新的有效方式赚钱。新引入的商业模式，既可能在构成要素方面不同于已有的商业模式，也可能在要素间关系或者动力机制方面不同于已有的商业模式。增值是商业模式创新设计的重中之重，能否实现增值是商业模式创新的核心。一个优越的商业模式必须实现价值创造的目的，包括顾客、供应商、股东和企业在内的各方都应获得更大的价值或者预期价值。商业模式的创新设计还应明确资源配置所导致的企业能力和竞争优势的变化，并要能够强化企业的核心能力和竞争优势。商业模式创新对企业的作用如图8.1所示。

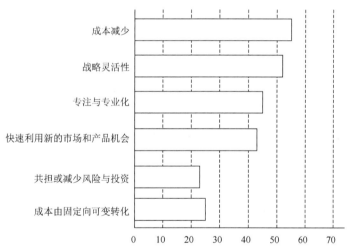

图 8.1　商业模式创新对企业的作用

商业模式创新并无定式，但其主要规则如下。

（1）不断寻求最大利益点。商业模式创新应考虑为参与商业模式的各方寻求更大的利益。越能为顾客带来更大利益的产品和服务，在市场上越受欢迎，供应商和股东也越容易因此受益，企业商业模式整体也就越有竞争力。

（2）坚持分析竞争对手的弱点并强化竞争的差异性。利用竞争对手的弱点是企业商业模式创新的又一规则。企业应该时刻关注和分析竞争对手的弱点，尽量看准竞争对手还有哪些软肋，乘虚而入。要清楚掌握竞争对手的情况，企业需要将自己的产品和服务与竞争对手的产品和服务进行详尽的比较，特别是做好价值分析和对比。在熟知竞争对手弱点的情况下，企业可以通过商业模式创新来强化企业的经营差异。有时，如果竞争对手十分强大，没有明显的缺点，就需要跳出与竞争对手竞争的圈子，强化竞争的差异性，或者从根本上改变竞争规则。这一切都需要企业充分认识竞争方式，以及熟知自身与竞争对手的差异。

（3）持续保持业务的灵活性。多数企业根据自身已有的业务来定义自己的经营能力，而不是根据在业务运作中所获得的核心能力和拥有的资源来定义，从而失去创新机会。企业适当保持业务的灵活性，随时可以跨越已有业务的边界，基于核心能力和资源条件来创新，而不局限于已有的业务边界，这将有助于企业保持较强的商业模式创新能力。

（4）不断关注和吸收新的创意。好的创意是创造新财富的有力工具。企业应在内部营造适合创意产生的氛围和建立相应的机制，激发员工提出新创意。源于企业内部的各种创意或许也是商业模式创新的又一源泉。

3. 商业模式创新的方法

商业模式创新实际上是一种高层次的企业创新行为，它与传统意义上的产品创新、技术创新、制度创新和经营理念创新有很大的不同，商业模式创新包括了企业从内部到外部的资源、制度和能力的整合，涉及企业运作的方方面面。从商业模式的构成要素来看，商业模式创新包括以下5条路径。

（1）重新定义顾客需求。随着参与生产和交换的企业增多，市场竞争不断加剧；同时由于技术发展的突飞猛进，新产品层出不穷，新的价值不断被开发出来，引导顾客接受新的产品和服务，并渗透到社会生活的方方面面，影响着人们的生活方式。顾客对产品和服务的选择性越来越强，现时的顾客已不再是产品和服务的被动接受者，他们通过消费文化的教育和自身的学习，获取了比以往更多的知识和信息，掌握了更多的技能，在日益多样化的产品选择中享有更大的主动权。激烈的竞争和顾客的需求不断发生变化，逼迫企业必须根据细分市场的顾客需求，重新定义顾客的需求和挖掘顾客的潜在需求。重新定义顾客的需求意味着企业要开发具有新价值的产品和服务，但有时企业通过既有产品加上延伸服务内容也可以实现。

（2）重新定义产品和服务的价值。以信息技术为核心的知识经济，使产品和服务的设计、开发和使用的周期日益缩短，产品创新的竞争也日益激烈，企业要想保持在产品和服务上的竞争优势就必须时刻准备对产品和服务进行创新。对产品和服务的功能、结构和形态的创新，提升产品和服务的现有价值，使其比竞争对手的产品和服务更能满足顾客需求，企业因此可以获取竞争优势，所以产品和服务价值的重新定义是一种常见的商业模式创新方式。

（3）重新定义顾客接触方式。在一定的接触方式下，企业和顾客通过产品和服务的传递，实现了价值的互换。传统企业进行产品营销时，往往通过分销渠道与顾客接触，因此企业对顾客需求的变化和发展无法准确把握。产品和服务如何以最佳的方式面向顾客、到达顾客，如何以更小的成本让顾客认知企业的产品和服务；潜在顾客如何以更好的方式获得产品和服务信息，如何以更小的成本认知企业的产品和服务；如何通过一种高效方式与顾客进行消费后的交流等，对这些问题的不同回答是商业模式创新的重点，只有针对顾客接触方式的创新才是可行的市场策略。

（4）重新定义供应链方式。传统的供应链被认为是企业内部采购原材料和零部件，通过生产的转换和销售等将产品和服务传递给顾客的过程。在现代竞争中，通过供应链联盟来增强企业整体竞争力，成为企业经营变革的主要方向，重新定义供应链方式是企业发展的必经之路。在过去的40年中，企业并购潮席卷了全球，通过企业间的兼并，供应方式进行重组，节省了交易成本，并促进了供应链的纵向一体化集合。

在经济全球化的竞争环境下，企业的成功不再依赖纵向一体化集合程度，更多依赖企业通过高积聚和高密度地使用知识，使产品和服务增值。因此企业在核心业务上集中了更多的资源，同时通过模式创新，利用其他协作企业的资源弥补自身的不足。新的供应链方式使企业更具竞争力，特别是在互联网技术出现以后，供应链在时空顺序上发生了本质的改变，企业间的协作更加密切，有的企业甚至采用虚拟化经营，以品牌为龙头，通过原厂委托制造的方式把生产过程分包或全包给下游厂商，企业拥有的是"要素"和"能力"，而不再是产品，企业只负责产品设计、营销和整个供应链的协调。当市场有需求时，企业能够高效地提取"要素"并依托供应链及时"组装产品和服务"来满足顾客需求。

（5）利用价值网络的协同效应。在现代商业环境下，单一企业的边界是既定的，要向顾客提供更大的价值，只有依靠更大范围内不同企业之间的协同支撑。价值网络的成员企业也因此获得了更强的竞争优势。以顾客价值为中心的网络协同模式创新，将成为优势企业商业模式创新的主要形式，也是更高级的价值创新形式。

无论企业采用什么样的路径，商业模式的创新必须围绕着顾客价值主张来进行，"多快好省"是衡量商业模式创新成功与否的唯一标准：为顾客提供更多的价值、降低顾客获得产品和服务的成本、更快速地为顾客服务。

（二）创业团队及其构建

创业是一个系统工程，它要求创业者在战略策划、生产组织、市场营销、财务管理、人事管理等各方面都有所长，这远不是单个创业者之力所能及的。现代社会经济竞争的激烈，使社会分工越来越细，越来越专业化，任何创业者想依靠单打独斗而获取胜利的可能性大大降低。把握好某一商机要动用多方面资源，单靠个人往往力不从心，组建团队可以有效整合资源形成合力，从而保证在市场中更有竞争力。

1. 创业团队的含义及类型

团队是一种为了实现某个目标而由相互协作的个体组成的群体。团队的形成具备 3 个要素：达成共识、目标一致；清楚的个体角色认知和分工；合作精神。个体角色认知是指每个人寻求有意义的自我定位，就是了解自己是谁、该干什么、将要往何处去等问题。创业团队就是由少数兴趣相投、技能互补，可以通过分工、合作、共同进步，以实现共同创业目标的创业者组成的团队，创业团队的基本结构一般包括优秀的管理者、优秀的技术者和优秀的营销者，如图 8.2 所示。

图 8.2　创业团队的基本结构

创业团队的类型一般分为星状创业团队、网状创业团队和虚拟星状创业团队 3 种。

（1）星状创业团队

星状创业团队有一个核心主导人物，充当领导。一般是核心主导人物有了创业的想法，然后根据自己的设想组建创业团队。因此，在团队形成之前，核心主导人物就已经对团队的组成进行过仔细思考，根据自己的想法选择合适的人选加入团队，共同创业。这种团队的优点是结构紧密，向心力强，核心主导人物在团队中的行为对其他个体影响巨大；决策程序相对简单，决策效率高。其缺点是权力过分集中，决策风险大。如果核心主导人物缺乏人格魅力或决策出现重大失误，团队成员就可能与之发生冲突而离开团队。

（2）网状创业团队

网状创业团队没有明确的核心主导人物，各个成员基本上扮演着协作者或者伙伴的角色，一般在创业之前就有密切联系，大家根据各自的特点进行自发的组织角色定位。这种团队的优点是凝聚力特别强，其合作精神、敬业精神会帮助新创企业度过危难时刻，加快成长步伐；即使出现矛盾，一般也会采取平等协商、积极解决的态度消除冲突，团队成员不会轻易离开。但由于没有核心主导人物，各成员地位相当，团队整体结构比较松散，决策效率相对较低，容易形成多头领导的局面，当矛盾冲突升级到无可挽回的地步时，团队就会发生分裂。

（3）虚拟星状创业团队

除此之外，前两者的中间形态可称为虚拟星状创业团队，由网状创业团队演化而来。在团队中，有一个核心成员，但核心成员地位的确立是团队成员协商的结果，因此核心成员从某种意义上说是整个团队的代言人，但不是核心主导人物。其在团队中的行为必须充分考虑其他团队成员的意见，不像星状创业团队中的核心主导人物那样权威。

2. 构建创业团队的步骤

创业团队的构建是整个创业活动中十分重要的环节，它对创业活动能否顺利开展、成功与否有着重要影响。构建团队与管理团队是成功企业家需要具备的主要能力之一。创业团队的构建包含 5 个步骤。

（1）确定团队目标（Purpose）

团队目标是一个团队有意识地选择并能表达出来的方向，它运用团队成员的才能促进企业的发展，使团队成员有一种成就感。它就像指南针，决定着团队未来的发展方向。

团队在开展工作之前，就要让所有成员充分了解共同的团队目标或共同参与讨论并确定团队目标。共同远大的目标可以使团队成员振奋精神，激励着团队成员把个人目标升华为群体目标，使个人行为与团队的政策和行动协调、配合，充分发挥个人潜能，创造异乎寻常的成果，在达成共同目标的过程中实现自我满足。高效的团队对其所要达到的目标具有明确的认识，并坚信这一目标具有重大的意义与价值。

（2）制订计划（Plan）

计划就是为了实现目标而制订的一系列具体的行动方案。计划将团队的职责和权限具体分配给团队成员，并明确团队成员如何进行分工合作，从而保证团队最终实现目标。

好的团队计划一般包括团队需要多少成员、团队领导的特征、领导的权限和职责、团队沟通的方式、团队沟通的工作任务、每位团队成员的工作时限、完成团队任务的界定方式、评价和激励团队成员的方式等内容。

（3）选择成员（People）

团队成员的素质是创业成败的关键影响因素。选择成员有以下 3 项标准。

- 选才。主要根据团队需要选择技能、学识、经验等符合要求的合适人才。
- 选德。个人的性格、习惯和道德品质等决定了今后企业文化的形成。合适的人员进入创业团队，才能保证企业的稳健经营；不合适的人员进入创业团队，会给企业的管理与发展带来巨大危害。
- 选价值观。一个人的价值观很难改变，因此在创业团队形成之前，成员间应进行深入交流与充分了解。价值观相近的成员构成的创业团队更加稳定，这样能有效降低分裂的风险，提高创业的成功率。

（4）划分职权（Power）

职权是指团队成员负有的职责和享有的权利。对团队职权进行界定也就是明确团队成员的工作范围、工作重心、工作权限。团队成员的权限范围必须与他的定位、工作能力和提供给他的资源相一致。

适当合理的授权是调动团队成员积极性的关键。不同的团队类型、目标和定位有不同的团队工作范围、工作重心、工作权限，这主要取决于团队的基本特征，如规模、结构、业务类型等。

在选择并确定创业团队成员之后，团队成员的分工就提上了日程。团队成员分工有利于创业成功，只有明确分工团队成员才能更好地完成工作。

创业活动的开展可能会需要这些工作人员：掌舵人、策划人、技术管理人员、研发人员、生产管理人员、营销管理人员、人力资源管理人员、财务管理人员、信息与知识管理人员、公共关系管理人员等。

　　创业者应该根据创业团队成员的个人素质与能力进行必要分工，有时候一个人可能要身兼数职。同时，团队成员也要努力提高自己的素质，适应团队成长的需求。

　　（5）定位（Place）

　　定位即明确方向，指团队选择以何种方式进入市场，并树立其在消费者心中的独特形象。主要进行两方面定位：创业团队的定位和团队成员的定位。

　　● 创业团队的定位：即明确创业团队在企业中处于什么位置，由谁选择和决定团队的成员，创业团队采取什么方式激励下属，创业团队最终应对谁负责。

　　● 团队成员的定位：即明确各成员在创业团队中分别扮演什么角色；是大家共同出资，委派某个人参与管理，还是大家共同出资，共同参与管理，或者共同出资，聘请第三方（职业经理人）管理等。这体现在创业实体的组织形式上，即是合伙企业还是公司制企业等。

小故事

小米的机会型创业

（三）创业分类

　　按照不同的标准，创业可分成不同的类型。了解创业类型是为了在创业决策时做比较，选择适合自己的创业类型。

　　1. 机会型创业与生存型创业

　　按创业的动机分类，创业可分为机会型创业与生存型创业。

　　（1）机会型创业

　　机会型创业的出发点并非谋生，而是抓住市场机遇。它以新市场、大市场为目标，因此能创造新的需求或满足潜在的需求。机会型创业会带动新的产业发展，而不会加剧市场竞争。世界各国的创业活动以机会型创业为主。

　　（2）生存型创业

　　生存型创业的目的是谋生，即为了谋生而自觉地或被迫地走上创业之路。这类企业大多属于尾随型和模仿型，规模较小且项目多集中于服务业，并没有创造新的需求，而是在现有的市场上寻找创业机会。由于创业仅仅是为了谋生，这类企业往往小富即安，极难做大做强。生存型创业和机会型创业与主观选择相关，但并非完全由主观选择决定。创业者所处的环境及其所具备的能力对其创业动机起着决定性作用。生存型创业与机会型创业的特征比较如表8.2所示。

表8.2　生存型创业与机会型创业的特征比较

项目	生存型创业	机会型创业
创业动机	生活所迫	职业选择
成长远景	满足现状，小富即安	把握机会，做大做强
行业偏好	零售、餐饮、家政服务等	金融、保险、咨询等
资金状况	以独资为主，缺乏资金	多方式融资，资金充足
创业者承担风险意愿	规避风险	勇于承担风险
创业者所处的阶段	初始创业阶段	二次创业，连续创业

　　2. 自主型创业与企业内创业

　　按创业的模式分类，创业可以分为自主型创业和企业内创业。

　　（1）自主型创业

　　自主型创业是指创业者个人或团队白手起家。自主型创业充满挑战和刺激，可使个人的想象力、创造力得到最大限度的发挥。自主创业的优点在于创业者有一个新的舞台可表现自我；可多方面接触社会，接触各种类型的人和事，摆脱日复一日的单调乏味的重复性劳动；如果创业成功，可以在短时间内积累财富，奠定一定的物质基础，为攀登新的人生巅峰做准备。

自主型创业有许多种方式，大体可以归纳为以下几种。

第一，创新型创业。创新型创业是指创业者提供有创造性的产品或服务，填补市场空白。

第二，从属型创业。从属型创业大致有两种情况。一是创办小型企业，与大型企业协作，在大型企业的整条价值链中，负责一个环节或者承揽大型企业的外包业务。这种方式能降低交易成本，降低单打独斗的风险，提升市场竞争力，且有助于形成企业的整体竞争优势。二是加盟连锁、特许经营，利用品牌优势和成熟的经营管理模式，降低经营风险，如麦当劳、肯德基等。

第三，模仿型创业。根据自身条件，选择一个合适的契机进入壁垒低的行业，模仿别人创办企业。这类企业投入少，并无创新，在市场上拾遗补阙，逐步积累也是有机会跻身于强者行列，创立自己的品牌的。

然而，自主型创业的风险和难度也很大，创业者往往缺乏足够的资源、经验和支持。通过许多案例可以发现，自主型创业失败的原因主要表现在以下两个方面。第一，创业者对自己所提供的产品或服务及进入的领域缺乏了解，准备不足，产品质量不稳定，导致在竞争中失败。第二，创业者被突如其来的成功冲昏了头脑，变得过于自信，甚至刚愎自用，把偶然性当成了必然性，继而做出盲目的战略决策，使企业迅速扩张，导致管理失控，使企业面临破产。

（2）企业内创业

企业内创业是指进入成熟期的企业为了获得持续的效益增长和长久的竞争优势，倡导创新并使其研发成果商品化，通过授权和资源保障等支持企业内创业。每一种产品都有生命周期，一个企业在不断变化的环境中，只有不断创新，并将创新的成果推向市场，才能延长企业的生命周期。企业内创业需要成熟企业有创业的理念、文化，需要企业内部创业者利用和整合企业内部资源。

小故事

微软的企业内创业

3. 大学生创业、失业者创业和兼职者创业

按创业主体分类，创业可以分为大学生创业、失业者创业和兼职者创业。

（1）大学生创业

大学生创业可分为独立创业和合伙创业。大学生创业的目的并非以挣钱为主，而是不愿替人打工、受制于人，干自己想干的事，实现自我人生价值。大学生创业可关注国家的政策支持，其中的某些方面（税务、办公场地支持等）有利于提高创业成功率。

独立创业是指创业者独立创办自己的企业。独立创业的企业的特点在于产权是创业者个人独有的，相对独立且产权清晰，企业利润也归创业者独有。企业由创业者自由掌控，创业者按自己的思路经营和发展企业，无须迎合其他持股者的利益要求及忍受其对企业经营的干扰。但是，独创企业需要创业者面临独自承担风险、创业资金筹备比较困难、财务压力大和个人能力有限等问题。

合伙创业是指与他人共同创办企业。与独立创业相比，合伙创业有以下几个优势：一是共担风险；二是融资难状况得到缓解；三是有利于优势互补，形成一定的团队优势。劣势有：一是易产生利益冲突；二是易出现中途退场者；三是企业内部管理交易费用较高；四是对企业发展目标可能有分歧。

（2）失业者创业

不少失业者也凭借自身努力通过创业成为佼佼者。这类创业大多选择服务行业，投资少，回报快，风险低。例如，北京的月嫂服务就是失业工人开创的，市场巨大，十分适合有生活经验的中年妇女从事。

（3）兼职者创业

一些企业中有一部分员工就是兼职创业者，基于自己的专业创立公司。兼职创业也就是选择一

个商业项目来起步、操作，普遍来说，适合边打工边创业的项目规模虽然都比较小，但也是独立运作的创业项目。

4. 传统技能型创业、高新技术型创业和知识服务型创业

按创业项目类型分类，创业可以分为传统技能型创业、高新技术型创业和知识服务型创业3种。

（1）传统技能型创业

传统技能（使用传统技术、工艺）项目具有永恒的生命力。如具有独特的技艺或配方的创业项目一般都具有市场优势，尤其是在酿酒业、饮料业、中药业、工艺品业、服装业、修理业等与人们日常生活紧密相关的行业。独特的传统技能项目表现了经久不衰的竞争力，许多现代技术都无法与之竞争。

（2）高新技术型创业

高新技术项目就是人们常说的知识经济项目、高科技项目，此类项目知识密集度高，带有研究开发性质。高新技术型创业，主要从事高新技术产品的研制、开发、生产和服务，具有知识集约度高、谋求产品、服务等的高附加值特征。高新技术型创业项目一般具有较高的创新性，技术要素处于核心地位。

初创期高新技术项目一般盈利甚微或没有盈利，甚至亏损，其企业价值主要依赖未来高技术产品开发所形成的发展潜力。由于高技术产品所带来的创新性和高附加值，高新技术型创业企业一旦获得成功，其收益远远高于一般企业（其收益主要来自高技术带来超额利润等）。并且，高新技术型创业项目建立在最新的科学技术基础上，基本不受传统技术发展水平的制约，因此从一般意义上说，高新技术型创业企业具有跳跃性发展的特点，如我国早期的互联网行业企业成功创业项目。

（3）知识服务型创业

知识服务型创业是指创业者凭借自己的知识，将其作为资本，从而获得经济收入的创业类型，此类型在创业群体中的可行性比较高。伴随着知识付费时代的来临，越来越多的人开始加入知识服务型创业的大军。当然，对于不同的人来说，适合的知识创业形式是不一样的。目前，市面上比较常见的知识服务型创业者有设计师、策划师、心理咨询师、法律顾问、留学顾问等。实际上人们已经习以为常的直播类创业、问答类创业、社群类创业以及教育类创业都属于知识服务型创业。创业者只要在某一领域拥有专业的知识，拥有足够的知识储备量，都可以通过为客户提供专业的咨询服务来实现知识服务型创业。

5. 依附型创业、尾随型创业、独创型创业和对抗型创业

按创业的风险类型分类，创业大致可以分为依附型创业、尾随型创业、独创型创业和对抗型创业。

（1）依附型创业

依附型创业可分为以下两种情况。一是依附于大企业或产业链而生存，在产业链中确定自己的角色，为大企业提供配套服务。例如，专门为某个或某类企业生产零配件，或生产、印刷包装材料。二是特许经营权的使用（如麦当劳、肯德基），依附品牌效应和成熟的经营管理模式，采用特许经营的模式降低经营风险，扩大经营规模。

（2）尾随型创业

尾随型创业即模仿他人创业，所开办的企业和经营项目均无新意，行业内已经有许多同类企业。尾随型创业的第一个特点是短期内不求超过他人，只求生存下去，随着自身的成熟，再逐步进入强者行列。第二个特点是在市场上拾遗补阙，不求独家承揽全部业务，只求在市场上分得一杯羹。

（3）独创型创业

独创型创业可表现在诸多方面，归结起来，集中在两个方面：一是填补市场内容需求的空白；二是填补市场形式需求的空白。前者是经营项目具有独创性，独此一家，别无分店。大到商品独创性，小到商品某种技术的独创性，如生产的洗衣粉比市场上卖的环保性强且去污力强，这就属于经营项目的独创性。独创性也可以表现为一种服务，如高端产品外观的个性化定制和 DIY 服务项目。当然，独创型创业有一定的风险性，因为消费者对新事物有一个接受的过程。独创型创业也可以是旧内容新形式，如海底捞允许顾客在点菜时点半份，在服务形式上创新，从而更具竞争力。

（4）对抗型创业

对抗型创业是指进入其他企业已形成垄断地位的某个市场，与之对抗较量。这类创业必须基于科学决策。创业者决心大、速度快，把自己的优势发挥到极致，降低市场风险，减少损失。如新希望集团就是对抗型创业成功的典型，20 世纪 90 年代初，面对外国饲料厂商进入中国市场，大量倾销合成饲料，新希望集团建立西南地区最大的饲料研究所，定位于与外国饲料企业争市场。

6. 初始创业、二次创业与连续创业

按创业的周期分类，创业可分为初始创业、二次创业与连续创业。

（1）初始创业

初始创业是一个从无到有的过程。创业者经过市场调查，分析自己的优势与劣势、外部环境的机遇与风险，权衡利弊，确定自己的创业类型，办理必要的法律手续、招聘员工、建立组织、设计管理模式、投入资本、营销产品或服务，不断扩大市场份额，使企业由亏损到盈利的过程就是初始创业。同时，初始创业也是一个学习过程，创业者往往边干边学。

初始创业的失败率较高，这使创业者要承受更大的心理压力和经济压力。所以，创业者要尽量缩短学习过程，善用忠实之人，减少失误，坚持到底。

（2）二次创业

传统的观念认为，新建企业为创业，老企业只存在守业问题，不存在创业问题。在当代社会，特别是知识经济时代，业是守不住的，纵然是存在银行里的钱，也可能贬值。所以，创业是个动态的过程，伴随着企业的整个生命周期。企业的生命周期分为投入期、成长期、成熟期和衰退期 4 个阶段。成熟期再创业，就是二次创业。它对企业的生存和发展有着举足轻重的影响。雪花冰箱、白菊洗衣机曾经有过辉煌的历史，当时海尔的冰箱、洗衣机不值一提。但在二次创业中，它们没有迈过去，最后消亡了，而海尔在张瑞敏的带领下成功地进行了二次创业，并发展成为海尔集团。

二次创业的目的是使企业不要进入衰退期，恒久地保持成长期和成熟期的良好状态，彰显长久的竞争优势。二次创业靠什么呢？靠新技术、新产品和新服务。企业在成长期结束、成熟期开始时，就要进行二次创业，就要投入新产品（包括新技术和新服务）。老产品处于成熟期，新产品处于投入期；老产品进入衰退期，新产品进入成长期，这样就能保证企业生命不衰，青春常驻。

（3）连续创业

创业其实是遵循着一条哲学法则运行的。创业体现的是从无到有的过程，"有"即完成它生命周期的 4 个阶段，如何让企业长久地具有生命力？唯一的办法是在变化的环境下连续创新创业。把企业由原来所系的产品（或服务、技术）嫁接到另一种新产品（或新服务、新技术）后，其生命也是有限的，这就需要再次创业，再次嫁接。进行第三次创业后的企业往往有了较大的实力和规模，抗风险能力比较强，而且经过 3 次创业的企业，不少走向了分权化、集团化。

（四）启动创业程序

1. 筹集创业资金

创业离不开资金，创业者要创办企业并使企业正常运营，首先必须预测所需资金的数量，然后确定筹集的方式、渠道。

创办企业所需资金主要由以下几个部分组成。

- 建筑资金：包括房屋的租赁、装修等的费用。

- 设备资金：购置生产设备、办公设备等所需的费用。
- 存货资金：原材料、半成品、产成品等占用的资金。
- 经营周转资金：至少要有能支撑一个季度的经营资金，包括工资、广告费、维修费，以及偿还到期债款及其利息、购买材料和能源等所需的资金。

新创企业要结合自身特点，选择适宜的融资方式和渠道，以构建稳健的资本结构，这对新创企业来说至关重要，是降低运营成本和财务风险的重要手段。建议的融资方式和渠道如下。

（1）融资方式

不同类型的资金提供者具有不同的经营特点，他们在融资对象的选择、资金的回报率要求、承担风险的能力与意愿、资金使用期限等多方面存在差异。按照企业全部资本的属性，融资方式可以分为债务融资和股权融资两种类型。

① 债务融资。债务融资是指通过借贷来筹集资金的方式。债务融资要求债务人必须按照协议约定的还款期限、利率、方式归还所借的全部资金。

采用债务融资方式不会影响创业者对企业的控制权，放贷者和创业者之间只存在借贷关系，只要创业者按时偿还贷款，放贷者就无权干涉企业的运营管理和发展。尤其在低利率时代，债务融资是一种非常有效的方式，可以使创业者获得更高的回报。但对于初创企业来说，要获得债务融资并非易事，而且融资成本相对较高，不管企业是否盈利，都必须支付利息。此外，如果创业者不能按时偿还贷款，放贷者可以迫使企业破产以收回贷款，这对创业者来说，无疑是致命的打击。

② 股权融资。股权融资是指通过赋予投资者股东地位来筹措资金的方式。投资者作为股东，有权依据协议和相关法律行使股东权利。

采用股权融资方式必须放弃企业的部分利润和部分所有权，必定会分散创业者对企业的控制权，但融资成本相对较低，要求企业在没有盈利时不必向股东支付红利，可分散创业风险。

（2）融资渠道

融资渠道是指企业资金的来源通道。目前融资渠道有多种形式，各种形式各有优缺点。了解融资渠道的种类和每种渠道的特点，有利于创业者充分利用各种融资渠道，筹集企业所需资金。

① 自有资金。自有资金是创业者通过积累、继承等方式形成的资本。自有资金不仅关系到企业的创立和正常运转，而且影响着外部资金的引进，尤其是银行贷款。外部投资者普遍认为，创业者只有自己投入了一定的资金，才会对企业的经营尽心尽力，这样外部投资的风险也会随之降低。对于创业者来说，投入自有资金，可以减少债务，向投资者展示良好的信用，并促使自身将失败的风险转化为成功的动力。

② 合伙人资金。合伙人的加入不仅可以帮助企业引进技术、管理或营销人才，发挥团队的优势，还可以给企业带来一定的资金。因此这也是融资的一种主要渠道。

③ 亲友资金。对于初创企业，银行和其他金融机构很少愿意对其投资。基于对创业者本人的了解和信任，亲友资金往往是最主要的资金来源之一。大部分亲友借钱或入股给创业者是出于他们与创业者的亲密关系，而不是单纯为了利润。亲友资金在企业初创时期起着至关重要的作用。

从亲友那里筹集资金的好处是显而易见的，但是其也存在一些缺点：股权不分、利率不清等问题都有可能破坏亲情、友情，严重的甚至可能导致创业者与亲友反目成仇。为尽可能避免亲友关系在融资过程中出现问题，创业者应充分尊重当事人的意愿，本着公事公办的态度将其资金与其他投资者的资金同等对待。若从亲友那里筹集资金进行股权融资，则应明确股权，按约定分发红利；若是债务融资，则应明确规定利率、期限以及本息的偿还计划，并严格执行。

④ 银行信贷资金。银行是专门经营货币信用的特殊企业，它以一定的成本聚集了大量储户的巨额资金，然后通过对资金的运作赚取利润。银行贷款是企业资金的重要来源。当前我国出台了一系列自主创业申请银行贷款的优惠措施，各个省份和地区也出台了自主创业申请小额贷款的相应优惠

政策和措施。银行贷款审批流程如图8.3所示。

| 贷款申请 | ⟹ | 接受审查 | ⟹ | 签署合同 | ⟹ | 接收贷款 |

图8.3　银行贷款审批流程

银行提供的贷款种类可以根据不同的标准划分。

银行贷款按照贷款期限可划分为短期贷款、中期贷款和长期贷款。短期贷款的期限在1年以内；中期贷款的期限在1年以上5年以内；长期贷款的期限在5年及以上。短期贷款利率相对较低，但是不能长期使用；中、长期贷款利率较高，但短期内不用考虑归还问题。企业应根据自己的需要，合理筹集不同期限的贷款，以构建稳健的资本结构。

银行贷款按照贷款保全方式可划分为信用贷款和担保贷款。信用贷款的对象主要是具有一定的偿还能力、讲信誉、与银行关系密切的大中型企业；担保贷款又根据提供担保的方式不同划分为保证贷款、抵押贷款和质押贷款。保证贷款是指以第三人承诺在借款人不能归还贷款时按约定承担一般责任或连带责任为前提而发放的贷款。抵押贷款是指以借款人或第三人的财产作为抵押物而发放的贷款。质押贷款是指以借款人或第三人的动产或权利作为质物而发放的贷款如不动产质押、权利质押。动产质押是指以借款人或第三人的动产作为抵押物。权利质押是指借款人或第三方以汇票、本票、债券、存款单、仓单、提单，依法可以转让的股份、股票，依法可以转让的商标专用权、专利权、著作权中的财产权，依法可以质押的其他权利作为质权标的。

⑤ 风投资金。风投资金也称创业投资基金，源于20世纪40年代的美国硅谷。它与传统的金融服务不同的是：在没有任何财产抵押的情况下，以资金与创业者持有的公司股权相交换，以期企业发展成熟后通过股权转让获得资本增值收益。风险投资者特别偏爱那些在高新技术领域拥有领先优势的公司，如软件、通信、半导体、生物工程、医药等领域的企业。

风险投资者选择企业时，首先对企业呈上的创业计划书进行初选，选择的依据是项目可行性、核心技术、市场前景、商业模式及盈利模式、管理团队等核心要素；然后通过更具体的指标进行审查；最后经过专家会审决定是否需要面谈或回绝。

小资料

风险投资机构选择企业投资的八个细查指标

2. 选择创业地址

选址是关系企业生存和发展的重要环节，创业者必须争取主动权，在开展经营活动前就仔细调查研究，通盘考虑，争取赢在起跑线上。

（1）企业选址的基本含义及其重要性

企业选址的含义。企业选址也称设施选址。设施是指生产运作的硬件系统，包括厂房、车间、仓库、营业场所等。设施选址是指运用科学的方法确定设施的地理位置，使之与企业的整体经营运作系统有机结合，以便有效、经济地达到企业的经营目的。

除新建企业涉及选址问题以外，随着经济的发展，城市规模的扩大，地区之间发展差异的显现，很多企业都面临重新选址的问题。

（2）企业选址的基本问题及其影响因素

企业选址包括两个层次的基本问题：选位、定址。

① 选位。选位，即选择地域环境，指选择什么国家、地区或城市设置企业设施。

创业活动的开展与实施总要依托于一定的社会环境。不同的区域，其创业环境不尽相同甚至大相径庭。创业环境是在创业活动中发挥重要作用的要素组合，一方面指影响人们开展创业活动的所有政治、经济、社会文化等方面的要素，另一方面指获取创业帮助和支持的可能性。

不同的国家或地区由于在经济发展水平、观念、文化等方面存在差异，对待同一事物的态度是不一样的。所以创业者在进行企业选址时，必须考虑社会环境因素对企业的影响（见表8.3）。

表 8.3 影响选址的主要因素

选址类别		影响因素
选位	国家或地区	政局的稳定性
		政府政策与鼓励措施
		经济、文化、宗教信仰
		汇率
	城市	政策法规
		目标市场
		原材料供应地
		运输条件
		与协作厂家的相对位置
		劳动力资源
		气候条件
		基础设施条件
定址		场所大小和成本
		可扩展的条件
		地质条件
		周边环境

② 定址。地区环境选定以后，企业应具体选择在该地区的什么位置设置设施，也就是说，在已选定的地区内选定一个具体位置作为设施地址，这就是定址。

企业是以营利为目的的经济实体。选址能给企业带来最大化的收益，这也是企业选址的战略目标。但不同类型的企业，对定址的要求不尽相同。工业企业进行选址决策主要是为了追求成本最小化；而零售业或专业服务性组织机构一般都追求收益最大化；仓库选址，要综合考虑运输成本及速度的问题。制造业与服务业选址影响因素的差异主要如表 8.4 所示。

表 8.4 制造业与服务业选址影响因素的差异

制造业	服务业
关注成本	关注收入
运输模式与成本	服务对象的统计数据，如年龄、收入、受教育程度等
能源的可得性与成本	人口区域规划
劳动力成本及可得性、技术水平	交通的便利性与交通方式
硬件建设成本	接近顾客的程度

（3）企业选址的步骤

不同类型的企业选址要求各有不同，但选址一般包括 5 个步骤，如表 8.5 所示。

表 8.5 企业选址步骤

企业选址步骤	内容
步骤一：明确目标	根据企业自身的经营要求，拟定明确的选址目标，做好战略布局
步骤二：收集资料	根据拟定的选址目标，调查研究，收集相关信息，对照影响企业经营的各个因素进行主次排列，权衡取舍，拟定初步的候选方案（一般拟定 3～5 个候选方案），以供选择
步骤三：详细分析	根据影响企业经营的各个要素，对候选方案进行详细分析，排出方案的优先顺序
步骤四：商务谈判	按候选方案的优先顺序进行商务谈判，或租或买，确定意向性成交价格
步骤五：签订合同	根据实际谈判的结果，对候选方案进行重新排序，确定一个明显优于其他方案的最终方案，然后签约

3. 申办企业的程序

当创办企业的主客观条件基本具备后，创业者要做的就是依据法定程序申请成立企业。经有关部门核准后，企业依法成立。

（1）确定企业名称

创业者应当为自己的企业起一个名称。名称对于一个企业来说是非常重要的。它关系到企业的外部形象。如果企业有一个符合行业特点、有深层次文化底蕴又响亮的名称，将为打造知名品牌奠定基础。

企业名称要求：简短明快、读音响亮、有节奏美感、易读易记；符合企业理念、服务宗旨；反映经营内容和特色；新颖、独特；有深层次的文化底蕴；符合法律规定。

常见的企业名称一般由以下部分依次构成：行政区划+字号+行业或经营表述+组织形式。除国务院批准设立的企业外，企业名称不得冠以"中国""中华""全国""国家""国际"等字样。如需冠以此字样，需向国家市场监督管理总局申请批准；如需冠以"四川""广东"等需向各省市场监管部门申请批准。字号应当由两个以上的文字组成，行政区划不得用作字号。行业或经营表述应当反映企业经营活动性质、企业所属国民经济行业或者企业经营特点，同时，行业或经营表述的内容应当与企业经营范围相一致。给企业取名的常用方法如下。

- 用地域文化特点命名，如"孔府家酒""义乌国际小商品市场"等。
- 用创业者或经营者的名字命名，如"步长集团"等。
- 用典故、诗词、历史逸闻命名，如"百度""红豆"等。
- 从字义、汉字特点考虑命名，如"新希望集团"寓意充满希望。
- 用英语音译给企业命名，如"雅戈尔"服装，取英语"younger"（年轻的、青春的）的音译。
- 用与产品名称相关的字命名，如"万向集团"，该企业既生产万向节，又地处钱塘江边，与钱塘江大潮相联系，意为万向节生产企业像钱塘江大潮，滚滚向前。

（2）选择企业组织形式

合适的组织形式对于企业今后的发展及管理都有着重要影响，因此创业者要根据企业现有的人力、财力资源，并结合不同组织形式的特点，选择合适的企业组织形式。

小资料

企业名称的确定

按照有关法律，我国企业目前有3种基本组织形式：个人独资企业、合伙企业、公司制企业。

① 个人独资企业。《中华人民共和国个人独资企业法》规定，"本法所称个人独资企业，是指依照本法在中国境内设立，由一个自然人投资，财产为投资人个人所有，投资人以其个人财产对企业债务承担无限责任的经营实体"，其设立条件与优劣势如表8.6所示。

表8.6 个人独资企业的设立条件及优劣势

个人独资企业的设立条件	个人独资企业的优势	个人独资企业的劣势
（1）投资人为一个自然人。 （2）有合法的企业名称。 （3）有投资人申报的出资。 （4）有固定的生产经营场所和必要的生产经营条件。 （5）有必要的从业人员	（1）企业的设立、转让和解散等行为的申办手续简便，向当地的工商行政管理机关登记即可。 （2）企业主自经营，制约因素少，灵活性强，能迅速应对市场变化。 （3）赋税轻，不需缴纳企业所得税，只需缴纳个人所得税。利润归企业主个人所有，无须与他人分配。 （4）在技术和经营方面易于保密	（1）当个人独资企业财产不足以清偿债务时，企业承担无限责任，投资人以其个人的其他财产予以清偿。 （2）受个人能力、资金限制，信誉不高，融资不易，企业规模不易扩大。 （3）缺乏支持者

② 合伙企业。合伙企业是指由合伙人订立合伙协议，共同出资、合伙经营、共享收益、共担风险，并对合伙企业债务承担无限连带责任的营利性组织，其设立条件与优劣势如表8.7所示。

表 8.7 合伙企业的设立条件及优劣势

合伙企业的设立条件	合伙企业的优势	合伙企业的劣势
（1）有两个以上合伙人。 （2）有书面合伙协议。 （3）有各合伙人实际缴付的出资。 （4）有合伙企业的名称。 （5）有经营场所和从事合伙经营的必要条件	（1）由于出资人增加，扩大了资本来源，增强了企业信用能力。 （2）合伙人具有不同的专长和经验，能够发挥团队的作用，有利于提高企业的经营管理水平。 （3）由于资本实力和管理能力提高，企业的经营规模可能扩大	（1）合伙人承担无限连带责任。 （2）企业产权流动困难。合伙存续期间，如欲抽资，必须经其他合伙人一致同意。 （3）融资能力仍然有限，规模仍受限。 （4）管理协调成本较高。原则上，全体合伙人都有权参与经营决策，如果出现意见分歧，就会影响企业有效经营

③ 公司制企业。公司是指在中国境内依法定条件和程序设立的以营利为目的的企业法人。我国的公司形式分为有限责任公司和股份有限公司两种。股份有限公司注册资本要求高，股东人数要求多，一般不适合初次创业者选择。

有限责任公司是指由 50 人以下的股东共同出资，每个股东以其认缴的出资额为限对公司承担责任，公司以其全部资产对其债务承担责任的企业法人。有限责任公司的设立条件与优劣势如表 8.8 所示。

表 8.8 有限责任公司的设立条件及优劣势

有限责任公司的设立条件	有限责任公司的优势	有限责任公司的劣势
（1）股东符合法定人数。 （2）股东出资额达到法定资本最低限额。 （3）股东共同制定公司章程。 （4）有公司名称，建立组织机构。 （5）有固定的生产经营场所和必要的生产经营条件	（1）有限责任公司的股东对公司承担有限责任，与个人的其他财产无关。但一人有限责任公司的股东不能证明公司财产独立于股东自己的财产的，应当对公司债务承担连带责任。 （2）有限责任公司具有独立的存续时间，不会因个别股东的意外而消失。 （3）公司的所有权与经营权可以分离，聘请职业经理人代理经营权，可使公司更好地适应市场竞争	（1）设立程序比较复杂，创办费用高。 （2）为了规范公司治理结构，政府对公司的限制较多，法律要求较为严格。 （3）按照国家有关规定，公司的有些信息如会计报表等必须公布，丧失了一定程度的保密性

（3）履行注册登记手续

设立新企业的第一步是注册。一般来说，注册流程包括企业核名、提交材料、领取执照、刻章。注册好后，企业想要正式开始经营，还需要办理银行开户、税务报到、申请税控和发票、社保开户等事项。随着"五证合一"改革的推行，现在开设企业的流程简化了。部分地区新企业设立流程从市场监管注册到正式运营简化为办理"五证合一"、刻章、银行开户、税务登记。

① 办理"五证合一"。自 2016 年 10 月 1 日起，"五证合一"在全国正式实施。"五证合一"指工商行政管理部门颁发的营业执照、质量监督管理部门颁发的组织机构代码证、税务部门颁发的税务登记证、人力资源和社会保障部门颁发的社会保险登记证、统计部门颁发的统计登记证，合并为一个加载有统一社会信用代码的工商营业执照，实现"一照一码"的最终目的。其中，"一照"指"五证"合为一张营业执照，"一码"指营业执照上加载的工商行政管理部门直接核发的统一社会信用代码，如图 8.4 所示。

随着"五证合一"的推行，新办企业的工

图 8.4 "五证合一"的营业执照

商注册变得简单。与以前的办证流程相比，"五证合一"减少了创业者在不同部门间来回奔走审核资料的烦琐，使创业者可以直接在办证大厅的多证合一窗口办理，办理流程如图8.5所示。

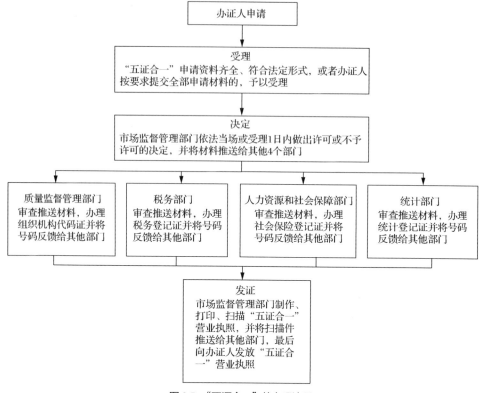

图8.5 "五证合一"的办理流程

- 企业名称预先核准。

第一，新办企业需要进行企业核名操作，核名时首先要选择企业的形式，企业形式包括有限责任公司、股份有限公司、合伙企业、个人独资企业等。第二，准备最多5个名称，到市场监督管理部门领取企业名称预先核准申请书，在其上填写准备申请的企业名称、注册资本、企业主体类型、住所地、投资人等信息，在市场监督管理部门官网或现场进行公司名称预先核准，核准通过后，会获得企业名称预先核准通知书。

- 审核领证。

准备好企业注册所需的材料，包括企业章程、投资人身份证明等。提交申请后，等待市场监督管理部门审核。市场监督管理部门审核通过后，颁发《营业执照》。

办证人通过市场监督管理部门网报系统填写新设企业五证合一登记申请表，然后持审核通过后打印的新设企业五证合一登记申请表，前往办证大厅多证合一窗口办理。

窗口工作人员核对信息、资料无误后，将信息导入市场监督管理部门准入系统，生成市场监督管理部门注册号，并在"五证合一"打证平台生成各部门号码，补录相关信息。同时由市场监督管理部门将登记信息推送至工商行政管理部门、质量监督管理部门、税务部门、人力资源和社会保障部门、统计部门5部门，由5部门分别完成后台信息录入，最后打印出载有5个证号的营业执照。

- "五证合一"办证资料归纳。

就新设企业而言，要想顺利完成"五证合一"的办证流程，需要准备的资料如下。

√ 法定代表人身份证原件，全体股东身份证复印件。

✓　各股东间股权分配情况。

✓　企业名称预先核准通知书原件。

✓　市场监督管理部门审核通过的企业经营范围资料。

✓　企业住所的租赁合同（租期一年以上）一式两份及相关产权证明（非住宅）。

✓　如果企业为生产型企业，还要有公安消防部门的消防验收许可证。

② 刻章。印章具有法律效力，不能随意刻制。新成立的企业申请刻制企业
印章时，须持营业执照复印件、法人代表和经办人身份证复印件各 1 份，以及
由企业出具的刻章证明、法定代表人授权委托书到公安局指定的机构进行刻章。
一般来说，企业常用的印章有如下几种。

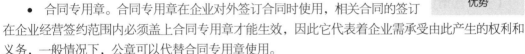

小链接

"五证合一"办证
优势

• 公章。公章代表企业的最高效力。它对内对外都代表了企业法人的意志，
使用公章可以代表企业对外签订合同、收发信函、开具企业证明。

• 合同专用章。合同专用章在企业对外签订合同时使用，相关合同的签订
在企业经营签约范围内必须盖上合同专用章才能生效，因此它代表着企业需承受由此产生的权利和
义务，一般情况下，公章可以代替合同专用章使用。

• 财务专用章。财务专用章的用途比较专业化，一般针对企业会计核算和银行结算业务使用。

• 法定代表人章。法定代表人章指的是单位的公章。但是由于人们在习惯上将真正的法人章称
为公章，反而将法人代表章称为法人章，在一定程度上已经约定俗成。所以将圆形的企事业单位或
组织法人章简称为公章，而把方形的法人代表章简称为法人章，只要沟通双方理解没问题即可。法
人章对外具备一定的法律效力，可以签订合同出示委托书文件等。

• 发票专用章。发票专用章就是企业在经营活动中购买或开具发票时需加盖的印章。当然，在
发票专用章缺少时，可以用财务专用章代替，反之则不可以。

③ 银行开户。以上手续办好后，经营者选择一家银行持营业执照、印鉴卡等当地银行要求的
其他资料，到银行办理开户手续。首先填报开户申请书，开设银行账户，确定账户使用方法，交
存开户款项，以便与其他业务部门通过银行进行资金结算活动。同时购买业务凭证，由银行编发
账户号码。

• 银行存款结算账户的种类。

按照国家现金管理和结算制度的规定，每个企业都要在银行开立结算账户（即结算户），用来办
理存款、取款和转账结算。银行存款结算账户的种类如表 8.9 所示。

表 8.9　银行存款结算账户的种类

	种类	含义
1	基本存款账户	基本存款账户是企业的主要存款账户，主要用于办理日常转账结算和现金收付，以及企业的工资、奖金等的支取。该账户的开立需报中国人民银行当地分行审批并核发开户许可证，开户许可证正本由企业留存，副本交开户行留存。一个企业只能在一家商业银行的一个营业机构开立一个基本存款账户
2	一般存款账户	一般存款账户是企业在开立基本存款账户之外的银行开立的账户。该账户只能办理转账结算和现金的缴存业务，不能办理现金的支取业务
3	临时存款账户	临时存款账户是企业的外部临时机构或个体工商户因临时开展经营活动需要开立的账户，该账户可办理转账结算及符合国家现金管理规定的现金业务
4	专用存款账户	专用存款账户是企业因基本建设、更新改造或办理信托、政策性房地产开发等特定用途开立的账户。该账户支取现金时，必须报中国人民银行当地分行审批

• 银行开户手续的办理资料。

办理银行开户手续需要填写开户申请书并提供有关证明文件。开立不同的账户，所需材料也不

同，具体如下。

开立基本存款账户需要当地市场监督管理部门核发的营业执照正本；开立一般存款账户需要基本存款账户的开户人同意其独立核算单位开户的证明；开立临时存款账户需要当地市场监督管理部门核发的临时执照；开立专用存款账户需要包含有关部门批准的文件。

④ 税务登记。新设立企业领取由市场监督管理部门核发的一个包含法人和组织统一社会信用代码的营业执照（即"五证合一"营业执照）后，虽然无须再次进行税务登记，办理税务登记证，但仍需要前往税务机关办理相应的后续事项，才能正常缴税。

五、工具包 ↓

（一）最常见的 8 种创业盈利模式

1. 鲫（yìn）鱼模式

此模式是指找到与大企业的共同利益，主动与其结盟，将强大竞争对手转变为依存伙伴，借梯登高，以达到争取利润的第一目标并使企业快速壮大。在大海之中，鲨鱼是一个十分凶狠的家伙，非常不好相处，许多鱼类都是它的攻击目标，但有一种小鱼能与鲨鱼共存，因为它会为鲨鱼驱除体内的寄生虫，所以鲨鱼不但不反感它，反而十分感激它，这种鱼就是鲫鱼。鲫鱼的生存方式依附于鲨鱼，鲨鱼到哪儿它就跟到哪儿。当鲨鱼猎食时，它就跟着吃一些"残羹冷炙"。因为有鲨鱼的保护，所以鲫鱼的处境十分安全，没有其他鱼类能够攻击它。正是基于这种"适者生存"的自然启示，温州人从中悟出许多道理，那就是：弱者借助强者生存，不但是智慧的，而且是有效的。

这种模式在加工企业集中的长三角、珠三角一带十分流行。实践证明，这是初创小企业走向成功的一条捷径，风险小而且成功概率高。鲫鱼模式的本质在于：取别人所长，补自己之短。大企业有通畅的渠道，有广大的客户群体，就像一条庞大凶猛的鲨鱼。而中小企业无论在资金、技术，还是在人才储备等方面，都存在着诸多先天不足。如果中小企业能找到与大企业的利益结合点，与大企业结成同盟，就可以有效弥补自身的不足，自然也就可以分享大企业的利润大餐。鲫鱼模式对中小企业来说，可借鉴程度较高，是一种有效的盈利模式。

2. 专业化模式

专业化的意思是专精一门，即俗话说的"一招鲜，吃遍天"。在这样一个诱惑多多的年代，要静下心来，专精一门是不容易的。专业化因为精通，所以门槛高，别人不容易进入。而专业化的生产，其组织形式比复合式生产要简单得多，管理也相对容易。在市场营销方面，一旦市场打开，企业在后期几乎不需要有更多的投入，成本大幅降低。成本降低的另一面，就是利润的大幅度提高。而在通常情况下，专业化生产一般最后都会形成独占性生产，这样较容易获得较高的行业平均利润。

3. 利润乘数模式

借助已经广为市场认同的形象或概念进行包装生产，可以产生良好的效益，这种方式类似于做乘法。利润乘数模式是一种强有力的盈利模式。关键是如何对所选择的形象或概念的商业价值做出正确判断。它的商业价值必须是正数，而且大于 1，否则这种东西不但无意义，反而会造成伤害。利润乘数模式的利润来源十分广泛，可以是一个卡通形象，可以是一个伟大的故事，也可以是一则有价值的信息或者一种技巧，甚至其他任何一种资产，而获取利润的方式则是不断地重复叙述它们、使用它们，同时还可以赋予它们种种不同的外部形象。

4. 独创产品模式

独创产品是指具有非同一般的生产工艺、配方、原料、核心技术，又有长期市场需求的产品。

鉴于该模式的独占性，掌握它的企业将获得相当高的利润，如家传秘方、进入门槛很高的新行业等。总之，独创产品模式因其"不可替代性"能带来高额的利润。

5. 策略跟进模式

策略跟进即强者跟随，与"跟风"、哪里热闹就往哪里钻不同。在商业活动中，每一个商业行为都要付出一定的成本，拣取胜利果实等于将成本最小化，从而也获得了最大化的利润。跟进哲学是一种应变哲学，绝不是懦夫哲学，甘当"第二方阵"的目的是在次位上充分谋求利益，避免自身劣势，充分发挥优势。策略跟进模式要求经营者对自己做出正确评估，并分析清楚自己的优势、劣势，对未来走向做出判断。从策略上讲，跟进实际上是压缩投入成本的最好方法之一，其原因如下。

（1）不用费心去考虑市场环境，因为消费者爱好什么，厌弃什么，对手已经掌握了。初次创业者因为经验不足，对于市场的需求往往把握不准，采取观望态度，审慎地注视对手的一举一动，然后进行跟随，是一种明智的策略。

（2）在实力逐渐强大以后，如何有策略地攻占对方市场也大有讲究。创业者可利用开拓新市场空间的办法，在实力不济或尚未有完全把握取胜之时避免与对方在有限市场空间里正面交锋，等到时机成熟后再进行强力反扑。

6. 配电盘模式

配电盘模式就是吸引供应商和消费者两个方面的目光。而为供应商和消费者两个方面提供沟通渠道或交易平台的中介企业，从中获取不断增加的利润。但这个模式对于操作者来说要求很高，而且前期的成本很大，风险也很高。但是由于集合了供应商与消费者两个方面的力量，因而宣传成本、运作成本都大幅下降，因此单位时间和单位努力程度所带来的利润也可达到传统模式的 7～10 倍，甚至更多。

7. 产品金字塔模式

为了满足不同消费者对产品风格、颜色等方面的不同偏好，以及考虑到个人收入上的差异，同时实现客户群和市场拥有量的最大化，一些企业不断推出高、中、低各个档次的产品，从而形成产品金字塔。金字塔的底部是低价位、大批量的产品，靠薄利多销赚取利润；金字塔的顶部是高价位、小批量的产品，靠精益求精获取超额利润。但是，这个模式的运用有一个前提，就是要用于成系统的产品或者领域，必须与市场定位紧密联系，同时高、中、低档产品的消费者群体之间必须有一定的联系。例如，购买中、高档产品的消费者一般会随手购买一些低档产品。其关键是构建的金字塔不仅是不同价位产品的简单罗列，而是一个系统，其中较低价位的产品的生产和销售，将会赢得市场和消费者的注意力。对于拥有完善产品线的企业来说，竞争对手一般不会依靠比企业更低的价格抢走企业的市场份额。

8. 盈利最大化模式

起步领先不代表永远领先，不能确保永远盈利，因为很快就会有后来者参与激烈的竞争。所以企业应适时改变竞争策略，确保能够始终领跑，使利润源源不断地产生。对于创业者来说，开局时的领先很可能是暂时的。如果在领先的时候不抓紧时间盈利，就有可能赚不到钱，或者即使赚到钱，也会比应赚得少得多。

（二）优秀创业团队的构建

构建一个高效的创业团队是创业成功的基本保证。高效创业团队的主要特征是有清晰的目标、强大的凝聚力、完美搭配的专业技能、相互信任、有效沟通、合理分享、正确领导等。构建高效创业团队的主要方法如下。

1. 形成一致的创业理念和创业思路

一致的创业理念和创业思路是形成团队凝聚力、相互信任和有效沟通的基础。如果未能就创业理念和创业思路达成一致而勉强组合在一起，团队就很可能半路瓦解，难以保证创业目标的实现。

2. 建立共同的行动纲领和管理制度

纲领是行动的指引，纪律是一切制度的基石。如果一个团队没有共同制定的行动纲领，就会失去行动目标，很难形成凝聚力；如果没有完善有效的纪律制度，则很难保证成员工作的协调一致。

新创办企业的管理制度以简单适用为原则，主要抓好人和财两个方面。在人力资源管理方面，制定考勤制度、奖惩条例、薪资方案等。在财务方面，制定报销制度、编制预算等。

3. 设计合理的股权配置、工作绩效评估和激励机制

团队成员的股权分配要提前协商一致，通常核心领袖拥有较多的股权。工作绩效评估能够为成员的奖惩、职务调整和薪资安排提供依据，也能让成员了解自己工作的实际效果，从而改进目标和方向。工作绩效评估主要包括对工作效果、工作潜能、工作态度、工作精神、人际沟通能力等全方位、全过程的评估。

4. 动态调整团队成员

优秀的创业团队并非一蹴而就，往往是在企业发展过程中根据需要逐步调整形成的。创业团队应不断吸收优秀人才，割舍问题成员，始终保持活力。

创业团队的构建就是包容及融合的过程。成员在感性之中要有理性的原则，在理性之后要有感性的温暖。创业企业需要控制节奏，团队发展也需要控制节奏。创业团队的人力资源开发与成熟企业不同。成熟企业人才可以储备，创业企业人才需要复合。要使团队保持战斗力，必须在每个阶段采取不同的策略和方法。

5. 保持良好的沟通

随着企业的发展，各种矛盾、难题不断出现，在处理问题时团队成员自然会有不同的观点。如果成员之间不能很好地沟通以形成统一的意见，那么事后难免相互埋怨。相互间的矛盾会随着时间的推移越来越大，最后可能导致团队分裂。优秀的团队并不会回避不同意见，但团队应引导成员基于共同利益，进行充分的沟通和交流，最后达成一致决策意见。

美国沃尔玛创始人山姆·沃尔顿曾说："我们在团队合作的过程中非常注意沟通，认为沟通是永无止境的，其他成功源于沟通。沟通是我们成功的关键。"在合作过程中，多方要特别注意沟通的艺术。只有艺术地处理协作中可能出现的各种问题和困难，合作才能持久。

六、推荐阅读与自学 ↓

[1] 乔利，兰伯特. 商业的核心：新时代的企业经营原则[M]. 李矫，译. 北京：中信出版集团，2022.

[2] 莱斯. 精益创业：新创企业的成长思维[M]. 吴彤，译. 北京：中信出版集团，2012.

[3] 林传科，刘军，丁芹伟. 科学创业[M]. 北京：机械工业出版社，2019.

[4] 路江涌. 图解企业成长经典[M]. 北京：机械工业出版社，2019.